"十二五"高等院校经管类专业规划教材

主 编 王树进

Project Management

项目管理

修订版

南京大学出版社

图书在版编目(CIP)数据

项目管理 / 王树进主编. —— 修订本. —— 南京：南京大学出版社，2019.7

"十二五"高等院校经管类专业规划教材

ISBN 978-7-305-22491-1

Ⅰ.①项… Ⅱ.①王… Ⅲ.①项目管理－高等学校－教材 Ⅳ.①F224.5

中国版本图书馆 CIP 数据核字(2019)第 146404 号

教师资源
1. 教学 PPT
2. 电子教学方案
3. 综合测试(附参考答案)

详情请咨询：
025-83594087
highwing@yeah.net

学生资源
1. 课后习题(附参考答案)
   获取位置：每章章末
2. 综合测试(附参考答案)

扫码查看

出版发行	南京大学出版社
社　　址	南京市汉口路 22 号　　邮　编　210093
出 版 人	金鑫荣
书　　名	项目管理(修订版)
主　　编	王树进
责任编辑	唐甜甜　　编辑热线　025-83594087
照　　排	南京南琳图文制作有限公司
印　　刷	南京玉河印刷厂
开　　本	787×1092　1/16　印张 16　字数 399 千
版　　次	2019 年 7 月第 1 版　2019 年 7 月第 1 次印刷
ISBN	978-7-305-22491-1
定　　价	44.80 元

网址：http://www.njupco.com
官方微博：http://weibo.com/njupco
官方微信号：njupress
销售咨询热线：(025) 83594756

* 版权所有，侵权必究
* 凡购买南大版图书，如有印装质量问题，请与所购
  图书销售部门联系调换

修订版前言

本书于 2008 年作为南京大学出版社"十一五"应用型高等院校经管专业规划教材·商务电子化系列中的一本初版面世。近 10 年来教学实践表明,本书受到专科、本科、硕士研究生各层次学生的欢迎。尤其是对那些准备参加项目管理专业认证的学生来说,他们发现本书简明扼要,且每章后面的习题对进一步理解项目管理的原理和方法帮助很大。

本次修编,主要考虑到近几年发生了与项目管理有关的三件大事。第一件是 2016 年 12 月 1 日,国务院决定取消了 114 项职业资格许可和认定的管制,其中包括项目管理。这意味着我国政府对项目管理专业人员水平评价工作的放权,有利于我国此类专业人员资质认证与国际接轨(国际上此类认证都是非政府行为)。第二件是 2017 年 9 月在上海举办的项目管理大会,国际一流的项目管理专家云集上海,促进了国际流行的项目管理最新理念和方法在国内的传播和认同。第三件是 2018 年 4 月,美国 PMI 组织编制的《项目管理知识指南》(第六版)的中译本在中国正式出版,并且,国家"外国专家局培训中心"发布消息称:2018 年的国际项目管理专业认证测试使用的术语将与《PMBOK ®指南》第六版的表述一致。

除此之外,本次修编还融合了作者多年使用本教材的心得,以及参加一些实际项目运作与管理的实践体会。本书修订版与初版相比,主要变动情况如下:

(1) 去除了第一版每章前面的引例,并更换了书中的大部分案例。

(2) 增加了第 12 章(相关方管理),原来的第 12 章变为第 13 章,对其余各章节的名称和内容也进行了相应的调整。

(3) 重要术语和概念(如十大知识领域的表述)与美国 PMI 组织编制的《项目管理知识指南》(第六版)保持一致,以便于学生日后进一步参加 PMP 认证的培训与测试。

(4) 为拓展学生的视野和思维方式,在讨论重要概念(如项目生命周期)时,有意识地引入了与 PMI 主流观点不同的学术观点。

(5) 全书淡化了原来的商务电子化的主题,通过案例嵌入方式,强化了与实施乡村振兴战略相关的主题。

　　本次修编人员除了我之外,还有中国矿业大学王贺朝教授,南京农业大学蔡忠州教授、刘昭研究生,南京农业大学规划设计研究院李保凯副所长、冯晓梅咨询师,三明学院朱振亚副教授,钟山职业技术学院姜蕾讲师等。

　　修编团队衷心感谢为本书初次出版付出辛劳的其他作者(按姓氏拼音)——陈宝峰、程群、王自根、许朗、徐润生、岳云康、张胜、张士云等,以及责任编辑唐甜甜。同时感谢第一版的推动者王传松先生和钱志新教授。希望各位继续关注本书的发展,为本书的改进提出建议,以便在下一次修编时纳入。

　　由于我们水平和时间的局限,本书修订版中缺点错误仍在所难免。希望有缘接触本书的朋友发现后直接与我联系(地址 wsj376@126.com),或通过南京大学出版社转达,以便我们在下一次修编时改正。

王树进

2018 年 7 月于南京农业大学

目 录

◇ 绪 论 ··· 1

◇ 第1章 项目管理概述 ··· 5
　1.1　项目与项目管理的概念 ··· 5
　1.2　项目周期 ·· 11
　1.3　项目管理过程 ·· 16
　1.4　项目运行环境 ·· 17
　1.5　项目管理知识体系 ··· 19
　课后练习01 ·· 24

◇ 第2章 项目准备与分析 ··· 26
　2.1　立项前期的准备工作 ··· 26
　2.2　需求分析 ·· 29
　2.3　可行性研究 ·· 35
　2.4　立项决策与签约 ·· 43
　课后练习02 ·· 45

◇ 第3章 项目范围管理 ·· 47
　3.1　项目范围管理概述 ··· 47
　3.2　规划范围管理 ·· 49
　3.3　收集需求 ·· 50
　3.4　定义范围 ·· 52
　3.5　创建WBS ··· 53
　3.6　核实范围 ·· 57
　3.7　控制范围 ·· 58
　课后练习03 ·· 62

第 4 章　项目进度管理 …… 64
4.1　进度管理概述 …… 64
4.2　进度计划的编制 …… 66
4.3　进度计划的执行 …… 75
4.4　进度控制 …… 84
课后练习 04 …… 89

第 5 章　项目成本管理 …… 92
5.1　成本管理概述 …… 92
5.2　规划成本管理 …… 93
5.3　估算成本 …… 97
5.4　制定和调整预算 …… 101
5.5　控制成本 …… 104
课后练习 05 …… 112

第 6 章　项目质量管理 …… 115
6.1　质量管理概述 …… 115
6.2　规划质量管理 …… 116
6.3　管理质量 …… 120
6.4　控制质量 …… 123
课后练习 06 …… 129

第 7 章　项目资源管理 …… 132
7.1　资源管理概述 …… 132
7.2　规划资源管理 …… 134
7.3　估算活动资源 …… 136
7.4　获取资源 …… 139
7.5　建设团队 …… 141
7.6　管理团队 …… 143
7.7　控制资源 …… 148
课后练习 07 …… 150

第 8 章　项目沟通管理 — 152
- 8.1　沟通管理概述 — 152
- 8.2　规划沟通管理 — 153
- 8.3　管理沟通 — 158
- 8.4　监督沟通 — 162
- 课后练习 08 — 167

第 9 章　项目风险管理 — 169
- 9.1　风险管理概述 — 169
- 9.2　规划风险管理 — 171
- 9.3　风险识别 — 174
- 9.4　风险分析 — 175
- 9.5　风险应对 — 181
- 9.6　风险监督 — 184
- 课后练习 09 — 188

第 10 章　项目采购管理 — 190
- 10.1　采购管理概述 — 190
- 10.2　规划采购管理 — 192
- 10.3　实施采购 — 194
- 10.4　控制采购 — 203
- 课后练习 10 — 207

第 11 章　项目相关方管理 — 209
- 11.1　识别相关方 — 209
- 11.2　规划相关方参与 — 210
- 11.3　管理相关方参与 — 211
- 11.4　监督相关方参与 — 212
- 课后练习 11 — 213

第 12 章　项目整合管理 — 215
- 12.1　项目整合管理概述 — 215

12.2　制定项目章程 …………………………………………………… 217
　12.3　制定项目管理计划 ………………………………………………… 218
　12.4　项目管理计划执行 ………………………………………………… 223
　12.5　实施整体变更控制 ………………………………………………… 228
　课后练习 12 ………………………………………………………………… 230

◇ **第13章　项目收尾与后评价** ………………………………………… 232
　13.1　项目收尾管理概述 ………………………………………………… 232
　13.2　合同收尾 …………………………………………………………… 232
　13.3　管理收尾 …………………………………………………………… 234
　13.4　项目后评价 ………………………………………………………… 235
　课后练习 13 ………………………………………………………………… 246

◇ **参考文献** ……………………………………………………………… 247

绪 论

项目管理作为管理学的一个重要分支,越来越引起世界各国企业和其他组织的密切关注。随着人类知识的爆炸性增长和事物发展环境的复杂性日益增加,项目管理的知识和技能,已经成为组织和个人取得事业上成功的不可或缺的工具。

一、项目管理核心技术的发展及其应用

现代意义上的项目管理,起源于第二次世界大战。当时,战争需要新式武器,探测需要雷达设备,这些武器和设备的研制,不但技术复杂,参与的人员还众多,时间又非常紧迫,因此,人们开始关注如何有效地进行项目管理来实现既定的目标。

从理论方法和技术手段的角度看,项目管理的突破性成就出现在20世纪50年代,以美国出现的关键路线法(CPM)和计划评审技术(PERT)为标志。1957年,美国的路易斯维化工厂,由于生产过程的要求,必须昼夜连续运行。因此,每年都不得不安排一定的时间,停下生产线进行全面检修。过去的检修时间一般为125小时。后来,他们把检修流程精细分解,发现在整个检修过程中所经过的不同路线上的总时间是不一样的。缩短最长路线上工序的工期,就能够缩短整个检修的时间。他们经过反复优化,最后只用了78个小时就完成了检修,节省时间达到38%,当年产生效益达100多万美元。这就是至今项目管理工作者还在应用的著名的时间管理技术"关键路径法",简称CPM。就在这一方法发明一年后,美国海军开始研制北极星导弹。这是一个军用项目,技术新,项目巨大,据说当时美国有三分之一的科学家都参与了这项工作。管理这样一个项目的难度是可想而知了。而当时的项目组织者想出了一个方法,为每个任务估计一个悲观的、一个乐观的和一个最可能的情况下的工期,在关键路径法技术的基础上,用"三值加权"方法进行计划编排,最后竟然只用了4年的时间就完成了预定6年完成的项目,也节省了大笔费用。这种用"三种时间估计"来确定活动时间、安排项目进程的方法被称为"计划评审技术",简称PERT。

两项技术的显著成果说明"项目管理"对于项目的进度优化还存在着可观的空间。这个发现吸引了不少从事项目管理的人们走到一起来共同探求其中的奥秘。1965年,以欧洲一些国家为主成立了一个名为"国际项目管理协会"(International Project Management Association,IPMA)的组织。4年以后,美国也成立了一个相同性质的组织,取名为"项目管理协会"(Project Management Institute,PMI),它也是一个国际性的组织。这两个国际性项目管理组织的出现,大大地推动了项目管理理论与技术的发展与应用。

在我国,著名数学家华罗庚教授于1965年引进了CPM、PERT等网络计划技术,他亲自主持推广工作,并根据"统筹兼顾、全面安排"的指导思想,将网络计划技术称为"统筹法",使网络计划技术在我国工业、农林、建筑等很多行业得到了广泛的运用,标志着我国项目管理实践开始走向科学的道路。1985年,联合国粮农组织(FAO)与中国农牧渔业部联合在南京农业大学举办了"农业项目准备与分析培训班",为全国各省市,以及各农业高校培训农业和农村发展领域应用项目管理的业务骨干,对之后20多年来我国农业和农村建设项目的健康发展起到了积极的作用。

我国也成立了一些项目管理专业组织,最著名的是中国项目管理研究委员会(Project Management Research Committee, China, PMRC)。该组织成立于1991年6月,并作为中国项目管理专业组织的代表加入了国际项目管理协会(IPMA),成为IPMA的成员组织。PMRC的宗旨是致力于推进我国项目管理学科建设和项目管理专业化发展,推进我国项目管理与国际项目管理专业领域的交流与合作,使我国项目管理水平尽早与国际接轨。其上级组织就是当年华罗庚教授组建的中国优选法统筹法与经济数学研究会。

二、项目管理标准化、知识体系与职业资质

标准化对任何一个行业和一个学科的发展,往往有划时代的重大影响。项目管理也不例外。1976年,美国项目管理协会(PMI)提出了制定项目管理标准的设想,10年后他们推出了项目管理知识体系指南(Project Management Body of Knowledge, PMBOK)。这是项目管理科学发展史上的又一个里程碑。因此,一些项目管理专家们把20世纪80年代以前称为"传统的项目管理"阶段,把80年代以后称为"新的项目管理"阶段。这个知识体系把项目管理归纳为范围管理、时间管理、费用管理、质量管理、人力资源管理、风险管理、采购管理、沟通管理和综合管理九大知识领域。

英国项目管理协会在学习、消化PMBOK的基础上,于1991年推出了他们自己的知识体系BOK(Body of Knowledge)。而IPMA从1993年开始着手研究,在1996年推出了ICB(IPMA Competence Baseline),制定了项目管理的知识的范畴,并在瑞典、德国等一些欧洲国家中率先实行。

项目管理标准化突出体现在对项目管理从业人员资质认证上。随着项目管理知识的普及和应用推广,越来越多的企业表现出强烈的用人需求。但是如何迅速地低成本地甄别一个求职者是否具有项目管理的工作能力?提供职业资质认证便是一个可行的选择。鉴于此,国际上很多项目管理组织大规模地提供这种标准化的职业资质认证服务,如上述的国际项目管理协会(IPMA)、美国的项目管理协会(PMI)等组织都在世界很多国家提供此类服务。

我国项目管理学术权威机构(PMRC)也建立了与国际接轨的《中国项目管理知识体系(C-PMBOK)》,引进并推行"国际项目管理专业资质认证(IPMP)",基于国际项目管理协会推出的认证标准ICB(IPMA Competence Baseline),建立了既能适应我国国情又能得到国际认可的中国项目管理能力基准(C-NCB)。与此密切相关,国家劳动和社会保障部于2002年颁布了项目管理师国家标准(试行),并授权有关机构开展相应的国家职业资质(项目管理师)认证工作。国家职业项目管理师的标准定义,就是指掌握了项目管理原理、技术、方法和工具,参与或领导项目的启动、计划、组织、执行、控制和收尾过程的活动,确保项目能在规定的范围、

时间、质量与成本等约束条件下完成既定目标的项目管理从业人员。该职业资格认证共设四个等级:项目管理员、助理项目管理师、项目管理师、高级项目管理师,每个等级分别授予不同级别的资质证书。2016 年 12 月 1 日,国务院决定取消 114 项职业资格许可和认定事项,其中国家发改委和人力资源社会保障部负责实施的"投资建设项目管理师"被列入其中。这意味着政府对项目管理专业人员水平评价工作的放权,这有利于我国此类专业人员资质认证与国际接轨(国际上此类认证都是非政府行为)。

如今,PMI 在全球范围内推出的针对项目经理的资格认证体系,在我国提供的服务包括:助理项目管理专业人士(CAPM)®认证、项目管理专业人士(PMP)®认证、项目集管理专业人士(PgMP)®认证、进度管理专业人士(PMI-SP)®认证、风险管理专业人士认证(PMI-RMP)®、敏捷管理专业人士(PMI-ACP)®认证、项目组合管理专业人士(PfMP)®认证、商业分析专业人士(PMI-PBA)®认证等八种。PMP®认证是目前世界上对项目管理从业人员最流行的认证。目前最有影响的授权培训认证机构是国家外国专家局培训中心。

三、项目管理课程建设与学习方法

项目管理之所以受到国内外各行各业管理人员的高度重视,主要是因为它以有限资源为条件,以完成任务为目标,面向团队、面向成果、面向变化,实用性强。现代项目管理有较成熟的理论、技术和过程,凡是真正实施了项目管理的各类项目都收到了显著的效果。

从学科建设的角度看,项目管理已经成为管理学的一个重要分支,一个发展中的热门学科。其应用领域越来越广,自 20 年代 90 年代以来,已经从过去的航天、国防、农业和大型建设项目等,扩展到电子、通讯、计算机、软件开发、制药、机械制造等众多行业;其应用主体,过去主要是政府部门、社会团体、大型企业,现在已经普及到中小企业,很多组织问题甚至个人的活动计划,都可以应用项目管理的原理和方法来解决,有人甚至建议尝试在企业中采用全面项目管理。

随着学科地位提升以及应用需求扩大,很多高校纷纷在商学院或管理学院开设项目管理课程,一些学校已经开始培养该学科的研究生。但由于项目管理学科建设时间普遍较短,大多数高校教师在项目管理实践方面积累经验不是很丰富,所以就课程建设来说,是一项需要较强创新精神的工作,需要投入较大的精力。

建议在课程建设上,从三方面下功夫。一是强调方法技能的分析和训练,要联系实际应用需求和学科特点,对方法特色进行进一步的强化,并设计出有针对性的、有启发性的习题;二是需要对理论体系进行进一步研究,目前流行的九大知识体系,虽博大精深,但其中有不少需要进一步明确和深化之处,有待于进一步提炼和整合;三是从实践中收集、总结和提炼项目管理的案例,通过案例说明项目管理的理念,通过案例分析来学习项目管理方法和技术的应用,促进分析方法的创新。

要学好这门课程,应根据学习的具体目标不同采取相应的学习方法。本教材只是一个入门的向导,它力求全面、系统、简要。如果以获取项目管理资质证书为直接目标,需要强化习题和案例的演练,通过大量的练习使有关理论概念和方法原理烂熟于心,对所涉及的技能更要通过具体的习题才能真正掌握;如果以了解基本理念、指导未来工作为直接目标,在学习方法上,需要强调对项目管理工作流程的总体把握,养成成功项目经理的思维逻辑和工作习惯,对具体分析方法与技术,要把握它的应用范围和适用条件,并着重理解其结果的实际含义。

无论选择哪一种学习目标,在本课程学习中,除了通览教材、参考教材操练之外,都应该关注三个方面的信息:一是关注项目管理专业研究与培训机构(如PMI)及其活动,二是关注与项目管理有关的重要网站,三是关注经济管理和工程管理类杂志上的有关项目管理的文章。只有如此,才有可能不断吸取本门学科最新鲜的营养,达成学习目标。

第1章 项目管理概述

1.1 项目与项目管理的概念

1.1.1 项目定义

项目是创造独特产品、服务或其他成果的一次性工作或努力。项目是由一组有起止时间的、相互协调的受控活动所组成的特定过程,该过程要达到符合规定要求的目标,包括时间、费用和资源等约束条件。

回顾我们所做的任何工作,不外有两种类型:一类是持续不断和重复的活动,称为常规作业或日常操作。例如:商场每天如期开门营业,工厂按计划生产销售某种产品等。另一类是独特的一次性任务,例如:商场搞一次促销活动,工厂搞一次技术革新,企业开发一种新产品等,通常称为"项目"。

在上述"企业开发一个新产品"的项目中,可能包括"工厂的技术革新",也可能包括把新产品推向市场时在商场搞的"促销活动"。所以,对上述项目的定义,还需要作如下一些说明:

(1) 单个项目可以作为一个较大项目结构的组成部分;
(2) 在一些项目中,随着项目的进展,其目标需要修改或重新界定,产品特性需要逐步确定;
(3) 项目的结果可以是一种产品,也可以是集中产品;
(4) 项目活动之间的影响可能很复杂;
(5) 执行项目的组织是临时的,仅在项目执行期间存在,项目结束后解散。

1.1.2 项目的一般属性

对上述项目的定义,可以通过分析项目的一般属性来进一步理解。任何项目类的工作,都具有以下一些属性。

(1) 一次性

一次性是项目与其他常规工作的最大区别。项目有确定的起点和终点,没有可以完全照搬的先例,也不会有完全相同的复制品。项目的其他属性也是从这一主要的特征衍生出来的。

(2) 独特性

每个项目都是独特的。或者其提供的成果有自身的特点;或者虽提供的成果与其他项目类似，但其时间和地点，内部和外部的环境，自然和社会条件有别于其他项目。因此，项目总是独一无二的。

(3) 目标的特定性

项目有特定的目标。不同的项目至少在进度、质量、成本三个方面，目标不同。进度目标，即在规定的时段内或规定的时点之前完成某项任务；质量目标，通常指项目交付物（产品或服务）要达到某种规定或要求；成本目标，是指在一定的成本范围之内按时完成项目各项任务指标，使项目取得预期成果。目标允许在一个变动的幅度内修改。不过一旦项目目标发生实质性变化，它就不再是原来的项目了，而将产生一个新的项目。

(4) 活动的整体性和制约性

项目中的一切活动都是相互联系的，构成一个整体。不能有多余的活动，也不能缺少某些活动，否则必将损害项目目标的实现。所有的活动在一定程度上受到各种客观条件的制约，如时间、费用（成本）、质量、人力、技术、信息、物资及环境等。

(5) 组织的临时性和开放性

执行项目的工作班子（项目团队）在项目进展过程中，其人数、成员、职责都不断地变化。某些成员是借调来的，项目终结时团队要解散，人员要转移。参与项目的组织往往有多个，甚至几十个或更多。他们通过协议或合同以及其他的社会关系结合到一起，在项目的不同时段以不同的方式介入项目活动，介入的程度也有深有浅。可以说，项目组织没有严格的边界，是临时的、开放的。这一点与一般企业、事业单位和政府机构都不一样。

(6) 开发与实施的渐进性

每一个项目都是独特的，因此项目的开发必然是渐进的，不可能一下子复制其他模式。即使有可参照、借鉴的模式，也需逐步补充、修改和完善。项目的实施同样需要逐步地投入资源，持续地累积可交付成果，自始至终要精工细作。

(7) 不确定性

因为项目是独特的，所以任何项目都需要不同程度的创新，而创新就包含各种不确定性；项目的一次性特点，使得人们没有改进的机会，增加了不确定性；并且，项目所处的环境也多是开放的，而且变动可能较大，因此会给项目带来不确定性。

(8) 不可逆性

项目结果具有不可逆性，一旦出现失误，很难有纠正机会，不像其他事情做坏了可以重来，也不可以试着做。因此，项目要求严格管理，确保成功。

1.1.3 项目干系人

项目干系人，又叫"项目关系人"或"项目相关者"，即项目所涉及的重要角色。一般可能有以下六种重要角色：出资人、所有者、项目经理、部门经理、内部资源、外部资源。

(1) 出资人

出资人不仅是项目所需资金的提供者，还是最高决策者，最常见的例子是企业内部的具有决策权的高层领导。出资人可以批准启动一个项目，也可以根据情况终止一个项目。项目执行中出资人会关注项目是否受控，但最关心的是最终投资能否取得预期的收益或效果。

(2) 所有者

所有者负责实现出资人的社会或商业目标,确保兑现出资人的利益。所有者有两个职责:第一是直接提出项目的要求,第二是拥有并使用项目成果。项目执行中所有者会担负一定职责,密切关注项目的进展和项目结果。

(3) 项目经理

项目经理是项目团队的领导。负责界定项目范围、制定项目计划,并直接控制项目过程,确保在规定的时间、质量和成本约束内完成预期目标。项目经理是责任的汇集点,需要对所有者和部门经理负责,同时需要管理项目组中来自公司的内部资源和来自客户的外部资源。一个高素质的项目经理,必须具备三种能力:一是项目管理能力,二是领导力,三是战略和商务管理能力。

(4) 部门经理

部门经理负责调度组织内部的员工,为项目经理提供必要的人力资源,同时监控项目的状态,帮助解决项目中的问题;同时,部门经理应该与"所有者"保持必要的沟通,确保客户的满意度。

(5) 内部资源

内部资源是指来自公司内部的专业人员,拥有完成项目所需的众多技能。在项目执行过程中对项目经理负责,按要求完成任务;随项目的进展,项目成员还会发生变化。

(6) 外部资源

外部资源是指来自客户的专业人员,他们直接参与项目。一般包括负责确定需求的业务人员,也可能包括一些今后负责支持维护的技术人员。一般来说,外部资源虽然需按计划和要求完成任务,但不必对项目经理负责。

在上述 6 种角色中,项目经理与项目所有者之间最容易产生冲突,这是因为二者的利益导向是不同的。例如,项目经理可能倾向于减少工作范围,需求尽量不要变化;而所有者可能倾向于项目团队做尽可能多的工作,需求可随时根据变化进行修改。这种利益趋向的差异有利的一面,那就是制约项目经理必须按合同要求工作,缺乏这种制约会使项目"做到哪、说到哪";不利的一面是项目经理难免与所有者产生矛盾,如果处理不好,矛盾激化,则可能导致项目的失败。

项目管理专家普遍认为:在项目所有的关系人中,三个角色最重要,即客户、承包商、项目经理。其中客户是出资者,也有可能是项目委托人(个人或组织),他希望通过项目产生某种产品或服务,将其应用于自己的事业中,或卖给第三方;承包商是帮助项目具体实施的组织;项目经理是承包商(客户)雇佣的,负责计划、管理整个项目,实现客户的目标。

1.1.4 项目与组织发展的关系

项目与组织发展的关系可用图 1-1 来描述。组织商业价值的提高一般来自于两个方面的努力:一是通过日常的运营管理创造价值,其发展轨迹是渐进的;二是通过项目来提升其商业价值,其发展轨迹是阶跃型的。

项目的启动和运行,有可能会使组织的结构发生相应的演化。如图 1-1 所示,项目前组织是两个部门,项目后演化为 3 个部门;项目前后该组织的商业价值也有明显的差异。一般来

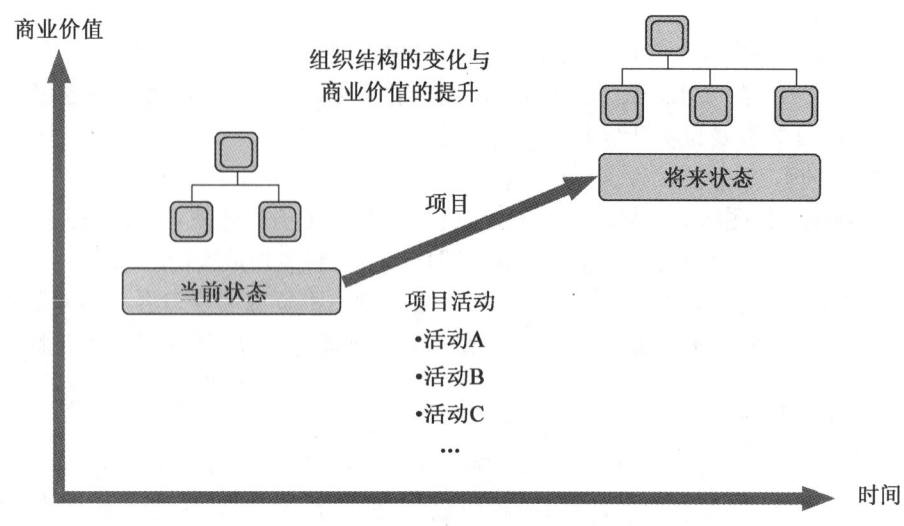

图 1-1　组织发展与项目的关系

图片来源于 PMI:《项目管理知识体系指南》,第 6 版,本书作者稍加改动。

说,成功的项目运作,是组织结构与功能跳跃式发展的引擎。

正因为如此,对项目经理的要求不断提高,早期只是强调协调沟通能力,如今已经要求其兼备"战略和商务管理"的能力。

1.1.5　项目管理模式

项目管理就是以项目为对象,由项目经理具体进行高效率的计划、组织、领导、控制和协调,以实现项目目标的过程。其内容包括:整合管理、范围管理、进度管理、成本管理、质量管理、资源管理、风险管理、沟通管理、采购管理和相关方管理。在手段上运用特定的组织和管理过程(例如,在启动、规划、执行、监控、收尾 5 个过程组中共包含了几十个管理过程)。总体而言,一个项目可以采用 3 种不同的模式进行管理。

1. 独立的项目管理

独立的项目管理即传统意义上的基本项目管理。独立的项目是指不属于项目集,也不属于项目组合的项目。此类项目管理,以实现项目利益相关者的要求和期望为目标。项目要求达到的目标可分为两类:一类是满足协议和合同规定的要求;另一类是附加获取的期望要求。

协议和合同规定的要求,又称为已经识别的要求和期望,包括项目实施范围、质量、利润或成本目标、时间目标以及必须满足的法规要求等。这里质量指的是狭义的质量,如项目及项目成果的技术指标和性能指标等;为了区别于广义质量的概念,可以采用"品质"这一术语。在一定范围内,品质、成本、进度三者是互相制约的。当进度要求不变时,品质要求越高,则成本越高;当成本不变时,品质要求越高,则进度越慢;当品质标准不变时,进度过快或过慢都会导致成本的增加。项目管理的目标是谋求快、好、省的有机统一和均衡。

附加获取的期望要求又称为尚未识别的要求和期望,指在项目各种文件中没有明确规定的项目利益相关者的要求和期望,常常对开辟市场、争取支持、减少阻力产生重要影响。譬如开发一种新产品,除了列入项目合同的基本性能之外,外形、色彩、使用舒适,建设和生产过程有利于环境保护和改善等未被合同识别的指标或性能,就属于附加获取的期望要求,也应当列入项目的目标之内。

2. 在项目集内的项目管理

项目集是指一组相关联的且被协调管理的项目、子项目集和项目集活动。这些项目和子项目集等如单独管理,将无法获得项目集管理所获得的利益。项目集与大项目概念不同,所谓大项目,一般是指投资大(通常10亿美元以上)、影响大(可影响百万人)、持续时间长(可能数年)的项目。而项目集中可能包括各单个项目范围之外的相关工作。一个项目可能属于某个项目集,也可能不属于任何一个项目集,但任何一个项目集中都一定包含项目。项目集管理的重点在于以"正确"的方式开展项目集和项目。如果一个项目在项目集内,这个项目经理必须与项目集经理互动合作。

3. 在项目组合内的项目管理

项目组合是指为实现战略目标而组合在一起管理的项目、项目集、子项目组合和运营工作。它与项目集的不同之处在于,它不仅包含项目、项目集、子项目组合,而且包含运营。项目组合管理的重点在于开展"正确"的项目集和项目。如果一个项目在项目组合内,这个项目经理必须与项目组合经理互动合作。

1.1.6 项目管理的不同称谓

项目管理在不同的地区、环境、文化背景和应用条件下有不同的称谓,如专案管理、系统管理、任务团队管理、团队管理、特别管理、矩阵管理、计划管理等。美国的项目管理专家John M. Nicholas 在他的著作《面向商务和技术的项目管理原理与实践》一书中,将项目管理分为"基本的项目管理"、"计划(大项目群)管理"、"创业管理"、"产品管理"和"特别委员会和任务团队"五种形式。

1. 基本的项目管理

"基本的项目管理"就是通常所说的"项目管理",是对项目管理概念的最通常的理解。在这种管理体系中,项目经理与职能部门经理在同一个等级上,他们都向同一个人(总经理)报告。项目经理对项目的计划、指导、组织和控制自始至终有正式的授权,可以直接与组织里任何职能领域的任何层面协同工作来完成项目目标。他向总经理报告并让总经理知晓项目状况。尽管项目经理有权要求人力和设备等方面的资源,但更经常的是与职能部门经理进行协商来分配资源。

基本的项目管理可以采用"纯粹项目型管理"和"矩阵型管理"两种形式。纯粹项目型管理将创建一个完整的、自我包含的组织,资源都是内在的,不必借用。而在矩阵型管理中,组织是通过利用永久职能单位的元素来产生的,项目必须与其他并行的项目以及项目所借用的职能部门共享资源。

2. 计划(大项目群)管理

所谓计划(program)是指大项目群,最著名的例子之一就是美国的阿波罗登月计划。由于计划和项目之间的相似之处,"计划管理"这个词经常与"项目管理"互换。计划管理与项目管理两者的相同之处为:① 都面向特定的目标,用被完成的任务目标或目的来定义;② 都强调完成目标的时间周期;③ 为完成特定的目标,两者都需要制定计划和预算;④ 两者使用的方法原理是相同的。

两者之间的差别主要有两点:第一是计划时间较长,而项目时间较短,项目经常只是计划的所有工作中的一项。第二个区别是项目为了生产或交付一个产品或者服务,之后项目团队就被解散。虽然项目合同指定了最终产品、成本和交付日期,但是最终产品的运作则是别人的责任了。一旦某项目的最终产品或服务被"推出门外"(交付完毕),就由该计划管理来保证它能和其他项目的输出综合起来,并在需要的时候能够保持运作。

3. 创业管理

当基本的项目管理应用于类似于开发新产品或开拓新市场的场合,尤其是产品没有被很好定义的时候,就是创业管理。一个创业管理的团队,是基于寻找适合组织自身特定的技巧、能力和资源的新产品或市场这一特定的目的而组建的。一旦确定了一个构思,团队就开始设计和开发产品,然后决定产品的生产、销售和发布方式。

一个创业管理团队与项目管理团队的相似之处在于:① 聚焦于一个单一的统一的目标。② 是一个交叉性的团体,许多来自于不同职能领域的有经验的专业人士和管理人员在一个统一的领导下一起工作。③ 面向行动,并且多变。④ 是临时性的,一旦创业团队完成了它的使命,其成员都要回到他们原来的部门,或者加入另一个创业团队,或者组成一个新的分支来负责新开发的产品或生产线;团队也可能变成上级组织的一个新的分部或者分离出来形成一个新的公司。

4. 产品管理

产品管理一般是一种较长周期的项目管理。当组织授权一个人来监管产品的进度计划、库存、分配和销售的所有方面时,其承担的工作就是产品管理。产品经理协调和加速产品开发、制造、分配、销售的所有工作,保证产品从生产到交付客户的过程不被中断。他就如同项目经理一样,直接与组织内外的所有阶层、所有职能领域的人员进行沟通和交流,争取和协调各相关资源,确保产品目标的实现。产品经理要处理和解决的主要问题是:① 生产能力的下降问题;② 妨碍产品的分配流转问题;③ 价格与销售秩序的问题;④ 影响资金、生产和市场推广的其他任何问题等。

如果一个产品的生命周期很长,产品经理的职能就需要建立在一个轮换的基础之上。即将离职的产品经理要向新任产品经理提供上岗培训和帮带徒弟式的服务,以保证产品经理职能流畅地转换。

5. 特别委员会和任务团队

对于企业内部的很多短期项目来说,一个临时的项目团队通常在一个职能部门内部组成,或者作为一个单独的组织力量而形成。这些团队常称为"特别委员会"或"任务团队"。团队领导者和团队成员都是由负责项目的人选择出来的,他们可以是职能经理、副总裁,或者是 CEO 等。团队领导者负责促进和协调人力并有权将任务分配给特定的某些人或者部门,或者将工作外包。但经常的情况是:团队成员并未将他们在别的责任中解脱出来,所以团队成员必须将他们的工作量在委员会与其"通常的"工作之间进行分配。

特别委员会和任务团队的任务种类是无限制的。其项目可以包括:① 企业合并、兼并或剥离;② 组织重建;③ 业务流程重构;④ 特别的研究、调查或评估;⑤ 专业审计;⑥ 企业技术升级计划与实施;⑦ 组织在地理上的或市场方面的扩展;⑧ 重要设施的重新安置或布局的调整;⑨ 管理与组织开发计划等。

以上项目管理的五种形式,不管名称如何,都有两条共同的特征:一是有一个项目团队或项目组织,专门为达到一个具体的目标而产生;二是有一个人(项目经理)被委任管理职责以保证实现目标。

1.2 项目周期

1.2.1 项目周期的定义

项目周期又叫项目的生命周期,是指项目从诞生到结束所经历的时间阶段。周期中通常有一个或多个阶段与产品、服务或成果的开发相关。所以项目生命周期与开发生命周期有关。项目周期有预测型和适应型两种。

1. 预测型

预测型周期项目也叫瀑布型生命周期。其特点是在项目生命周期的早期阶段确定项目范围、时间和成本,对任何范围的变更都要严格控制、仔细管理。该周期适用于传统意义上的独立项目,项目相关方一般在阶段关口(里程碑时点)参与项目。

2. 适应型

适应型项目周期属于敏捷型、迭代性、增量型开发生命周期。开发生命周期具有复杂性和多维性,开发项目的不同时段往往采用不同的生命周期。其需求不是在开发前预定,而是在交付期间定期细化,甚至频繁细化(敏捷型项目管理)。因此适应型项目生命周期也称为敏捷型或变更驱动型生命周期。在此类项目周期中,相关方参与项目的机会很多,甚至持续参与、频繁反馈意见,使项目能够更快地应对变更且获得更好的质量。

本书下文如无特别交代,所论述的项目周期默认为预测型周期。

1.2.2 通用项目周期的阶段划分

项目周期通常分为4个阶段:第1阶段是项目启动,主要工作是识别需求;第2阶段是项目计划,主要提出解决方案和工作安排;第3阶段是项目执行与控制,主要是按照计划展开工作,并在变化或不确定的环境中控制协调各种活动,以保证计划目标的实现;第4阶段是项目收尾,主要是项目验收、移交、总结等结束性的工作。

项目阶段划分的依据主要是看能否明确可交付成果。从PMI在项目周期的知识体系中提出的阶段关口的概念中,我们可以细细品味这一依据。

项目在项目周期各个阶段所耗费的人力与资金等投入是不同的。在项目周期各个阶段,项目所耗费的人力与资金等投入有一定的规律性,具体见图1-2。

如图1-2所示:在第一阶段,投入的力量(指人力、物力、财力等资源)从零开始,并随着工作的进展而逐渐增加;第二阶段比第一阶段要投入更多的人力和其他资源;第三阶段(项目执行阶段),投入的力量急剧增加,当项目接近结束时,投入的力量以更加急剧的速率减少;在项

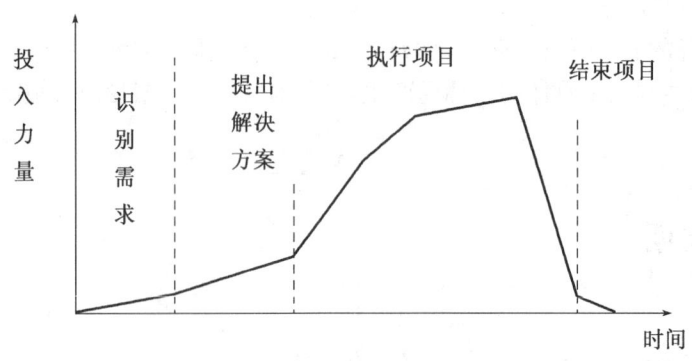

图1-2 通用项目周期的四个阶段

目结束阶段,投入的力量逐渐减少到零。具体的曲线形状依不同项目或项目任务的不同安排而异。

1. 项目启动阶段

项目启动阶段主要包括需求分析和可行性研究。

当需求被客户所确定时,项目就诞生了。如当一个企业需要与所有可能的客户建立迅捷的联系,为此企业愿意提供资金,把潜在客户的电子信箱地址收集起来,并形成自己的邮件组发系统。企业决定做这件事,这个项目也就成立了。又如一个县的政府某部门,愿意出资将全县的企业信息搬到互联网上,以提高本县企业的知名度和竞争力,在这里,提供资金者和需求得到满足者可以不是同一个主体。

在启动阶段必须进需求分析,其目的是确认组织发展的问题是否存在,项目需求是否成立。有时候,问题会被迅速确认,如在某些突发事件出现的情况(如自然灾害爆发)下,组织会立即产生需求。而在另外一些情况下,组织可能需要很长的时间才能清晰地确认需求。

在项目生命周期的第一阶段,有一种做法是客户向承约商征询需求建议书(request for proposal,RFP),客户提出需要解决的问题,要求承约商提供解决方案来说明他们如何能在成本约束和进度控制下解决问题。

然而,并不是所有情况下都有一个正式的RFP。例如,在有些中小企业领导聚集的讨论会上,人们通常很随便地定义需求。某些人可能会自愿或者是被要求准备一份申请书,以决定项目是否由其承担,并满足企业的需求。有时候一个组织对项目的需求,还需要承约商来予以引导,需要承约商来帮助他们明确。在这种情况下,该组织(客户)就很难发出RFP。

再如,某公司的管理层想建立公司的网站,可能责成公司内部某个部门(公司内部项目团队)提交一份如何建立网站的申请书。在这种情况下,承约商是公司内部的项目团队,客户是公司管理层。确定一个正确的需求是很重要的。对本例来说,公司的网站是一个仅仅宣传产品的静态网站呢?还是要建一个有互动功能的网上交易平台呢?这要根据公司的经营战略和可利用的资源(包括可以投入多少资金)的情况来确定。

如果项目投资较大,或影响较大,就需要在需求分析的基础上,进一步做可行性研究,对项目的必要性进行论证,对市场、竞争环境、技术、资金、组织变革、投资效益等各个方面的可能性进行详细考察,使项目的立项决策工作建立在科学的基础之上,以减少投资失误的可能性。可行性研究工作,可以由客户自己完成,也可以委托给专门的咨询机构。承约商如果能够帮助客户进行项目的可行性研究工作,对其争取客户的项目合同往往是有利的。

2. 项目计划阶段

项目计划是项目生命周期的第二个阶段。本阶段的主要任务就是提出满足客户需求的解决方案,对项目的执行做出相应的具体安排。

首先,承约商在这个阶段向客户提交申请书(或称投标书),正式取得执行项目的资格和必要条件。在这个阶段,承约商的努力很重要。对回复 RFP 感兴趣的承约商,可能会花几个星期时间来提出一种解决问题的方案,并估计所需资源的种类、数量、执行解决方案所花费的时间。每个承约商都会以书面申请的方式,把有关信息以文件的方式交给客户。例如,几个承约商可能会同时向一个客户提交有关开发和执行项目的申请书。在客户评估了申请书并选出中标者后,客户和中标的承约商将协商签署项目合同(或协议)。

如果承约商是公司内部的项目团队,他们提出一份响应管理者建议的"项目计划书",管理者同意以后,项目的执行者就将是公司内部的项目团队,而不是公司外部的承约商。这时企业下达的任务书或企业管理者确认的"项目计划书",就等价于"项目合同"。

为了提出容易中标的解决方案,承约商应该认真研究客户需求和相关条件,同时也要考虑自己执行项目时能力所及。

3. 项目实施阶段

项目生命周期的第三阶段是执行解决方案和控制项目运行。这一阶段从客户批准项目计划后开始。包括执行计划,跟踪观察项目,发现并纠正偏差,或变更原先的计划,以保证实现项目目标。

在执行项目期间,将会使用到不同类型的资源。例如,有关设计并建造一幢办公楼的项目,项目努力的方向可能首先包括由几个建筑师和工程师制定一个建设计划。然后,在工程建设期间,按计划组织所需资源,包括钢筋工、泥瓦工、木匠、电工、油漆工等。项目在盖好楼之后结束,少数其他工人将负责完成美化环境的工作和最后的内部装修。此阶段的结束将会带来项目目标的最终实现。

这一阶段是使客户满意的关键阶段,而使客户满意的要点是:整个工作高质量地在预算内按时完成,并使客户满意。例如,一个承约商已经完成了客户办公自动化系统的设计、安装,并且系统顺利通过了绩效测试,客户接受了这一系统,或是公司内部项目团队已经按照管理层的要求完成了项目,管理层满意,那么这一阶段也就顺利结束了。

4. 项目收尾阶段

项目收尾是项目生命周期的最后阶段,也就是结束项目的阶段。当项目结束时,某些后续的活动仍需执行。这些活动包括:① 检查所有的交付物清单,看有无应交但却遗漏未交的交付物;② 确认客户对交付物是否全部接收,客户的满意度是否达到预期的程度;③ 检查所有的款项是否已经交付结清,所有的发票是否已经偿付。

这一阶段还有一个重要任务,就是评估项目绩效。通过评估,明确该在哪些方面改善,以便在未来执行相似项目时有所借鉴。

1.2.3 关于项目周期的进一步讨论

1. 阶段关口

一个项目周期应该分为几个阶段,主要看项目的复杂程度,关键是看能否明确可交付成果,能否明确检查考核的里程碑,也就是看能设置几个项目关口。项目关口就是阶段结束时点的里程碑。在这个时点上,通常把项目的绩效及进展与各种项目文件(如项目章程、项目管理计划等)及业务文件(如商业论证等)进行比较,从而做出是否进入下一阶段、是否需要在进入下一阶段之前进行整改、是否需要中止项目、是否需要继续重复某个阶段或过程等决策。

美国项目管理学会 PMI 编制的 PMBOK 第六版认为:通用项目周期有 4 个阶段,对应于 4 个项目关口,如图 1-3 所示。在每个阶段中,将选择性地或完全重复 5 组管理过程(启动过程、规划过程、执行过程、控制过程、收尾过程)。而支撑管理过程组的,是十大知识领域(整合管理、范围管理、进度管理、成本管理、质量管理、资源管理、沟通管理、风险管理、采购管理、相关方管理)。

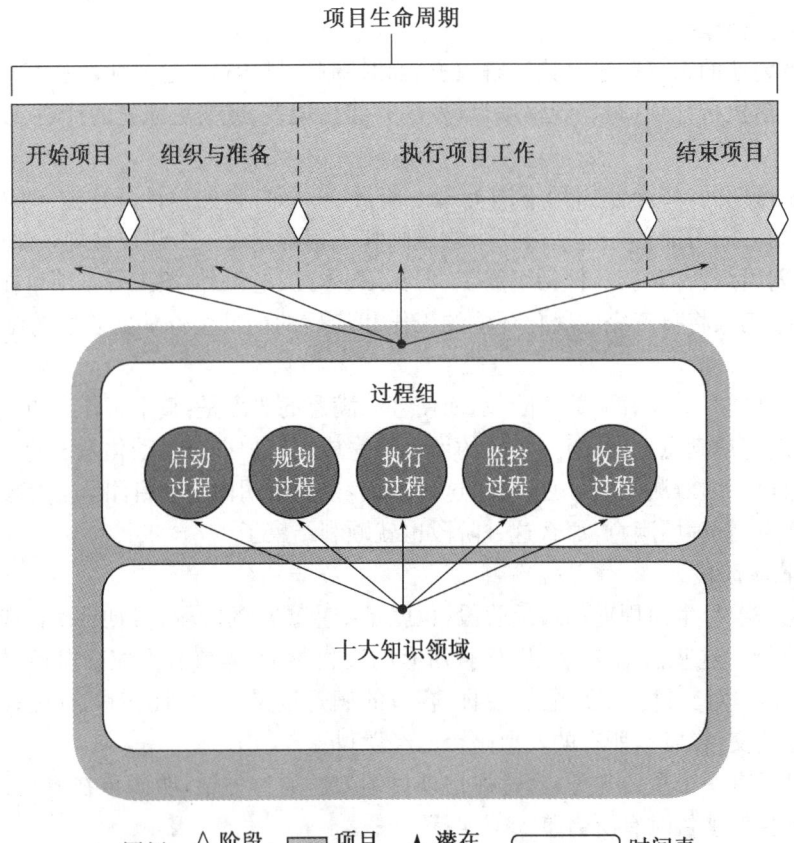

图 1-3 项目周期中阶段关口的位置及其与过程组的关系

图片来源于 PMI:《项目管理知识体系指南》,第 6 版,标题为作者所加。

2. 全生命周期

一些学者认为上述对项目周期的定义,仅是站在项目经理的角度看问题,忽略了实际工作开始之前发生的所有活动,也没有考虑产品交付之后发生的活动(Dennis Lock,2009)。他们倾向于从更广泛的角度来看待项目的生命周期,将其称为全生命周期。在 Dennis Lock 的《项目管理》(第9版)我们看到一个把项目周期划分为 15 个阶段的例子。参见图 1-4。

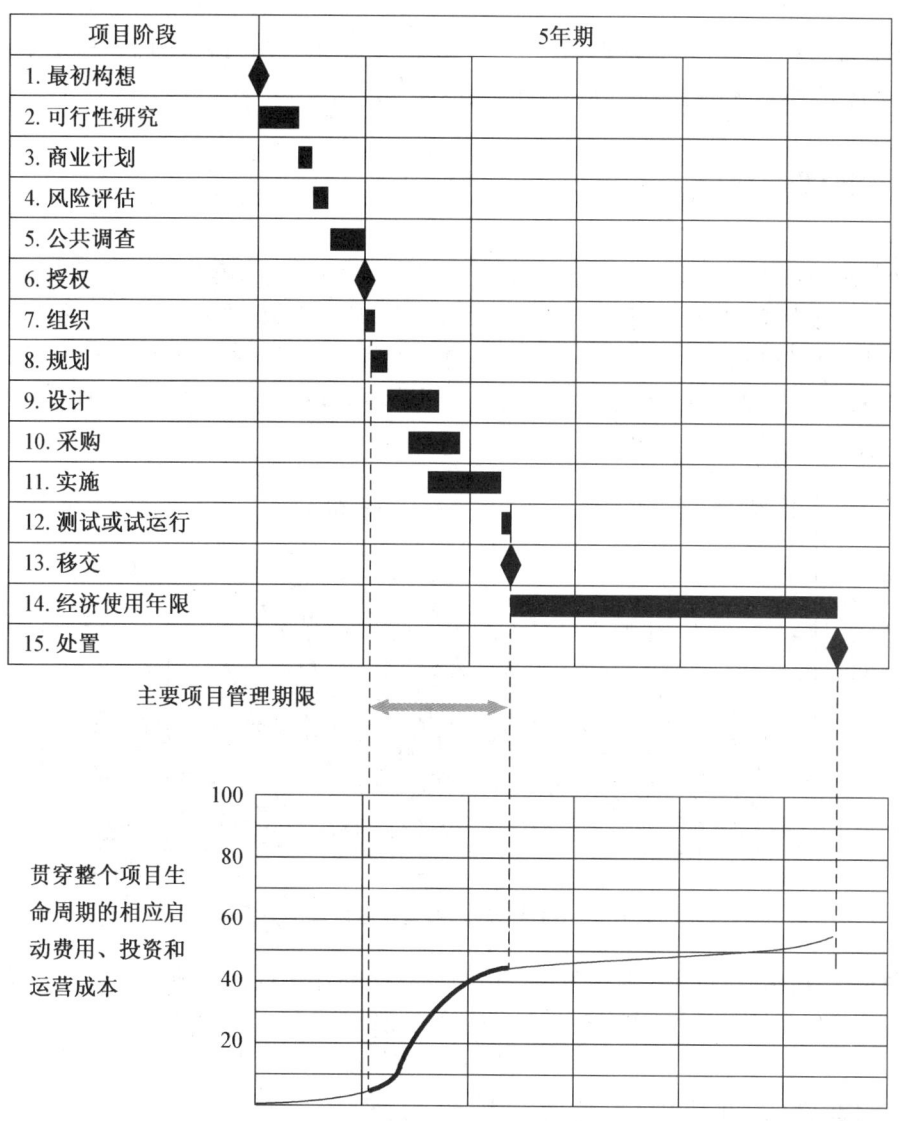

图 1-4 洛克的全生命周期示例
图片来源于洛克:《项目管理》,第 9 版。

仔细分析不难发现:在图 1-4 中,前 6 个阶段相当于通用项目周期的第 1 阶段,第 7、8、9 阶段相当于通用项目周期的第 2 阶段,第 10、11、12 阶段相当于通用项目周期的第 3 阶段,第 13 阶段相当于通用项目周期的第 4 阶段。所以,Dennis Lock 的 15 阶段划分,与 PMI 的四阶段划分相比,本质上的不同之处在于:Dennis Lock 考虑了移交以后的经济使用年限内运营和最后废弃时的处置工作。但一般情况下,当项目移交以后,其运营管理的模式与之前完全不同,其管理团队也是另外一班人马。

1.3 项目管理过程

项目管理过程贯穿于项目周期始终(参见图 1-3)。在 PMI 编辑的 PMBOK 一书中,罗列了 49 个管理过程,分为五个管理过程组,具体如下。

1.3.1 管理过程组

五个管理过程组即启动过程组、规划过程组、执行过程组、控制过程组、收尾过程组。读者很容易将之与项目周期的四个阶段(启动阶段、规划阶段、实施阶段、收尾阶段)相混淆。其实阶段与管理过程组是两个不同的概念。阶段是时间和任务的概念,阶段必须有关口,有交付物;而管理过程组则是管理工作的集合。在每个阶段中,都有可能重复 5 个管理过程组。二者之间的关系通过图 1-5 来理解。

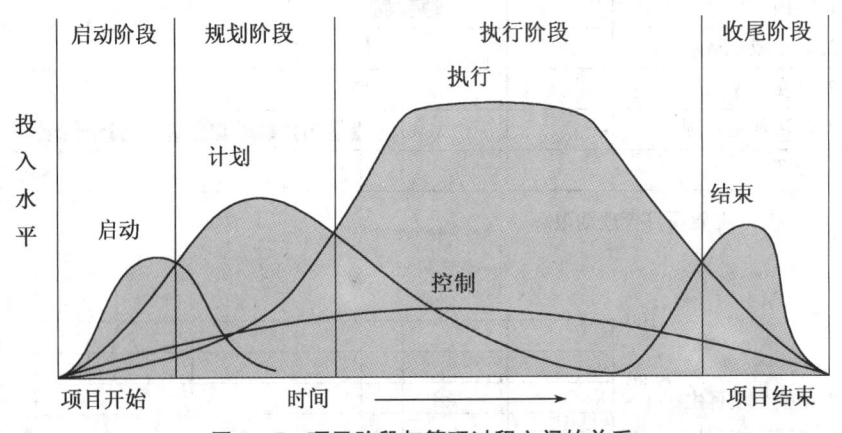

图 1-5 项目阶段与管理过程之间的关系

如图 1-5 所示,执行和控制过程在任何一个阶段都存在;启动、规划、执行过程的工作在启动阶段都已经开始;规划工作直至项目收尾才真正结束。

1.3.2 项目管理过程中工具与技术分析

在项目管理实践中,一个管理过程的输出,可能是下一个管理过程的输入;有些管理过程可以同时进行(彼此之间没有输出输入联系)。在 PMBOK 第 6 版中,PMI 在 49 个管理过程中总共罗列了 67 项工具与技术,其中在不同过程中重复出现超过 10 次的工具与技术如图 1-6 所示。

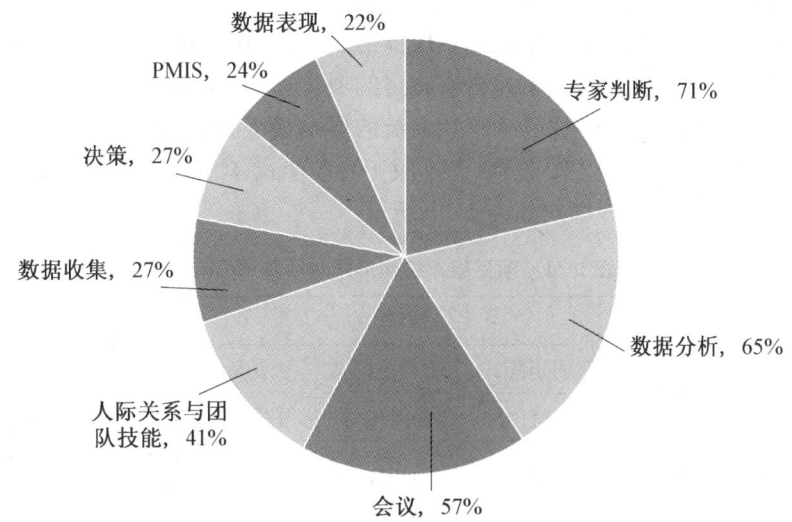

图 1-6 项目管理过程最常见的 8 项工具应用频率

如图1-6所示：在项目管理过程中，使用频率最高的工具和技术是专家判断(71%)，其次是数据分析(65%)，第三是会议(57%)，第四是人际关系与团队技能(41%)，数据收集和决策并列第五(27%)，第七是项目管理信息系统(PMIS，24%)，第八是数据表现(22%)。可见，专家判断、数据分析、会议这三项最为重要。

1.4 项目运行环境

任何项目都是一个系统。系统思想认为：任何系统的功能都是由系统结构与系统环境共同决定的。项目管理的经验也表明：项目运行的环境对项目能否实现其目标影响很大。PMI认为影响项目的因素主要有两大来源：事业环境因素（Enterprise Environmental Factors，EEF）和组织过程资产（Organizational Process Assets，OPA）。

1.4.1 事业环境因素

事业环境因素(EEFs)是指项目团队不能控制的，将对项目产生影响、限制或指令作用的各种条件。按其来源又可以分为组织内部因素和组织外部因素。

1. 组织内部因素

（1）组织文化、结构和治理。例如，一所大学所属的项目团队，其执行项目的能力往往与该大学的愿景、使命、价值观、信念、文化规范、组织风格、等级制度、学科设置、道德行为规范等密切相关。

（2）设施和资源。如组织能够提供的可用于项目的虚拟团队、共享系统、云计算支持系统等资源。

（3）基础设施。如可以共享的渠道、组织内部公共设施和可共享的实验室等。

(4) 信息技术软件。如进度管理软件、管理信息系统、工作授权系统等。
(5) 资源可用性。如经过上级批准的供应商协议、合同制约因素、人员共享制度等。
(6) 员工能力。如组内部员工是否有特定的项目管理知识、特定项目技能、经验等。

在上述因素中,组织结构对项目经理及人员的影响最大,进而影响到组织执行项目的能力。一般项目组织结构的类型主要包括(但不限于):职能式、项目式、矩阵式(强、弱、平衡)、事业部式等。组织结构对项目的影响如表1-1所示。

表1-1 项目组织结构形式对项目的影响

	职能式	矩阵式			项目式	事业部式
		弱矩阵式	平衡矩阵式	强矩阵式		
项目经理的权限	很少或没有	有限	小到中等	中等到大	很高甚至全权	大
全职工作人员的比率(%)	几乎没有	0~25	15~60	50~95	85~100	100
项目经理投入项目时间	兼职	兼职	全职	全职	全职	全职
项目经理常用头衔	项目经理/项目协调员	项目经理/项目协调员	项目经理	项目经理/计划经理	项目经理/计划经理	事业部经理
项目管理行政人员	兼职	兼职	全职	全职	全职	全职

表1-1中从左到右,项目经理的权力和项目团队的效率呈现增加趋势。通常认为:强矩阵式、项目式、事业部式的组织结构更有利于执行难度较大的适应型项目。

2. 组织外部因素

(1) 市场条件。项目产品(服务)的市场条件不仅影响项目需求,而且对供应商、成本、技术可获性都有影响。

(2) 社会和文化影响与问题。项目所在地的社会和文化背景、需求、对某些功能或过程的限制等,有可能给项目的执行带来意外的问题。

(3) 法律限制。项目团队的组织,要遵循属地的法律和政府规章制度,如合同法、劳动法,在项目采购、招工等方面都会有明确的规定。

(4) 商业数据库。针对项目的特殊需求,有没有商业数据库提供信息支持,不仅影响项目的进度和成本,而且还影响到项目的质量和风险。

(5) 学术研究。学术研究对项目需求的确认会有直接或间接的帮助,对项目管理过程中各种工具与技术的改进也有帮助。在学术研究活跃且供给充足的环境中,项目管理将会更容易达到预计目标。

(6) 政府或行业标准。政府或行业标准可分强制性标准和指导性标准两种,无论哪种标准都不能忽视。

(7) 财务考虑因素。货币的利率、汇率,项目所在行业或地区的特定基准贴现率,都会影响项目成本或财务指标。

(8) 物理环境因素。如项目地的天气、地理条件、交通条件、生活便利条件等,都会对项目执行的进度、成本和风险产生一定的影响。

1.4.2 组织过程资产

组织过程资产分为两大部分。

1. 过程、政策和程序

这类资产反映组织对项目管理的要求。它的更新不是项目工作的一部分,通常是由 PMO 或项目以外的其他职能部门完成。

如启动和规划过程中需要的项目指南和标准,特定的组织标准,产品和项目生命周期,方法和程序,项目管理与分析模板,预先批准的供应商清单,各种合同协议类型;执行与控制过程中需要的变更控制程序,跟踪矩阵,财务控制程序,问题与缺陷管理程序,资源可用性控制和分配管理,组织对沟通的要求,确定工作优先次序以及授权程序,日志模板,绩效测量准则,交付物的合适和确认程序等;收尾过程需要的收尾指南与要求等。

2. 组织知识库

这类资产是组织运作或执行项目的智慧和经验积累,每一个项目团队都会对此做出一定的贡献。组织知识库一般在项目期间结合项目信息而更新。

如资源配置管理知识库,财务数据库,历史信息与经验教训数据库,问题与缺陷的管理数据库,测量指标数据库,以往项目的档案等。

1.5 项目管理知识体系

1.5.1 项目管理知识来源

项目管理之所以作为一个独立的学科,是因为在项目管理实践中发展起来许多独有的知识、技能和手段。如项目生命周期概念、工作分解结构(WBS)、关键路线法、挣值法、项目管理信息系统(PMIS)等,这是项目管理学科的主体部分。

从事项目管理还需要许多其他领域知识的支持,这些知识主要有 3 类:一类是经营管理知识,如系统科学、行为科学、财务、组织、规划、控制、沟通、激励和领导等;另一类是专业技术知识,如软件开发、医药学、工程设计与施工、军事、行政、环境保护、农业科学和社会改革等;还有一类是经验知识(隐含知识),是在项目管理实践中总结出来,固化在项目管理者身上的知识。项目管理正是一般经营管理知识、专业技术知识和经验知识的重叠部分。

1.5.2 项目管理知识体系

项目管理的知识体系是指在现代项目管理中所要开展的各种管理活动,所要使用的各种理论、方法和工具,以及所涉及的各种角色的职责及其相互关系等一系列项目管理理论和知识的总称。项目管理知识体系包括多方面的内容,这些内容可以按多种方式去组织,从而构成一套完整的项目管理知识体系。这套知识体系与一般运营管理知识体系一样,可以分成许多不同的专业管理或职能管理方面。

按照美国项目管理协会提出的现代项目管理知识体系的最新划分方法,现代项目管理知识体系主要包括10个方面。如图1-7所示,这10个方面分别从不同的管理职能和领域,描述了现代项目管理所需要的知识、方法、工具和技能。

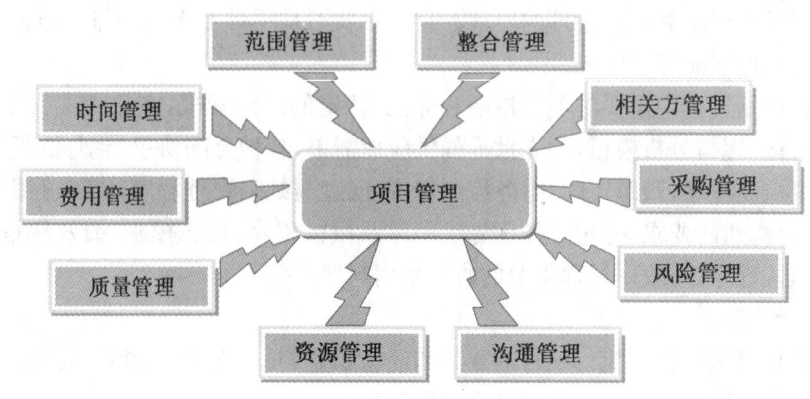

图1-7 项目管理知识体系

1. 项目范围管理

项目组织要想成功地完成一个项目,达到项目目标,必须开展一系列的工作,这些必须开展的项目工作内容就构成了一个项目的工作范围。项目范围管理就是对一个项目从立项到完成整个生命期中所涉及的工作范围所进行的管理和控制。项目范围管理包括了用以保证项目包含(且只包含)所有需要完成的工作,以及顺利完成项目所需要的所有过程。它主要涉及定义及控制项目应该包括和不应该包括的内容。项目范围管理的内容如下:

(1) 规划范围管理,一个创建范围管理计划的过程,包括记录如何定义、确认和控制项目及产品范围。

(2) 收集需求,一个明确、记录并管理相关方需求的过程。

(3) 范围界定,即定义范围,一个制定项目及其产品明细的过程。

(4) 创建WBS,一个依据项目交付物和项目目标,具体界定项目任务和工作过程,将项目按可交付成果细分为几个更易管理的单元。

(5) 范围核实,即范围确认,一个正式验收已经完成项目可交付成果的过程。

(6) 范围变更控制,一个监督项目和产品的范围状态,管理项目范围基准变更的过程。

2. 项目进度管理

项目进度管理又叫项目时间管理,就是为确保项目按时完成目标,对所需要的各个过程的活动进度进行的管理。进度管理主要包括以下内容。

(1) 规划进度管理,一个创建进度管理计划的过程。除了研究编制进度计划之外,还要为执行和控制进度制定政策、程序,输出相应的文档。

(2) 定义活动,为完成项目的可交付成果,确定必须进行的各项具体活动。这些活动根据需要还可以进一步细分为任务,任务再分解为工作包。

(3) 活动排序,识别项目清单中各项活动的相互关联与依赖关系,并据此对项目各项活动的先后顺序进行安排。

(4) 活动持续时间的估算,对项目确定的各项工作的时间长短进行估算。

(5) 编制进度计划,根据项目活动顺序、活动持续时间、活动所需资源和进度制约因素来编制项目进度计划的过程。

(6) 进度控制,监督项目进度状态、更新项目进度、管理进度基准变更的过程。

3. 项目成本管理

又叫项目费用管理。包括为使项目在经过批准的预算总额之内完成而对成本进行规划、估算、预算、跟踪分析和控制等各个过程。

(1) 编制成本管理计划,通过分析和识别,确定项目需要投入的资源种类、数量,以及资源到位的时间节点。各种资源耗费都可表现为活动费用,通常以时间为横坐标,以费用为纵坐标,绘制费用的累计曲线(S曲线)作为总费用控制基准。

(2) 成本估算,编制成本管理计划之前必须经历的一个过程。在这个过程中,对项目各项活动所必需费用进行估计。

(3) 成本预算,将整个项目费用估算分配到各单项活动中,以确定项目成本的控制基准。

(4) 成本控制,监督项目执行中的费用支出,将其与计划相比较,发现偏差及时纠正,努力将项目的实际费用控制在项目预算范围之内。通常采用挣值分析法,即通过测量和计算已完成工作的预算费用、已完成工作的实际费用,以及计划工作的预算费用,得到有关计划实施的进度和费用偏差,用以判断项目预算和进度计划执行情况。

4. 项目质量管理

项目质量管理是在项目管理过程中为确保项目的质量所开展的项目管理工作。这一部分的主要内容包括规划质量管理、管理质量和控制质量。

(1) 规划质量管理,即质量规划过程,主要是识别项目及其可交付成果的质量要求(或标准),并明确表述衡量质量符合标准的方法和指标,重点说明如何实现质量目标,通过哪些措施确保达到质量要求。

(2) 管理质量,将组织的质量政策应用于项目的过程,重点是将质量管理计划转化为可执行的质量活动。

(3) 控制质量,监督和记录质量管理活动执行结果的过程。

需要注意质量和等级的区别。等级是对功能用途相同但质量要求不同的实体所做的分类或排序。低质量是需要解决的问题,低等级则不是。例如,软件产品可以是高质量(无明显错误、可读性好的文件)和低等级(有限的功能),或是低质量(许多错误、组织差的顾客手册)和高等级(大量功能)的。确定和传达所需要的质量和等级标准水平的是项目经理和项目管理班子的责任。

5. 项目资源管理

项目资源管理是在项目管理过程中为确保更有效地利用项目所涉及的人力资源、设施、设备、材料、用品以及其他资源而开展的项目管理工作。开展项目资源管理的根本目的是要对项目组织和项目所需资源进行科学的确定和有效的管理,以确保项目的成功。包括以下6项内容。

(1) 规划资源管理,即资源规划过程,主要定义如何估算、获取、管理和利用项目团队、实物等各种项目执行所需要的资源。

(2) 估算活动资源,对执行项目所需要的人力、物力、财力进行细致估算的过程。

（3）获取资源，获取项目团队成员、设施、设备、材料、用品和其他资源的过程。

（4）建设团队，通过创建和改善团队整体氛围，促进成员融洽、互动，提高团队工作能力，最终提高项目绩效的过程。

（5）管理团队，优化团队绩效的过程，主要是跟踪团队工作表现，及时提供反馈意见帮助解决工作中问题，以及处理团队成员变更问题。

（6）控制资源，根据资源使用计划配置资源，并监督使用过程，发现问题及时纠正的过程。

6. 项目沟通管理

项目沟通管理是在项目管理过程中为确保有效、及时地生成、收集、储存、处理和使用项目信息，以及合理地进行项目信息沟通而开展的管理工作。开展项目沟通管理的根本目的是要对项目所需的信息和项目利益相关者之间的沟通进行有效的管理，以确保项目的成功。这一部分的主要内容包括规划沟通管理、管理沟通和监督沟通。

（1）规划沟通管理，即制定沟通计划的过程。主要依据相关方的信息需求、可用的组织资产，以及具体的项目需求，选择沟通活动的方法、确定沟通规则和程序。

（2）管理沟通，及时有效地生成、收集、存储、检索、管理、监督和最终处置项目信息的过程。

（3）监督沟通，监督项目信息流，检查落实沟通计划的执行情况，确保满足项目及相关方的信息需求的过程。

7. 项目风险管理

风险是一个可能性与影响的联合函数，即风险＝f（可能性，影响）。假定风险同时涉及可能性和影响两个方面，当至少有一个因素（无论是可能性还是影响）的取值较大时，这个项目通常将会被认为具有风险。

项目风险管理是在项目管理过程中为确保成功地识别项目风险、分析项目风险和应对项目风险所开展的项目管理工作。开展项目风险管理的根本目的是要对项目所面临的风险进行有效识别、控制和管理，是针对项目的不确定性而开展的降低项目损失的管理。这一部分的主要内容包括以下7项。

（1）规划风险管理，定义如何实施项目风险管理活动的过程。

（2）识别风险，识别项目风险来源，记录风险特征的过程，主要明确风险可能发生的时间、环节，导致风险的主要因素。

（3）实施定性风险分析，分析单个项目风险发生的概率、影响程度以及其他特征，对风险优先级进行排序的过程。目的是为后续分析和行动过程提供基础。

（4）实施定量风险分析，分析单个项目风险发生的概率、影响程度以及其他特征进行定量分析的过程。

（5）制定风险应对计划，依据上述分析制定风险应对措施的过程。

（6）实施风险应对计划，执行上述风险应对措施的过程。

（7）监督风险，监督风险管理计划的实施过程，主要是跟踪已经识别的风险、识别和分析新的风险，并评估风险管理的有效性。

8. 项目采购管理

项目采购管理是在项目管理过程中为确保能够从项目组织外部寻求和获得项目所需各种商品与劳务的项目管理工作。开展项目采购管理的根本目的是要对项目所需的物质资源和劳务的获得与使用进行有效的管理,以确保项目的成功。这一部分的主要内容包括规划采购管理、实施采购和控制采购。

(1) 规划采购管理,即制定采购计划的过程,包括记录采购决策、明确采购方法、识别潜在的供应商等。

(2) 实施采购,选择供应商,与供应商洽谈并签约的过程。

(3) 控制采购,监督采购计划实施的过程,包括管理采购关系、监督合同绩效,纠偏和实施必要的变更,以及关闭合同。

9. 项目相关方管理

即项目关系人管理,包括保证项目各要素相互协调所需要的过程,它需要在相互影响的项目目标和方案中做出平衡,以满足不同项目干系人的需求和期望。这项管理的主要内容包括4方面工作。

(1) 识别相关方,项目经理对相关方的数据进行收集、整理、分析,依据其对项目目标的影响程度进行分类和排序的过程。

(2) 规划相关方参与,根据相关方的需求、期望、利益和对项目的潜在影响,制定相关方参与项目的方法的过程。规划是一个安排相关方有效互动的可行方案,可根据项目需要在项目期内定期开展。

(3) 管理相关方参与,与相关方沟通、相互协助,以满足各方需求与期望、及时处理问题,促进相关方合理参与的过程。其目的是取得相关方的支持,减少其可能存在的抵制行为。

(4) 监督相关方参与,监督相关方关系,并通过修订相关方参与计划来引导相关方合理参与的过程。

10. 项目整合管理

项目整合管理是一个综合管理过程。它要对项目周期中各个过程组的管理过程进行识别、定义、组合、同意和协调,包括资源分配、平衡竞争性需求、研究各种备选方案、为实现项目目标而剪裁过程、管理各个知识领域之间的供求关系。具体包括以下7项内容。

(1) 制定项目章程,编制项目纲领性文件的过程。明确项目被正式批准并授权项目经理在项目活动中使用组织资源。

(2) 制定项目管理计划,定义、准备和协调项目计划的所有组成部分(如各单项计划),并将之整合为项目综合管理计划的过程。

(3) 指导与管理项目工作,领导项目团队实施项目管理计划,包括实施经过批准的变更的过程。

(4) 管理项目知识,使用现有知识、生成新知识,帮助项目组织学习,以实现项目目标的过程。

(5) 监控项目工作,为实现项目管理计划中确定的项目目标,跟踪、审查、报告项目整体进展的管理过程。

(6) 实施整体变更控制,审查各种变更请求,批准变更,管理对可交付成果、组织过程资产、项目文件和项目管理计划的变更,并就变更结果与相关方进行沟通的过程。

(7) 结束项目或阶段,终止(或中止)项目、阶段、合同的过程。

综上,项目整合管理工作贯穿项目周期的始终,在项目启动阶段尤为重要。所以在有些教科书中,将本知识领域放在十大领域之首的位置。

参考答案

课后练习
Exercise One

一、选择题

(一) 单项选择题

1. 项目是创造独特产品、服务或其他成果的( )工作或努力。
   (A) 一次性　　　(B) 持续性　　　(C) 阶段性　　　(D) 反复多次的

2. 项目周期又叫项目的生命周期,是指项目从诞生到结束所经历的时间。项目周期的第二阶段是( )。
   (A) 项目启动　　　　　　　　(B) 项目收尾
   (C) 项目计划　　　　　　　　(D) 项目计划执行与控制

3. 项目管理三角链是指管理层、( )和项目团队这三类角色构成的三角关系。
   (A) 管理层　　　(B) 客户　　　(C) 项目团队　　　(D) 董事会

4. 职能式项目团队的项目经理的权限( )。
   (A) 很大　　　　　　　　　　(B) 很少甚至没有
   (C) 全权　　　　　　　　　　(D) 中等

5. 项目管理是( )、专业技术知识和经验知识的重叠部分。
   (A) 一般经营管理知识　　　　(B) 行为知识
   (C) 营销知识　　　　　　　　(D) 领导知识

(二) 多项选择题

1. 项目的一般属性除了独特性、活动的整体性和制约性、组织的临时性和开放性、开发与实施的渐进性外,还有( )属性。
   (A) 一次性　　　　　　　　　(B) 不确定性
   (C) 目标的特定性　　　　　　(D) 不可逆性

2. 项目管理分为"计划(大项目群)管理"、"产品管理"和( )等五种形式。
   (A) 基本的项目管理　　　　　(B) 创业管理
   (C) 危机管理　　　　　　　　(D) 特别委员会和任务团队

3. 按 B. W. 塔克曼(B. W. Tuckman)对项目阶段的划分,则项目团队发展的四个阶段分别是( )。
   (A) 形成阶段　　(B) 震荡阶段　　(C) 正规阶段　　(D) 表现阶段

4. 按照美国项目管理协会提出的现代项目管理知识体系的划分方法,以下属于现代项目管理知识体系的是( )。

(A) 时间管理　　(B) 范围管理　　(C) 风险管理　　(D) 误差管理
5. 属于网络计划技术的是(　　)
(A) 图形评审技术　　　　　　(B) 时标网络图
(C) 风险评审技术　　　　　　(D) 关键线路法

二、思考题

1. 试述在项目周期各个阶段,项目所耗费的人力与资金等投入有什么样的规律性。
2. 现代项目管理知识体系主要包括哪 10 个方面的内容?
3. 什么是项目范围管理?
4. 质量和等级这两个概念有什么不同?

第 2 章　项目准备与分析

本章介绍项目启动阶段的主要任务,以及完成这些任务所需要的知识与技能,包括需求分析、可行性研究、立项决策与合同签约。如果是组织内部的项目,可能不存在合同签约环节,但项目经理接受了上级下达的项目任务书,便可视同于他与上级签订了项目合同。

2.1　立项前期的准备工作

2.1.1　前期工作任务模型

项目启动阶段的任务以及相关的行为主体之间的关系可以用一个"任务模型"来描述,如图 2-1 所示。

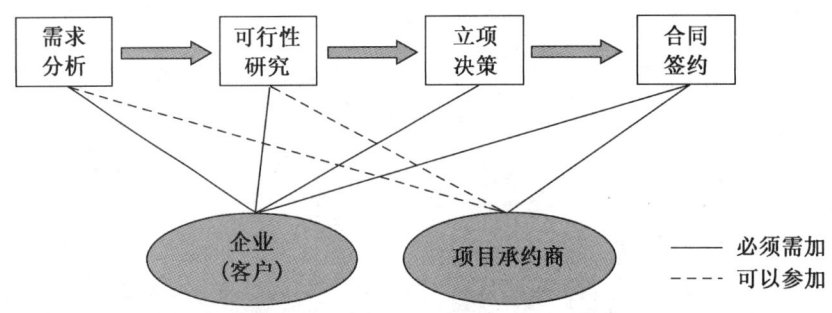

图 2-1　项目启动阶段的任务模型

在图 2-1 的模型中,连接 4 项任务的箭头,表示任务之间的先后次序;任务与行为主体之间的连线代表该任务可能由该行为主体来完成;项目承约人可以是组织内部团队,也可以是组织外部的承约商。

2.1.2　任务内容与要求

上述模型中各项任务的具体内容和要求如下。

1. 需求分析

项目需求分析是指项目投资者通过对项目产品或服务的市场需求、社会需求、公众需求以及投资者本身发展需求的综合分析,确定项目的方向以及项目投资的可行性,为项目投资决策提供依据和必要的准备工作。

需求分析一般要考虑项目投资方的竞争环境和发展战略、投资项目的瓶颈、用于项目的资金有无来源等直接影响立项的重要因素。项目投资者在资源有限的条件下,往往需要做很多的事情,确定哪一个项目是企业最迫切的需求,确定各种不同项目的优先发展次序,需求分析是非常重要的。项目的需求分析,应以回答以上这些问题为目标。

需求分析没有特定的方法和程序,但问题树分析方法和德尔菲法应用非常普遍。本章下一节将对问题树分析方法作专门介绍。

2. 可行性研究

项目的可行性研究,是建立在项目解决方案的基础之上的一项事前评估工作,主要从技术、财务、组织的适应性等方面,对项目是否可行进行分析论证,从而为项目立项决策提供依据。

在技术方面,可行性研究要对项目所提出的解决方案进行先进性、适用性分析论证和评估。首先,采用的技术(含设备和软件)必须具有一定的先进性,从而保证项目建成后,企业的某些能力可以迅速提升,并在同行中保持一定的(组织发展战略所要求的)地位和水准。但另一方面,不能一味追求技术的先进性,因为过于先进的技术不仅造价很高,而且往往"曲高和寡",对提高组织效率反而不利。例如,当一个企业的大多数客户还处在用纸面定单的情况下,该企业就全面启动电子订货系统,就可能会导致部分客户的流失。此外,项目技术的适用性还包括与组织内部的员工操作能力相适应:组织内部的员工,通过短期的培训,应能够掌握运用该项技术,并切实感到便利,否则,再先进的技术对提高企业的竞争力也是没有帮助的。

在财务方面,可行性研究主要对项目的投资回报进行评估,从财务的角度来分析项目的投资是否合理。项目投资主体从财务上能否支持一个项目,首先要看其内部的财务状况,但更重要的是看项目本身能否在一定的时期内产生经济效益,产生多大的经济效益等。衡量一个项目投资效益的主要财务评价指标是内部报酬率(IRR)、净现值(NPV)和投资回收期。内部报酬率(IRR)、净现值(NPV)和投资回收期的经济含义和计算方法将在下一节详细介绍。

在组织适应性方面,可行性研究要对项目实施以后项目相关方的组织适应能力进行评估。一般来说,企业投资的项目,特别是大中型项目,往往会引起企业内部商务流程的重组,由此可能会对企业现有的业务产生一定的影响,也会对企业中部分经理和员工的权限、责任和利益产生一定的影响,因此,会带来一些阻力,从而影响项目正常效益的发挥和对项目的客观评价。很多项目失败的原因,都与此有关。因此,在项目的可行性研究中进行项目组织适应性的评估,充分考虑项目组织对新技术的接受能力,是非常重要的。

3. 立项决策

许多大型项目,尤其是政府投资的公益性项目、基础建设项目和房地产项目,必须按照国家法规的规定,通过必要的程序,向政府有关部门申报,并获得审批核准后,才能启动项目。例如,建设项目要遵循基本建设程序规定的各个步骤,对环境产生不利影响的项目则要经过环境保护部门的审查批准等。还有一些项目,如果关系到当地或整个社会、经济的发展,还要申报到政府部门,列入政府的社会和经济发展计划,这就是项目立项过程。自从政府对社会性投资项目放开,改审批制为登记制以后,社会投资项目只要合法、可行,不用经过政府审批就可以实施。许多小项目不需要单独的发起过程,只要企业内部决策层通过就可以立项。

立项决策,是一个风险决策过程。风险决策的研究任务,一般参考风险决策模型的几个变量和参数来展开:首先要对所采用的新技术成功的可能性进行估计,即构造风险概率矩阵;然后对成功和失败的结果进行估计;最后利用期望值决策模型(或其他方法)来测算风险决策值,提出风险决策方案,供组织的决策层决策参考。

4. 合同签约

一旦客户(项目出资方)做出对项目进行投资的决定,项目也就宣告成立。项目的客户与承约商(项目经理领导的团队)就项目的执行签订合约。对于大型项目,一般先发布需求建议书(request for proposal,RFP),征集承约商,选择与标底接近的承约商来签订项目、执行合同。

对组织内部的项目,当组织高层下达了任务书,或项目团队上报的项目计划书得到上级批准,也就视同于签订了项目合同。

项目合同必须对项目的活动范围、资源、时间、责任划分等一切重要内容予以明确界定,作为项目经理执行项目的基本依据。

2.1.3 项目团队的组织

组建项目团队是项目启动阶段的一件非常重要的工作。项目团队是由一组个体为了实现项目目标而协同工作的集合体。一个项目团队包括项目经理及项目组成员。

项目团队的宗旨和使命是在项目经理的直接领导下,为实现项目目标,完成具体项目所需完成的各项任务而共同协作努力。项目经理是项目团队的领导者,他的首要工作就是组建一个高效团队。

项目团队成员的选择应遵循以下三个原则:

(1) 人员少而精

研究表明:在完成任务方面,小群体要比大群体更快,在利用信息处理问题方面,小群体要比大群体效率更高。一般认为项目团队5~7人为宜。如果项目确实需要更多的人参与执行,应将项目人员分为多个团队。

(2) 工作任务与人员的个人素质相匹配

项目团队成员应具备3个基本素质:一是具有完成项目某些方面所需要的特殊技能;二是具有强烈投身于工作的愿望;三是善于与同事有效合作。

(3) 人员素质的互补

在一个项目团队中,各成员彼此之间应具有素质上的互补性。例如,不能要求一个软件开发项目团队的每位成员都是编程高手;同样,如果每位成员都是市场分析专家而没有人懂应用程序,也没有任何意义;如果每个人都喜欢钻牛角尖,往往很难在一起合作,如果每个人都谨小慎微,团队往往很难创新。因此,项目团队成员的个人素质的组合,要在技术、业务、管理和人际关系等方面具有互补性。

2.2 需求分析

2.2.1 项目需求分析的内容、依据及原则

1. 项目需求分析的内容

项目需求分析的内容至少包括5个方面,如图2-2所示。

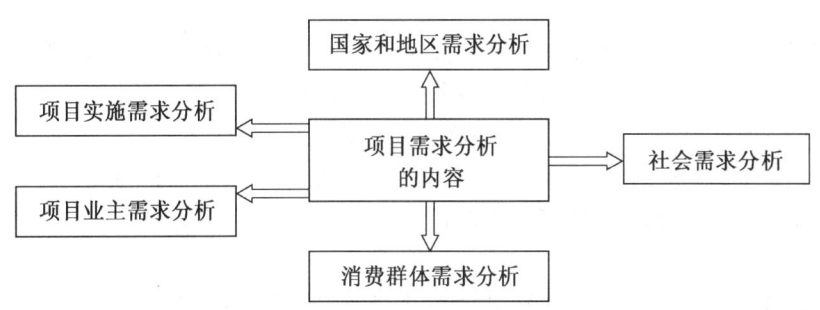

图2-2 项目需求分析的内容

一是国家和地区需求分析:通过对一个国家或地区的地理位置、自然特征、人口状况、经济结构、经济发展水平等方面的了解和研究,进而对项目的产品供需情况进行分析。特别是国家和地区的发展战略对本项目的影响。这一分析是项目需求分析中最重要的一项,它直接关系到项目的前途。

二是社会需求分析:通过对社会和经济发展水平、经济结构、人文环境、自然生态环境、公众需求以及投资情况的了解和研究,进而对项目的社会需求进行分析。这一分析决定了项目的社会意义。

三是消费群体需求分析:通过对消费人群的年龄、经济收入、消费水平、职业状况、知识水平等方面的了解和研究,区别消费结构群,进而对项目的消费需求进行分析。这一需求分析关系到项目的市场前景。

四是项目业主需求分析:通过对项目业主的投资期望和心态的了解和研究,进而对项目业主的需求进行分析。这一分析决定了项目的取舍。

五是项目实施需求分析:通过对项目所使用的原材料、燃料、技术、设备、资金、人力需求以及环境等内容的了解和研究,进而对项目的实施需求进行分析。这方面的分析将有利于提高项目的实施质量,保证项目顺利实施。

2. 项目需求分析的依据

需求分析的依据应是真实数据或权威文件,主要包括:国家和地区经济发展及产业结构的规划和预测报告;国家和地区的人口状况的调查;国家和地区的有关法律、法规和社会习俗;国家和地区的自然生态环境现实状况和远景预测,它将直接影响到项目产品的需求结构和需求水平。

3. 项目需求分析的基本原则

需求分析的原则一般有如下 6 条。

一是明确需求:项目是为了满足人们的需要而产生的,明确的需求是项目需求分析的基础。阐明需求就要对需求进行全面、系统、明确的描述,以形成项目的功能要求。

二是客观真实:为了避免发生需求误解,进行项目需求分析时,应全面、准确地描述项目客户需求,以向客户交付一个真正满足其需要的项目产品。

三是掌握需求变化:需求是动态的、不断变化的。需求动态变化的原因与其周围环境有关,如人员变化、预算变化、外部环境变化等可能会引起项目需求的变化。

四是使用分析工具:阐述需求要尽可能地使用图形、图表及物理模型等工具,使分析内容更清晰、更直观地表达客户的需求。

五是正确对待客户需求:人们往往容易狭隘地根据自己的独特经历、价值观和专业知识来推测客户的需求,容易造成对超出自己经验和知识范围的客户的真正需求视而不见。因此,在进行项目需求分析时,一定要客观求是,正确理解和对待客户的需求。

六是建立监督变更机制:项目需求变更,会给整个项目带来影响。为此,必须对项目变更进行严格管理,并形成一套变更监督制约机制。

2.2.2 问题树及本因分析法在需求分析中的应用

问题树(problems tree)是一种定性的描述问题因果关系的模型。在问题树模型中,组织运营中的核心问题用树干表示;树干下面为树根,是该问题的原因;树干上面为树枝,是该问题的影响。一个问题的影响,可能又是另一个问题的原因,因此,树枝上面又生分枝……依此类推,形成树冠。

树根亦如此。一个问题的原因,可能是上一个问题的影响所致,而上一个问题,可能又是再上一个问题的影响结果。由此可以一直追溯到最原始的原因,即本因(root causes)。解决方案要针对本因来设计,这就是"本因分析法"(root causal analysis)。

在组织进行项目开发的过程中,可能有很多项目都可以上马,但资源是有限的,一般不可能让所有的项目都获得立项,需要取舍,选择最重要的或者最需要的项目。在这种情况下,问题树及本因分析法便是需求分析的一个很好工具。

例如,某企业的经济效益不好,被认为是一个核心问题。由于效益不好,员工收入增长慢、技术与设备更新慢。效益不好的直接原因:一是生产成本过高;二是产品销售困难。生产成本高的原因主要有两个:一是原料供应渠道不畅,经常高价采购;二是工人技能差、劳动生产率低。销售困难的原因有三个:一是受到竞争对手的新产品的挤压;二是顾客对产品越来越挑剔,投诉增多;三是原料问题导致产品质量下降。这些问题、原因、影响之间的关系用如下的问题树来描述就一目了然(图 2-3)。

在图 2-3 中,问题树最下一行的 5 个原因,就是本因。从这 5 个本因来看,该企业可能需要引入先进设备来降低生产成本,并采用电子商务手段来处理供应链管理问题和客户关系管理问题。因此可能需要发起一个技术改造和供应链优化项目。

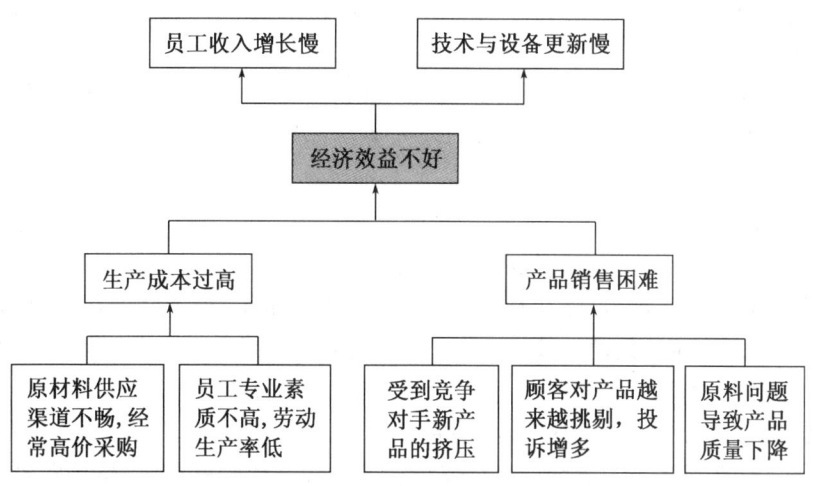

图 2-3 某企业经济效益不好的问题树例

2.2.3 客户方需求建议书的准备

需求建议书(request for proposals，RFP)是项目客户与承约商建立正式联系的第一份书面文件。需求建议书一般由项目的客户起草，主要描述客户的需求、条件以及对项目任务的具体要求，向可能的承约商发送。

准备需求建议书的目的，是从客户的角度全面地、详细论述发展新项目的目标和要求。通过需求建议书，能够使承约商或项目团队理解客户所希望的是什么，以便让他们准备一份全面的项目申请书，以可行的价格满足客户的需求。

需求建议书的内容，主要包括以下各项。

(1) 工作表述

工作表述就是对涉及项目的工作范围的说明，概括客户要求承约商或项目团队执行的任务或工作单元，说明项目所涉及的各种事情哪些必须由承约商或项目团队去完成，哪些由客户自己去做。如建设一个网站，所涉设备的采购任务，是由客户自己完成，还是由承约商去完成；企业网站上的页面文字，是客户自己撰写，还是由承约商撰写等。

(2) 任务要求

需求建议书必须要具体规定承约商需要完成的任务的规格和特征。如要求涉及大小、数量、颜色、重量、速度和其他承约商提出的解决方案所必须满足的物理参数和操作参数。例如：建立一个企业网站，可能要求在 1 000 人同时访问的情况下不会产生堵塞的感觉，网站的浏览页面不低于多少；建立一个自动结账和收款系统，可能要求每天能办理 12 000 次交易的功能和其他特定的功能，如在开出发票后的 30 天内没有收到账款，就会自动产生催款通知。具体的任务要求，可能会用作将来的验收标准。

(3) 交付物

交付物就是承约商所提供的实体内容，这在需求建议书中应该说明。例如，对于自动结账和收款系统来说，客户可能要求承约商提供硬件(计算机)、软件(磁盘和一些印刷品)、操作手册和培训课程。交付物也可能包括客户要求承约商提供定期进度报告或终期报告。

(4) 客户供应条款

需求建议书还应该列出客户的供应条款。例如,客户需要建立一个网站,可能需要向承约商提供公司内部的组织结构及各部门之间业务关系的详细说明,包括信息流程的类型、信息流量和发生频率等。

(5) 表述客户对需求的确认

需求建议书不是对客户需求的最后确认,最后的确认应该在对承约商提出的方案进行评估之后。例如印刷宣传手册,可能在开机之前要经过客户审定;局域网的建设,在购买材料和设备之前,客户必须审定承约商的技术方案。这一点在需求建议书中必须向承约商说明白。

(6) 期望的合同类型

合同可以按固定价格订立。这样,承约商实际上就是费用包干。客户只给固定的价钱,不管承约商实际工作花费多少。承约商必须保证功能的实现和质量要求,超支的风险由承约商负担。合同也可以规定承约商不承担风险,即在时间、原材料限制的条件下,不论实际成本多少,都会给承约商特定的报酬,也就是所谓包工不包料。在我国现阶段的条件下,由于质量检验和资信度不高的情况下,这种合同比较普遍。

在需求建议书中,最好说明客户是希望采用哪种类型的合同。

(7) 期望的付款方式

一般依项目的性质来定付款方式,确定是一次性付款还是分阶段付款,在开始前付款还是结束后付款。如网页制作,往往在项目末期付款;而架设局域网,一般在方案确认后,付款30%以便承约商采购,工程结束验收后付满90%,留10%等到使用一段时间以后确认无问题时付清。具体付款方式需要合同双方协商,但在需求建议书中,客户应该先提出自己的期望付款方式。

(8) 要求的进度计划

进度计划的要求可能很粗,如要求在6个月内完成;也可以详细一些,如多长时间内完成方案设计和审定,多长时间内完成硬件选购与安装,多长时间内完成软件研制、测试与安装,最后承约商在系统安装调试后,在多长时间内提交所有的系统文件和操作培训。

(9) 申请书的格式和内容提示

为了便于在几个承约商之间进行比较和评价,申请书应该在形式上采取同一个格式,内容的结构也应该一致。这样对不同的申请者来说比较公平,也能减轻客户在评审时的工作量。客户在需求建议书中可以限定申请书的每一部分采用的文字数量或页数。

(10) 提交申请书的最后期限

申请书受理的截止日期是必须要交代清楚的。例如,要求承约商在接到需求建议书后多少个工作日之内(如一周之内、一个月之内等)提交申请书,或大家一律在某月某日之前提交申请书。这样做的目的是便于同时对众多的申请者进行比较、评估,也是为了保持公正,不给某些承约商以额外的时间和机会。

(11) 对申请书的评价标准

要告诉承约商:客户将根据哪些准则来评价他提交的申请书。这样做的目的,是指导承约商写好申请书。一般评价标准包括4个方面的内容:一是承约商在类似项目中的经验。如他们近期是否在预算内按期完成了类似的项目,客户对他们是否满意?二是承约商提出的技术方案是否合适。如采用哪种类型的计算机软件,数据库的设计方法是什么?用来建立管理信息系统的是哪种语言?采用哪些供应商的设备?三是进度计划。承约商是否能按照所要求的进度完成项目计划?四是成本。如承约商的报价是否合理?成本预算中有无漏算的条款?将来在执行时有没有可能出现超支,或有无可能因过于节约而导致质量不能保证?有的申请人为了争取合同,在报价上压低成本,到了执行阶段,或偷工减料,或增加成本,结果导致所建系统的缺陷过多,或使最终成本大大超出原始的估算。对此需要引起注意。

(12) 资金

客户有多少资金可以用于发展拟议中的项目,承约商总是希望了解这一点,但客户在需求建议书中,往往不愿意透漏这个信息。其实,客户暗示大约的数字,告诉承约商他打算花多少钱来办这件事是有好处的,这样可以使承约商能够提交与资金水平相适应的申请书,提高在项目准备阶段的工作效率。

2.2.4 承约商对项目的构思

项目构思是指实现项目的需求和期望所要采取的方法、措施、途径的基本设想,也是对项目未来的目标、功能、范围及项目涉及的各主要因素和大体轮廓的初步设想。

一般来说,组织领导层一旦批准了项目可行性研究报告,也就表明企业确认了对该项目的需求。接下来的事就是如何实施可行性研究报告以满足这一需求。如果决定将项目外包,就要准备招标方案,发布 RFP,征集解决方案和承约商。承约商收到 RFP 以后,如果决定争取该项目,就应进行项目构思,并提交申请书(投标书),向客户提出项目的实施方案。客户收到若干申请书以后,将在其中选择一个承约商与之签订项目合同。这一流程可以用图 2-4 表示如下。

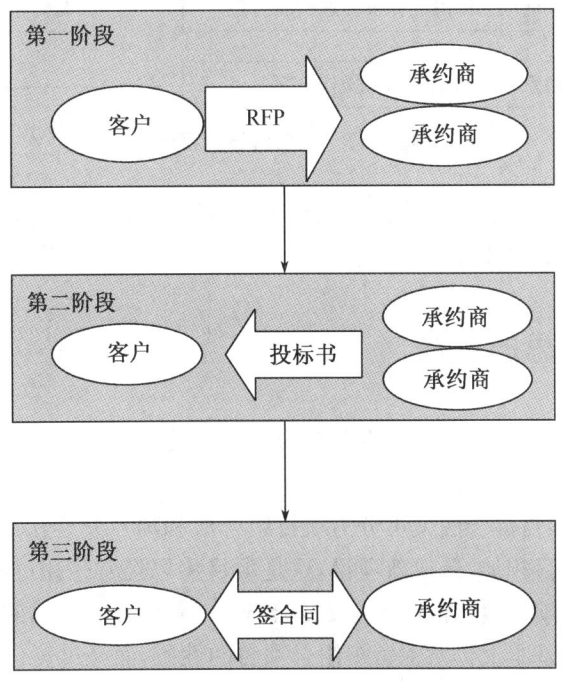

图 2-4 项目合同前期信息沟通的流程示意图

1. 项目构思的内容

项目构思的主要内容包括(但不限于)：项目的投资背景及意义、项目投资方向和目标、项目投资的功能及价值、项目的市场前景及开发的潜力、项目建设环境及开发的潜力、项目的成本及资源约束、项目所涉及的技术及工艺、项目资金的筹措及调配计划、项目运营后预期的经济效益、项目运营后社会经济环境的整体效益、项目投资的风险及化解办法、项目的事实及其管理。

2. 项目构思的程序

项目构思的程序一般分为三个阶段，如图 2-5 所示。

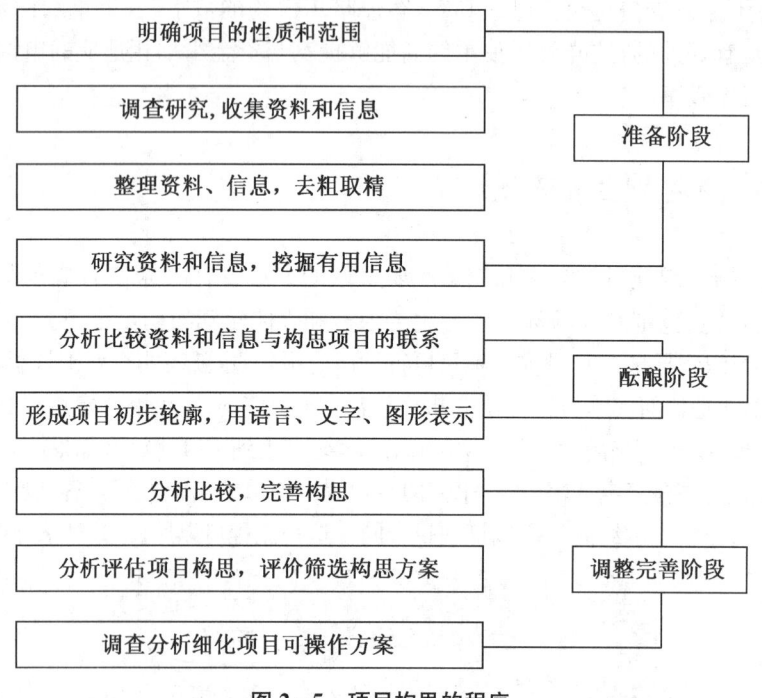

图 2-5 项目构思的程序

在构思过程中，承约商应主动与客户沟通，尽早就项目细节的有关设想与客户达成共识，这样就会增加签订合同的可能性。

2.2.5 项目的构思的方法

项目构思的具体方法很多，一般可以归纳为以下 6 类。

(1) 项目混合法

根据项目的形态，项目混合法又可分为项目组合法和项目复合法两种。项目组合法是指把两个或两个以上的项目相加，形成新项目，这是项目构思经常采用的最简单的方法；项目复合法就是将两个以上的项目，根据市场需要复合成为一个新的项目，它与项目组合法不同的是，经过组合后的项目，基本上仍然保留被组合项目的性质，而经过复合后，则可能变成性质完全不同的新项目。

(2) 比较分析法

比较分析法是指项目策划者通过自己所掌握或熟悉的某个或多个特定的项目进行综合分析或横向比较,从而挖掘或发现项目开发的机会。

(3) 头脑风暴法

头脑风暴法又称脑力刺激法或智力激励法,其中心思想是"发现设想、提出新构思",其基本要领是小组讨论,互相启发,激发思想火花,在讨论中不允许对他人的意见进行批评,讨论后根据记录可以仔细分析、吸取每个人的可取之处。

(4) 创新法

创新法可分为下列几种:

① 信息整合法,就是整理整合各种途径获取的、不同性质的信息,形成新的构思。

② 集聚式创新法,就是使头脑中的许多创新思维向某个中心点或某一思维节点发起创新攻势,其基本功能是抽象、概括和判断。

③ 发散式创新法,就是从某一研究和思考对象出发,充分展开想象,从一点联想到多点,在对比联想、接近联想和相似联想的广阔领域中分别涉猎,从而形成项目构思的扇形形式。

④ 逆向创新法,就是采用不常用的逆向思维方式,从而获得独特的效果。

(5) 集体问卷法

集体问卷法就是给参加集体构思的每个人一份与项目构思相关的问卷,要求每个人在一定时间内将问题的解决办法,以及对项目投资的设想、看法记录在问卷上,然后将问卷收回进行汇总、整理、分析,再集体讨论,并做进一步比较与筛选,最后形成一致的方案。

(6) 系统结构法

应用系统结构的理论,将项目的属性(what)、缘由(why)、时间(when)、地点(where)、干系人(who)、运营(how to do)、资金(how much)7个要素(即5W+2H)通盘考虑,从而给出一个较为完整的系统解决方案。

2.3 可行性研究

2.3.1 可行性研究的作用

可行性研究是对拟上项目进行事前评估,这个环节有助于减少项目投资的失误。一般组织在进行投资项目决策之前,都要进行可行性研究。不管研究是正式的还是非正式的,是明确地安排有关人员去做,还是有关人员自发地去研究,这类工作实际上都在发生。对客户企业来说,可行性研究是投资决策前的一个必然经历的过程,这是在一个组织内部发生的过程。这个过程的前段,是收集有关数据,进行市场调研、技术调研、项目立地条件调研;过程的结果,将产生一份可行性研究报告,供组织决策层讨论决定是否立项。

任何投资较大的项目必须经过可行性研究后才能被客户最终接受并付诸实施。潜在的承约商可以参与这一研究,通过研究提出使客户满意的解决方案,将有助于承约商取得合同签约、执行项目的资格。所以,可行性研究的工作程序、原理和方法,是客户企业和承约商都应该了解和掌握的知识。

2.3.2 可行性研究的目的与工作程序

1. 研究的目的

可行性研究的任务是以市场为前提,以技术为手段,以经济效益为最终目标,在投资前对拟上的投资项目的必要性、可能性、有效性和合理性进行全面、系统的论证,对项目做出可行或不可行的评价。主要通过对项目必要性和技术经济条件进行综合分析,考查该投资项目经济上获益的可能性。可行性研究要回答的问题是:

(1) 投资条件是否成熟?
(2) 技术水平是否适宜?
(3) 经济上投入产出是否合算?
(4) 怎样可以规避风险、达到最佳效益?

2. 工作程序

例如,企业商务电子化项目的可行性研究遵循的工作程序如下:

首先,对本行业信息化的现状进行调查研究,分析评估本企业对商务电子化的真实需求,避免盲目投资,避免造成企业资源的浪费。

其次,从调查和预测入手,对项目的技术路线进行研究和评估,确保项目的技术适合企业的实际情况,能够解决企业的问题。

再次,研究技术集成方案,项目所选用的工艺技术、机器设备和电脑软件要先进适用,搭配合理,综合性能好,性价比高。

最后,在进行财务测算的基础上,分析财务上的可行性和该项目的投资效益。

2.3.3 可行性研究的类型

可行性研究一般分为三个类型,即机会研究、初步可行性研究和正式可行性研究。这三个类型的分析一般依次进行,从而构成了一个从粗到精、由表及里、逐步深化的过程。

1. 机会研究

机会研究主要是鉴别投资机会,其目的是对拟上项目的机会做粗略的研究和估计,侧重于研究企业对项目的需求和导入新项目的市场机遇,分析项目可能性和必要性。

机会研究一般包括对项目的背景、发展趋势、基础条件、引进技术的可能性等方面的研究,重点在于研究项目的主要投资方向,有时也包括研究投资来源渠道及其可能性。机会研究大多借助于现有的经济技术资料进行,以定性为主。如果研究的结果表明没有投资的必要,则可行性研究就到此为止;如果有较大的投资机会,则转入下一步研究。由于机会可行性研究更多的属于一种简单的判断性研究,因而其对投资额的估算误差较大,一般误差在±30%之内,就算达到要求。

2. 初步可行性研究

当对拟定的项目进行了机会研究之后,认为有进行投资的必要性,这时就需要进行深入的调查研究,提出较完整的投资设想方案(包括技术方案),这就是初步可行性研究。初步可行性研究涉及面较广,包括企业所属行业的发展趋势预测,拟投资的项目的技术构成和规模,系统建成以后企业的竞争优势分析等。此阶段已不能停留在一般的定性分析,要对投资项目的各个方面进行定量测算。初步可行性分析的结果要有一定的精度,对投资额的估算误差一般应在±20%以内。

3. 正式可行性研究

对大型的复杂的项目,如果经过初步可行性研究以后,经过专家论证认为可行,还要花费更大的精力进行更精确的可行性研究,即正式可行性研究,编制最终可行性研究报告。正式可行性研究,要为投资项目提供技术、经济等方面的充足依据,提出具体的支出预算数字,提供实施计划的详细进度,并对投资的回收期做出较精确的预测。正式可行性研究对投资额的估计误差应在±10%以内。

机会研究、初步可行性研究和正式可行性研究,仅仅是在分析的精确程度上要求不同,三者在研究的内容方面大体是一致的,都应该包括必要性研究、技术可行性研究和经济可行性研究,要做系统的财务经济效益评价。

2.3.4 可行性研究的内容

可行性研究要解决 5 个方面的问题:技术可行性、财务可行性、经济可行性、组织体制可行性和社会可行性,其具体内容包括(但不限于)如下 9 条。

(1) 项目背景和历史,即对项目开发的背景与历史沿革进行调研。

(2) 市场和拟建规模,包括市场直接需求和潜在需求,项目生产能力的设计。

(3) 选址,即项目实施地点的选择,要考虑地理、地质、气象条件等自然因素,还要考虑交通、人口、人均收入等经济和社会条件。

(4) 能源、动力、基础设施和原材料投入,具体包括实施项目所需要的电、气、煤、通讯、运输和原材料等供给来源。

(5) 技术设计,即技术来源(自研和外购)、设备和制造工艺流程。

(6) 项目人力资源、组织结构和管理,即项目建设和运营所需要的人力资源结构、数量,组织结构和管理制度、规章等。

(7) 资金筹措,即资金需求和来源。

(8) 财务与经济评价。财务评价包括计算项目的净现金流量、内部收益率、投资回收期等;经济评价的指标与财务评价大体相同,只是评价的角度不是从项目执行单位出发,而是从宏观经济出发,尤其考虑资源紧缺情况和外汇平衡等因素。

(9) 环境评价和社会评价。环境评价主要讨论项目对环境的影响和解决方法,包括"三废"、光、噪音、辐射和生态影响;社会评价主要在解决就业、提高人民精神素质、满足精神文明建设等方面对项目可能产生的影响予以分析。

2.3.5 可行性研究的财务预测

项目财务可行性和经济可行性分析都是在投资前期进行的,因此,其所用的数据都带有预测性。财务预测就是为财务经济分析提供所需的数据。财务预测的主要数据有:投资估算、无项目(不上项目)时组织的收入与费用预测、有项目(发展项目)时组织的收入与费用预测、贷款与还贷安排及利息测算等。

(1) 投资额的测算

投资额的测算包括对各年份的投资支出和资金来源做出估算。在技术方案确定以后,就可编制投资估算表及投资来源和支出预测表。关于表中的数据,一般较难用定型、准确的公式或确定的方法计算得出,但通常可按照其组成和各项费用支出的时间来估算和填写。

(2) 无项目(不上项目)时组织收入与费用的测算

测算无项目时的收入,是指测算组织在不发展新项目情况下的销售(服务)收入以及它们的变动情况。其测算,主要考虑产品(服务)的销售市场、销售价格和销售量等指标。测算无项目时的费用,是指测算组织在不发展新项目情况下的销售(服务)税金、生产(服务)成本以及它们的变动趋势。其测算,主要考虑产品(服务)原材料的价格、需要的数量和变化趋势。

(3) 有项目(发展项目)时组织收入与费用的测算

测算有项目时的收入,是指测算组织在发展新项目以后的销售(服务)收入以及它们的变动情况。它们的测算,主要考虑产品(服务)的销售市场、销售价格和销售量等指标。测算有项目时的费用,是指测算组织发展新项目以后的销售(服务)税金、生产(服务)成本以及它们的变动趋势。其测算,也主要考虑产品(服务)原材料的价格、需要的数量和变化趋势。

(4) 利润的测算

销售收入减去费用(含成本和税金)即为组织的利润。项目整个寿命期中的总利润,则是把销售收入各年的累计数,减去各年费用的累计数,再减去投资成本。在利润预测中,一般先测算出分年利润,然后逐年填入利润预测表,最后合计出项目整个寿命期内的总利润额。

(5) 贷款与还贷安排及利息测算

如果项目建设需要贷款,则需要预测贷款利息。贷款的还本付息测算,应使用贷款还本付息预测表。在计算利息和应还本息数时,其主要方法有 3 种。

① 测算建设期每年应计利息数

$$\text{建设期每年应计利息} = (\text{年初贷款累计} + \text{本年贷款支用}/2) \times \text{年利率}$$

② 测算投产期每年还本付息数及应计息数

把年利润中用于投资贷款的还本付息数加上上年折旧即为投产前的每年还本付息数。投产期每年应计利息可按下面公式计算:

$$\text{投产期每年应计利息} = (\text{年初贷款累计} - \text{本年还本付息}/2) \times \text{年利率}$$

③ 测算还清贷款年份应计利息数

$$\text{还清贷款年份应计利息} = \text{年初贷款累计}/2 \times \text{年利率}$$

按照上述公式所计算出来的利息,应纳入相应年份的费用之中。

2.3.6 财务评价指标

在财务预测的基础上,可以利用预测的有关投入和产出数据进行投资效益分析评价,这是财务分析的关键内容。

投资效益分析评价,主要是通过一套指标体系来进行。投资效益分析的指标体系包括静态指标体系和动态指标体系。利用静态指标体系进行分析的方法是投资效益的传统分析方法,所用的主要指标是投资回收期和投资报酬率;利用动态指标体系来进行分析的方法,称为投资效益的动态分析方法,所用的主要指标是净现值和内部报酬率。这4个重要指标分述如下。

1. 投资回收期

投资回收期是最简单的、应用最广泛的一种衡量投资效益的指标。它分析由于实施了某个投资项目,企业每年平均净增收益的数额有多大,用此净增收益来补偿全部投资需要多少年时间。回收年限越短,投资方案越好。

计算投资回收期的公式如下:

$$投资回收期 = \frac{投资总额}{年平均净增收益}$$

需要说明的是,公式中的年平均净增收益在计算时并未扣除折旧,因为这个公式谈的是用净增收益来补偿最初的投资。而折旧法则是按照固定资产的价值,每年提取一定百分比的折旧基金用以补偿固定资产的磨损部分,也是一种补偿投资方法。需要提醒的是:人们在使用上述公式时常犯一种错误,就是在计算净增收益时把折旧作为一项费用减去。这样就发生了重复计算,因而导致计算出的投资回收期比真实的长。

2. 投资报酬率

投资报酬率也是被广泛地应用于评价各种投资方案的指标。其计算公式如下:

$$投资报酬率 = \frac{年平均净增收益 - 年平均折旧额}{投资总额}$$

投资报酬率实际上是销售净利率(净利润/销售收入)和资本周转率(销售收入/总投资额)的乘积,销售净利率和资本周转率都不能全面反映一个投资项目的营运效率。销售净利率忽视了资本的运用效率,资本周转率则忽视了销售的获利性,而投资报酬率则两头兼顾,把项目的投资报酬率和所希望获得的报酬率相比较,就可决定投资方案的取舍。

可以将计算出来的投资报酬率同企业可以接受的最低限度的报酬率标准加以比较,以决定取舍;同一项目的不同投资方案也可以根据报酬率高低排队,从中选优。在其他条件相同的情况下,投资报酬率越高的方案越好,应当予以优先考虑。

3. 净现值

净现值(net present value, NPV)是指净现金流入的现值之和。它刻画了项目投资效益的绝对值,是国际流行的投资效益评价指标之一。净现值的计算:首先是将项目期内各年的现金流出(包括投资费用、经营成本和因发展新项目而使原系统失去的效益)和现金流入(包括销售收入和其他收入)进行比较后,计算出各年的净收入(净流入),然后按照基准贴现率折算为它们的现值,再计算这些净收入现值之和,得出该项目的净现值NPV。一般来说,净现值NPV大于零的项目就可以接受。NPV越大,说明效益越好。

通过净现值我们可以直接比较整个项目期内全部的成本与效益。它考虑了时间因素与货币的时间价值,从而克服了静态投资回收期及投资报酬率这两种方法在评价投资项目方面的

"静态"缺陷。但它也有缺点,在对多个项目方案进行比较时,大项目因其 NPV 总量较大,往往容易被选中,但其单位投入的经济效益不一定高。此外,NPV 对所规定的基准贴现率的大小较为敏感,基准贴现率越大,NPV 的值越小;反之,基准贴现率越小,NPV 的值也就越大。

4. 内部报酬率

内部报酬率(interior reward rate,IRR),又称作内部收益率。它刻画了项目投资效益的相对值,也是国际流行的投资效益评价指标之一。内部报酬率指项目在建设期间和服务年限内,净现值为零时的贴现率。因此,如果一个项目的内部报酬率 IRR 大于基准贴现率,项目就可以接受,否则项目从财务上看(或从经济上看)不可行。

内部报酬率 IRR 与净现值 NPV 一样,考虑到了货币的时间价值,但两者侧重点有所不同。前者重视相对效益,后者重视绝对效益。采用净现值法,我们先要确定基准贴现率 i;而后计算该投资项目的净现值是多少。而采用内部报酬率法的优点在于不需要确定基准贴现率。内部报酬率 IRR 指标可以表明项目可承受的最高利率。但它也有缺点,在对于多个项目方案进行比较时,内部收益率高的项目,经济效益总值不一定高。所以在实际评价项目时,一般将内部报酬率 IRR 与净现值 NPV 这两个指标结合使用。

2.3.7 经典题析

项目可行性研究中财务经济分析的重要概念和技能,在过去的项目管理职业资质测评的实践中一直占有较重的分量。现介绍一道在测试中经常出现的经典试题,供大家学习和思考。这道题目设计得很精彩。它以一个简单的现金流量表为载体,把可行性研究中的财务经济评价的技术难点和重点呈现出来,使大家很容易抓住项目可行性研究的精要。

【例 2-1】 某企业投资项目的现金流量表如表 2-1 所示,其中计算贴现因素的贴现率为 10%。要求:(1)填满表中⑤、⑥、⑧、⑨填满;(2)在表中找出项目的静态投资回收期、计动态投资回收期;(3)标出项目的 NPV;(4)如果该项目的基准贴现率要求是 15%,项目是否可行?

表 2-1 某项目现金流量表   单位:万元

序号	数据项	第1年	第2年	第3年	第4年	第5年	第6年
①	投资	800	200				
②	运营费用		200	300	400	400	400
③	销售收入		400	600	900	800	700
④	残值						1 000
⑤	项目净流入						
⑥	累计净流入						
⑦	折现因素	1	0.91	0.83	0.75	0.68	0.62
⑧	净流入现值						
⑨	净现值						

这道题测试了5个知识点:一是如何理解项目的现金流量,项目净流入的算法(⑤=③+④-①-②);二是静态投资回收期的简单定位(第⑥行中数值从负变正的那个时点);三是折现因素与基准贴现率的关系($1/(1+i)^n$);四是动态投资回收期的定位(第⑨行中数值从负变正的那个时点);五是净现值 NPV 指标的简易算法与应用。

大家可以演练一下:根据表 2-1 中的原始数据,静态投资回收期应在第 4 年,动态投资回收期应在第 4~5 年(约 4.6 年),NPV 应是 902 万元,项目可行。如果将基准贴现率 15% 带入贴现因素的计算公式,刷新第⑦行数据,得出的净现值 NPV 仍然大于零,项目仍是可行的。

2.3.8 不确定性分析

通过上述的投资效益分析后,对拟上的项目在财务上是否可行,基本上可得出一个大概的结论。但是在实际工作中,由于客观条件的千变万化,上述分析的结论不一定完全符合实际。对于未来情况的发展变化,有的是能预测的,有的是根本没有办法预测的,尤其是经济活动,涉及人的自由行动,其结果更难预测。因此,要在许许多多的不确定因素中,做出与实际情况完全相符的评价几乎是不可能的。

为了提高预测的科学性和评价的正确性,使预测的项目能经受各种风险,就得进行不确定性分析,考虑各种可能发生的情况,如出现投资超支、工期延长、技术变化、效益下降、市场疲软、工资增长、服务能力达不到要求等各种因素,要分析这些因素变化后对投资效益有什么样的影响。

进行不确定性分析,特别要分析那些对经济效益有重大影响的因素,如成本、服务规模、投资支出、建设周期等。不少因素是彼此影响、相互关联的,在具体分析时,可假设在其他因素不变的情况下,对各主要因素逐个进行分析;但也可综合起来一起分析。常用的不确定性分析法有盈亏平衡分析和敏感性分析,现分别介绍如下。

1. 盈亏平衡分析

盈亏平衡分析又叫作保本分析。它是通过对成本、利润、服务规模之间因果关系的分析,来测算系统在应用后的盈亏平衡点。服务规模只要达到这一点的水平,就能使该项目既不盈也不亏。低于这一水平,就会发生亏损。这一分析方法对于考察一个项目究竟能承受多少风险很有意义。

盈亏平衡分析有 4 个假定条件:一是服务规模可用收入描述;二是总固定费用不变;三是可变成本随服务规模变化而成比例地变化;四是单位产品或服务价格、可变成本保持不变。在分析时一般采取某一正常年度的数据。

盈亏平衡点计算公式为:

$$BEP_1 = \frac{F}{P-V}$$

式中:BEP_1 为保本规模;F 为固定费用;P 为单位产品销价(服务收入);V 为单位产品(服务)可变成本。

从公式(2-1)可推导出用服务规模表示的保本点公式:

$$BEP_2 = \left(\frac{F}{P-V}\right) \times P = \frac{F}{1-\frac{V}{P}}$$

式中：BEP_2 为保本销售额。

2. 敏感性分析

项目的敏感性分析，就是对项目在建设期和建成后的诸因素分析，找出对项目收益影响较大的关键因素进行研究。

由于在分析项目的财务效益时，许多数据是通过预测和估计得来的，这些因素，如系统造价、系统功能对企业的影响程度、企业销售量、销售价格、成本等，都会对分析结果产生影响，它们的预测值准确与否，直接关系到项目内部报酬率和其他经济效益指标的正确性。

敏感性分析的做法，是假定其中某一种因素有一个适度的变化（如造价上升了10%，或工期延长了一个月），分析这种因素变化将导致系统怎样一些改变，最终导致结果（如经济效益指标值 NPV、IRR 等）怎样的变化。对几种可能的因素如此一一予以分析，最后通过比较可以看出项目的最大风险将来自于何处，从而找出系统最敏感的因素。

找到最敏感的因素之后，可以进一步测算这些最敏感的因素变化的可能性和影响的程度，并寻找减小风险的措施。

2.3.9 可行性研究报告的编制

项目的可行性研究报告，是为企业上层的决策提供依据的。一旦该项目批准立项，它也是准备项目需求建议书 RFP（招标书）的依据。当项目执行需要贷款时，它也是向银行贷款的依据；当项目需要向政府主管部门申请有关许可证时，它也是不可缺少的一份文件；当企业与承约商或其他合作者谈判并签署协议时，它也是一个重要的依据。

项目可行性研究报告的编制，实际上就是对项目可行性研究的最后结果进行书面总结。其内容要求大体如下。

(1) 项目概述

包括建立该项目的基本依据、背景介绍、项目的意义、项目情况的简要描述，以及可行性研究的工作介绍。

(2) 立项的必要性

可以从不同的角度，阐明项目需求，介绍发展项目必要性的研究结果。

(3) 技术方案

介绍技术分析的过程和结果，说明所建议的项目的技术选择与理由。方案需要详细和具体，具体到可以在此基础上进行投资测算。

(4) 建设和运行管理方案

说明项目由谁来建设，在建成后的运行中由谁来管理，采取怎样的组织管理方式和方案，以及项目建设的预计工期。

(5) 投资概算

根据项目的技术方案和组织管理方案，结合市场物价行情，初步计算项目所需要的投资。

(6) 财务经济分析

财务分析：从组织的角度预测项目建设成后企业的运行费用、收入和其他财务数据的变化情况，表述项目财务分析的过程、取值依据和分析结果。

经济分析：从宏观经济或地区、国家的角度分析项目的经济效益。经济分析所用指标和方法,与财务分析大体相同,只是具体数据的取舍因角度不同而有所差异。

(7) 风险分析

介绍项目不确定性分析的过程和结果。

(8) 结论和建议

根据上述各方面的分析,明确项目是否可行,并署名。

可行性研究报告不但要给企业上层领导阅读,也是为专家论证提供的材料。因此可行性研究报告的编写,除了要求通俗易懂,文句简洁、顺畅,主题鲜明,分析到位以外,还要提供详细的技术资料和市场研究的资料。

2.4 立项决策与签约

2.4.1 立项决策

正如本章第一节图 2-1 所示,项目的立项决策过程一般在客户组织内部完成。决策的依据一般是需求分析和可行性研究报告。

美国 PMI 的最新研究认为:组织领导者启动项目的目的是为了应对影响该组织的 4 大类因素:一是符合法律、法规或社会要求;二是满足相关方的要求或需求;三是执行、变更业务或技术战略;四是创造、改进或修复产品、过程或服务。一般来说,这些因素会影响组织的持续运营和业务战略,关联着组织的战略目标的实现以及组织整体的商业价值,所以领导者必须应对这些因素。而项目则是驱动组织进行变革的引擎。通过项目的运作,会使组织从当前状态过渡到将来商业价值更高的状态(参见第 1 章图 1-1)。

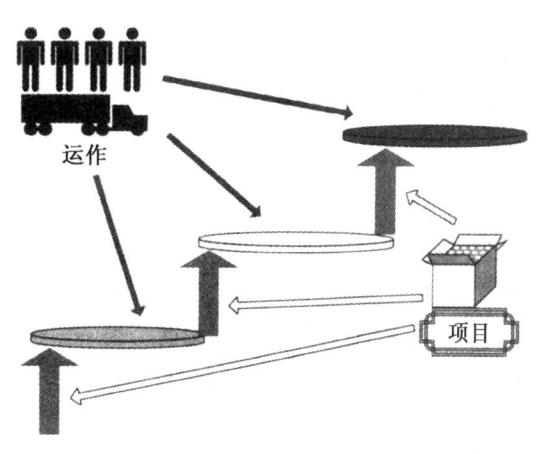

图 2-6 企业的发展依赖于项目的推动

图 2-6 可以进一步帮助大家理解:在一个组织(以企业为例)的成长历程中,项目的发起和成功执行对企业发展与日常运作所起的支撑作用。

一般来说,一个组织商业价值的阶跃性增加必须依赖于项目的推动。项目给组织和相关方带来的效益可以是有形的,也可以是无形的。有形的效益可能包括货币资产、股东权益、公共事业、固定设施、工具、市场份额等;无形的效益可能包括商誉、品牌认知度、公共利益、商标、战略一致性、声誉等。

一个项目能否通过组织的立项决策,影响因素固然很多,但关键的还是看该项目是否具有上述潜质。

2.4.2 项目经理的甄选

一旦项目通过立项决策,项目准备工作便进入合同签约环节。如果项目是组织内部的任务,组织高层往往要选择一个项目经理,向他下达任务书,由他来组织项目团队执行项目。如果将项目委托给乙方去执行,组织一般会要求乙方明确执行该项目的经理,甚至要对乙方委派的项目经理人选予以考察,确认他是否能够胜任领导该项目团队。某些组织往往还要求项目经理在项目启动之前就参与项目的评估和分析活动。

项目经理的角色与职能经理或运营经理不同。职能经理一般专注于对某个职能领域或专业部门的管理监督,运营经理负责业务运营的高效性。而项目经理是要领导团队实现项目的目标,满足项目相关方的期望。他是项目发起人、项目团队和其他相关方之间的沟通者。成功的项目经理要具备超凡的人际关系和沟通技能,以及积极的态度。美国项目管理协会在其最新研究成果中提出了"PMI 人才三角"的概念,认为项目经理应必须具备三方面的能力:一是技术项目管理能力,即具备项目、项目集、项目组合管理特定领域的相关知识、技能和行为;二是领导力,即有能力指导、激励和带领团队,可帮助组织达成业务目标;三是战略和商务管理能力,即具备行业和组织的知识和专业技能,有助于提高绩效并取得更好的业务成果(PMI,2018)。

2.4.3 签约:项目经理的责任

项目经理的责任重心在过去几十年里变化很大。30 年前其主要承担六大员角色,即项目协调员、资源计划员、进度控制员、数据统计员、资料保管员;15 年前主要强调其在组织管理层、客户、项目团队之间平衡需求冲突,带领团队最大限度地提高项目的客户满意度;如今则是强调执行整合管理,承担战略层面和项目层面的双重角色。项目经理在战略层面扮演的角色是:与项目发起人携手合作,来理解战略目标,确保项目目标和成果与项目集、项目组合及其业务领域保持一致,帮助组织(发起人)实现战略层面的整合与执行。在项目层面的责任是:指导团队关注真正重要的事务,并协同工作,包括过程层面的执行整合、知识整合、背景整合、人员整合,以及应对项目复杂性带来的诸多问题。

项目经理在签约时必须考虑其实际影响力的层级关系。现阶段项目经理的影响力范围可分三个层次:第一层级即影响力最大的项目团队、资源经理、PPP 经理,第二层级是项目发起人、领导机构、指导委员会、PMO,第三层级是其他相关方、供应商、客户、最终用户等。

课后练习
Exercise Two

一、选择题

（一）单项选择题

1. 需求表达的结果是（ ）。
   (A) 项目构思　　(B) 可行性研究　　(C) 需求建议书　　(D) 需求识别
2. 项目构思的主体是（ ）。
   (A) 项目承约商　(B) 项目经理　　　(C) 项目客户　　　(D) 项目团队
3. 初步可行性研究对项目投资和生产成本的估算精度一般要求控制在（ ）。
   (A) $-30\% \sim +30\%$
   (B) $-20\% \sim +20\%$
   (C) $-15\% \sim +15\%$
   (D) $-10\% \sim +10\%$
4. 正式可行性研究对投资额的估计误差应在（ ）以内。
   (A) $-30\% \sim +30\%$
   (B) $-20\% \sim +20\%$
   (C) $-15\% \sim +15\%$
   (D) $-10\% \sim +10\%$
5. 项目前期工作"任务模型"包括（ ）。
   (A) 需求分析、可行性研究、立项决策、合同签约
   (B) 需求分析、立项决策、项目评估、合同签约
   (C) 项目构思、可行性研究、合同签约
   (D) 项目识别、需求分析、可行性研究
6. 问题树(problems tree)是一种定性的描述问题（ ）关系的模型。
   (A) 归属　　　　(B) 因果　　　　　(C) 程度　　　　　(D) 性质
7. 头脑风暴法又称脑力刺激法或智力激励法，其中心思想是（ ）。
   (A) 发现设想、提出新构思
   (B) 开发智力
   (C) 总结思想
   (D) 提出改进措施
8. 可行性研究是考察项目实施上的（ ）。
   (A) 适当性、可能性
   (B) 可能性、风险性
   (C) 先进性、适用性
   (D) 适用性、风险性
9. 某公司的市场开发人员在乘车时通过广播了解到与项目相关的信息，这在项目信息收集的途径中属于（ ）。
   (A) 自然收集
   (B) 相关市场衍生
   (C) 意外获取
   (D) 现场调查

10. 经济可行性研究的核心内容是（　　）。
　　（A）财务分析　　　　　　　　（B）投资回收期分析
　　（C）内部报酬率分析　　　　　（D）投资收益分析
11. 一般来说,净现值（　　）的项目就可以接受。
　　（A）小于零　　（B）等于零　　（C）大于零　　（D）最大
12. 内部报酬率是指项目在建设期间和服务年限内,净现值（　　）时的贴现率。
　　（A）小于零　　（B）等于零　　（C）大于零　　（D）最小

（二）多项选择题
1. 可行性研究阶段包括（　　）。
　　（A）机会研究　　　　　　　　（B）项目建议书
　　（C）初步可行性研究　　　　　（D）正式可行性研究
　　（E）项目评估
2. 项目需求分析的基本原则有（　　）。
　　（A）明确需求　　　　　　　　（B）掌握需求变化
　　（C）使用分析工具　　　　　　（D）建立监督变更机制
　　（E）客观真实
3. 属于项目构思的方法有（　　）。
　　（A）头脑风暴法　　　　　　　（B）比较分析法
　　（C）集体问卷法　　　　　　　（D）创新法
　　（E）项目混合法
4. 项目评估内容包括（　　）。
　　（A）项目领导者　　　　　　　（B）项目业主
　　（C）项目建设必要性　　　　　（D）项目建设条件
　　（E）财务效益
5. 需求改变的原因包括（　　）。
　　（A）人员变化　　　　　　　　（B）预算变化
　　（C）技术变化　　　　　　　　（D）商业环境变化
　　（E）进度变化

二、思考题

1. 请试着画出项目启动阶段"任务模型"图。
2. 什么是问题树和本因分析法？
3. 简述什么是项目可行性研究的目的？
4. 回答净现值的含义并比较它与投资回收期及投资报酬率这两种方法在评价投资项目分析方面的不同。
5. 在项目准备阶段为什么要进行不确定性分析？

第 3 章 项目范围管理

项目范围管理的目的是确保项目团队一定要做哪些工作而且只做哪些工作。本章介绍项目范围管理的概念与主要任务,以及如何完成这项任务的知识和主要工具。包括规划范围管理、收集需求、定义范围、创建 WBS、确认范围、控制范围的变更等。

3.1 项目范围管理概述

项目范围(project scope)包括项目的最终成果或服务以及实现该成果或服务所需要做的各项具体工作。项目范围是制定项目计划的基础,而如何定义项目的范围是项目范围管理的主要任务。项目范围的确定是为成功地实现项目的目标而规定必须完成的工作任务。

3.1.1 项目范围的定义

定义项目的范围对于项目的成功来讲十分关键。因为,如果项目的范围定义不明确,在项目实施的过程中,变更就会不可避免地出现,而变更的过多出现通常会破坏项目的运行节奏及进程,造成返工、延长项目工期、降低项目工作人员的生产效率和士气等,并导致项目成本大大超出预算范围。

定义一个项目范围,通常需要考虑项目交付物(产品或服务)、工作任务、作业规范和产品说明。具体包括以下方面。

(1) 产品范围。确定产品或服务中应包含有哪些功能和特征。
(2) 任务范围。为了交付具有一定特征和功能的产品或服务,应做哪些工作?
(3) 作业规范。怎样完成上述工作,如何做才能实现项目的目标?
(4) 产品说明。项目产品或服务包含哪些内容?

由此可见,项目范围的定义要以组成它的所有产品或服务的范围定义为基础。这是一个一般到具体,层层深入的过程。即使一个项目可能是提交一个单一产品或服务,但是产品或服务本身又包含一系列要素,每一要素有其各自的组成部分。每个组成部分又有其各自独立的范围。例如一个企业的电子订单系统包括硬件、软件、培训和实施等组成部分。

一般来说,确定项目范围的同时也就定义了项目的工作边界,明确了项目的目标和项目主要的可交付成果。在进行项目范围定义的过程中,通常需要把主要的可交付成果分解为较小的且更易于管理的单元。现在国际上通用的做法是创建 WBS(Work Breakdown Structure,工作分解结构),通过 WBS 对项目目标和工作内容的分解,从而使项目范围的表达具体、明确。

3.1.2 定义项目范围的作用

定义项目范围是项目范围管理的主要任务,对项目管理来说可以产生如下作用:

(1) 提高项目费用、时间和资源估算的准确性。项目的工作边界如果被定义清楚,项目的实际工作内容就具体明确了,同时也为项目实施过程中所需要花费的费用、时间、资源的估计打下了的基础。

(2) 确定了进度测量和控制的基础。项目范围是项目计划的基础,如果项目范围确定了,就为项目进度计划和控制确定了基准。

(3) 有助于清楚地分派工作任务。在项目范围确定的同时,也就确定了项目的具体工作任务,为进一步分派任务打下了基础。

(4) 范围的定义是项目验收的重要依据之一。

3.1.3 项目范围管理的发展趋势

随着全球环境变得日益复杂,越来越多的组织开始认识到运用商业分析的重要性。商业分析活动可以在项目启动和项目经理任命之前就开始。商业分析主要是通过定义、管理和控制需求活动来提高竞争优势。因此在项目范围管理中,要求收集、记录和管理相关方需求。项目经理应与商业分析师合作,或在项目团队中吸纳具有商业分析能力的成员。

此外,对需求不断变化、风险大或不确定性高的项目,引入适应型或敏捷型方法。适应型(或敏捷型)方法的要点是在项目早期缩短定义和协商范围的时间,把需求列入未完项,有目的地构建和审查原型,发布多个版本来明确需求。事实上是在整个项目期间多次迭代,每次迭代重复开展三个过程:收集需求、定义范围、创建 WBS。

3.1.4 项目范围管理的主要内容与常用工具

项目范围管理是对项目的整个生命周期所涉及的所有工作范围的界定和控制,它确定了项目必须开展的工作内容。项目范围管理的主要内容包括以下 6 项。

(1) 规划范围管理,即创建项目范围管理计划。
(2) 收集需求,确定、记录并管理项目相关方的需求。
(3) 定义范围,对项目和产品进行详细描述,确定项目目标和可交付成果。
(4) 创建 WBS,把项目或项目可交付成果分解成较小的便于管理的组件。
(5) 核实范围,验收已经完成的可交付成果。
(6) 控制范围变更,监督项目和产品的范围状态,管理范围基准变更。
在上述 6 个管理过程中,常用的工具与技术详见表 3-1。

表 3-1 项目范围管理工具与技术一览表

工具技术名称	规划范围管理	收集需求	定义范围	创建WBS	确认范围	控制范围
专家判断	▲	▲	▲	▲		
数据收集		▲				
数据分析	▲	▲	▲			▲
人际关系与团队技能		▲	▲			
会议	▲					
决策		▲	▲		▲	
数据表现		▲				
系统交互图		▲				
原型法		▲				
产品分析			▲			
分解				▲		
检查					▲	

如表 3-1 所示，专家判断和数据分析这两项工具出现的频数最高，在 6 个过程中分别出现了 4 次；而收集需求过程中，有 8 种工具和技术经常需要。关于工具与技术，本章将在收集需求一节详细叙述。

3.2 规划范围管理

规划范围管理作为一个系统控制过程，以项目章程、项目管理计划、事业环境因素、组织过程资产为输入，在过程中经常以专家判断、数据分析、会议为工具与技术，最终输出两个文件——一是范围管理计划，二是需求管理计划。

3.2.1 范围管理计划

范围管理计划编制是项目计划的重要组成部分。实际上，编制项目范围计划的过程就是项目说明书的编写过程，是将项目交付物和所需进行的各项工作渐进明细和归档的过程。

项目范围管理计划编制工作需要参考很多信息。首先，要明确需求，清楚最终产品的定义，这样才能规划要做的工作；其次，项目章程也是非常重要的依据，通常它对项目范围已经有了粗线条的约定，范围计划需要在此基础上进一步深入和细化；第三，各种有关的约束条件，必须在项目范围内予以明确。

范围管理计划要描述如何对项目范围进行管理。主要内容包括：

(1) 制定范围说明书；

(2) 根据项目范围说明书创建 WBS；

(3) 确定如何审批和维护范围基准;
(4) 正式验收已经完成的可交付成果。

【例 3-1】 某省农业委员会发起了农业特色小镇创建项目。该委员会指定有关部门颁布了项目指南,明确了每个小镇的面积范围、产业集聚度、产业技术水平、组织化程度、产业链完整性、经济效益、三产融合程度、项目时间要求等一系列考核指标。这些指标实际上可视为项目的范围说明书。创建单位可以据此指南的要求,具体设计创建项目 WBS;该指南也是将来验收项目的基准;项目范围基准的审批和维护、项目验收,皆由省农业委员会指定的有关部门负责。创建单位的项目范围管理计划,必须对上述情况予以明确,并收集相关需求,通过创建 WBS,落实相关子项目的创建责任主体和任务。

3.2.2 需求管理计划

需求管理计划主要是分析、记录和管理项目需求和产品需求,有些组织称之为"商业分析计划"。其主要内容包括(但不限于):
(1) 如何规划、跟踪和报告各种需求活动?
(2) 如何针对需求变化配置相适应的管理活动?
(3) 对不同需求如何确定优先级别?
(4) 采用哪些指标测量需求变化,为何采用这些指标?
(5) 如何构建需求跟踪矩阵,哪些需求属性列入其中?

需求管理的对象主要针对项目相关方的需求。客观收集需求、明确需求,是管理它的前提条件。下文将详细讨论需求收集工作过程。

【例 3-2】 续上例。假定某镇人民政府向省农业委员会提出了创建农业特色小镇的申请,并得到批准。该单位必须意识到本项目的相关方(干系人)很多,除了省农业委员会之外,镇政府、该镇的上级(县政府),以及与项目有关的农业企业、合作社、农户、外来创业者、打工者、旅游者、提供金融服务的金融机构、提供技术服务的大学及研究所、产业上下游的有关企业(下游企业也是市场主体,上游企业则是供应商)等。不同的相关方可能有不同的需求,本项目经理应了解他们的需求,并对这些相关方的需求进行排序,从而确定小镇的产业特色、目标定位和项目基本结构。对上下游企业的需求,可能要列入需求跟踪矩阵。

3.3 收集需求

3.3.1 过程的输入与输出

收集需求是一个为实现项目目标而确定、记录并管理相关方需要和需求的过程。其主要作用是帮助定义产品范围和项目范围。该过程的输入(工作依据)包括项目章程、项目管理计划、项目文件、商业文件、协议、事业环境因素、组织过程资产,过程结束将输出需求文件和需求跟踪矩阵。本过程仅在项目的定义时点开展一次。

现代项目管理是以客户为关注焦点,项目要求达到的目标是根据需求和可能来确定的。一个项目的各种不同相关方可能有各种不同的需求,有的相去甚远,甚至互相抵触。这就更要求项目管理者对这些不同的需求加以协调,统筹兼顾,以取得某种平衡,最大限度地调动项目干系人的积极性,减少他们的阻力和消极影响。

项目干系人的需求往往是笼统的、含糊的,他们有时缺乏专门知识,难以将其需求确切、清晰地表达出来。因此需要项目管理人员与相关方充分合作,采取一定的步骤和方法将其需求确定下来,使之成为项目要求达到的目标。

有时候项目相关方在提出其需求时,未必充分地考虑了其实现的可能性。项目管理者还应协助顾主(客户)进行可行性研究,评估项目的得失,调整项目的需求,优化项目的目标。有时可引导顾主(客户)和其他相关方去追求进一步的需求,有时要帮助他们放弃不切实际的需求,有时甚至要否定一个项目,避免不必要的损失。

3.3.2 过程中的工具与技术

收集需求的技术性很强,PMI 出版的《PMBOK 指南》(第六版)认为主要包含专家判断、数据收集、数据分析、人际关系与团队技能、决策、数据表现、系统交互图、原型法 8 项。

(1) 专家判断,请具备相关专业知识的或经过专门培训的个人或小组作为专家帮助判断。一般围绕商业分析、需求获取、需求分析、需求文件、以往类似项目的需求、图解技术、引导、冲突管理等主题讨论。

(2) 数据收集,主要有头脑风暴、访谈、焦点小组(召集预定的相关方或主题专家,了解其对项目可交付成果的期望和态度)、问卷调查、标杆对照(以其他可比组织的类似项目实践为标杆进行比较分析)。

(3) 数据分析,包含(但不限于)文件分析。本过程可用于分析的文件包括协议、商业计划、业务流程或接口文档、业务规则库、现行流程、市场文献、问题日志、政策和程序、法律法规、建议邀请书、相关案例等。

(4) 人际关系与团队技能,包括名义小组技术(结构化的头脑风暴,透过投票对最有用的创意进行排序)、观察与交谈、引导技能。其中引导技能适合于 3 种情境:① 联合应用设计或开发(JAD,把业务主题专家和开发团队集中在一起讨论);② 质量功能开发(QFD,先收集客户声音开始,然后客观地对需求进行分类排序);③ 用户故事(用简短的文字描述所需功能,以及哪个相关方从功能中收益)。

(5) 决策,主要方法有投票决策、独裁型决策、多目标决策分析等。

(6) 数据表现,包括(但不限于)亲和图、思维导向图。亲和图是对大量创意进行分组的技术;思维导向图则是把来自于头脑风暴的创意整合成一张图,用以反映创意之间的共性与差异,激发新创意。

(7) 系统交互图,对产品范围的可视化描述。

(8) 原型法,用产品的模型来征求对需求的早期反馈。"原型"包括微缩产品、计算机生成的图形、实体模型或模拟、故事板等。原型法支持渐进明细的理念,可以是"模型创建——用户体验——反馈收集——模型修改"反复循环过程,从而获得足够的需求信息。

3.4 定义范围

3.4.1 过程概要

定义范围是对项目可交付成果进行详细描述的过程。这个过程的输入信息是项目章程、项目管理计划、项目文件、事业环境因素和组织过程资产;结果(输出)产生项目范围说明书,同时也对项目文件(如假设日志、需求文件、需求跟踪矩阵、相关方登记册等)进行更新。

如表3-1所示,在定义范围的过程中,采用的主要工具与技术包括专家判断、数据分析(主要是备选方案分析)、决策(以多标准决策分析为主)、人际关系与团队技能、产品分析5项。其中产品分析可用于定义产品或服务,详细描述可交付成果的用途、特征及其他方面。产品分析技术包括(但不限于)产品分解、需求分析、系统分析、系统工程、价值分析、价值工程等。

3.4.2 范围说明书

范围说明书是在项目相关方之间确认或建立一个项目范围的共识,作为未来项目执行的范围基准。范围说明书详细说明为什么要进行这个项目,明确项目的目标和主要的可交付成果,是项目团队和客户(任务委托者)之间签订协议的基础,是未来项目实施的基准。随着项目的不断进展,可能需要对范围说明书进行修改和细化,反映项目本身和外部环境的变化。在实际的项目实施中,不管是对于项目还是子项目,项目管理人员都要编写其各自的项目范围说明书。

范围说明中至少要说明项目论证与描述、项目可交付成果、验收标准和除外责任。

(1) 项目论证与描述,项目论证主要是分析项目对组织的影响,帮助组织估算未来的得失,项目产品范围描述要说明项目交付物的特征。

(2) 项目可交付成果,对项目产品作简要的说明。

(3) 验收标准,说明可交付成果通过验收之前必须满足的一系列条件。项目可交付成果一般要列一个子产品级别概括表,如:为一个软件开发项目设置的主要可交付成果可能包括程序代码、工作手册、人机交互学习程序等。项目验收标准至少要包括成本、进度表和质量检测。项目目标应该有标志(如成本、单位)和绝对的或相对的价值。尽量避开不可量化的目标,以免将来产生纠纷。

(4) 项目的除外责任,识别排除在项目之外的内容。任何没有明确要求的结果,都意味着它在项目可交付成果之外。

一般来说,项目范围说明书要由项目团队成员来编写,而且在编写项目范围说明书时,项目团队成员需要在实际工作中考虑限制或制约自己行动的各种因素。例如,准备采取的行动不能违背本组织的既定方针。

在编写项目范围说明书时必须有项目的成果说明书,以作为范围计划的前提依据。所谓成果,是指任务的委托者在项目结束或者项目某个阶段结束时要求项目团队成员交出的成果。

范围说明书因项目类型的不同而不同。规模大、内容复杂的项目,其范围说明书也可能会很长。政府项目通常会有一个被称作工作说明书的范围说明。工作说明书中不仅包括项目的范围说明,还包括项目实施工艺的工序说明。有的工作说明书可以长达几百页,特别是要对产品进行详细说明的时候。总之,范围说明书应根据实际情况做适当的调整以满足不同的、具体的项目需要。

3.5 创建 WBS

创建 WBS(Work Breakdown Structure,工作分解结构)是一个将项目分解为较小的易于管理的组件的过程。这个过程对后续的确认范围、进度管理、成本管理、风险监控等都非常重要。

3.5.1 工作分解结构的概念

在明确范围计划工作之后,需要对项目工作任务进行分解,以便于控制和管理。一些专家认为:将项目工作分解为易于管理的组件,就是在定义范围。其实,范围定义过程就是创建项目工作分解结构的过程。

工作分解结构是一种以结果为导向的分析方法,用于分析项目所涉及工作,所有这些工作构成了项目的整个范围。这是项目管理的基础性工作。许多项目管理专家认为,没有包含在 WBS 里的工作不是项目团队成员应该做的。

1. 用图来表示的 WBS

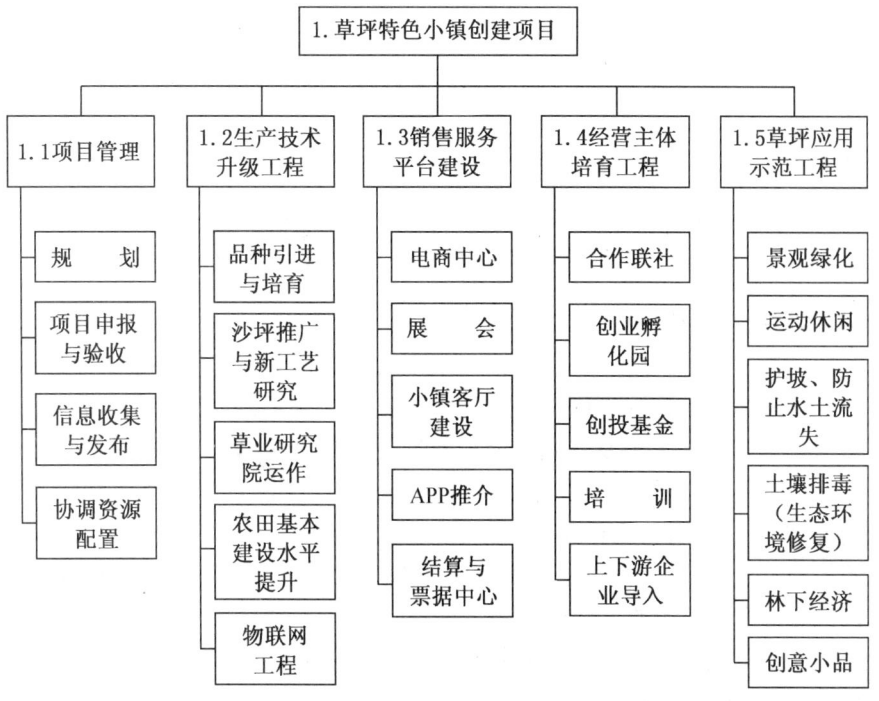

图 3-1 草坪小镇创建项目工作分解结构 WBS 示例

WBS常常表示为一个任务导向的活动家族图。通常是围绕着项目产品或项目阶段展开的。它有点像组织结构图,人们从WBS可以看到整个项目的每一个子项目的组成部分。图3-1是一个创建草坪特色小镇项目的WBS示例。

如图3-1所示,草坪小镇创建项目分为项目管理、生产技术升级工程、销售服务平台建设、经营主体培育工程、草坪应用示范工程5个子项目(或控制账户),每个控制账户下又有若干工作包。如销售服务平台建设子项目下设有结算与票据中心、APP推介、小镇客厅建设、展会、电商中心5个工作包(也许是规划包)。

WBS的图示法具有直观、结构清晰等优点。

2. 用提纲来表示的 WBS

工作分解结构也可以用提纲的形式来表示,图3-2是一个企业内部网项目的工作分解结构示例。其中序号以及任务项的缩进表示该项目WBS结构。这种形式应用的也很广泛,其优点是创建速度快,修改更新比较方便。

1. 概念
   1.1 评价现有系统
   1.2 确定要求
      1.2.1 确定用户要求
      1.2.2 确定内容要求
      1.2.3 确定系统要求
      1.2.4 确定服务器所有人的要求
   1.3 确定特定功能需求
   1.4 定义风险和风险管理方法
   1.5 制定项目计划
   1.6 组建网站开发小组
2. 站点设计
3. 站点开发
4. 投入使用
5. 维护

图3-2 用提纲表示的某企业内部网项目的WBS示例

3. 用表格来表示的 WBS

工作分解结构还可以用表格的形式来表达,其控制账户和工作包的标号与提纲法相似。

图3-1和图3-2表示的WBS都是3层结构。一个项目的WBS结构分几个层次合适,要看项目本身的复杂性。一般认为:普通项目分3~4层就足够了,即项目、活动、任务、工作包;大项目可以5层,即大项目、项目、活动、任务、工作包。小项目可以分更少的层级,如项目、活动、工作包。处于最底层的是有独特标志号的工作包。

重要的控制节点(控制账户)一般在第二层。每一个工作包只有一个控制账户,但一个控制账户可以拥有两个或更多的工作包。

PMI还提出了规划包的术语。规划包是介于工作包和控制账户之间的组件。一个控制账户可以包含一个或多个规划包。

一个项目的WBS不是唯一的。可以用可交付成果作为第二层(控制点),也可以以项目周期的阶段作为第二层(控制点)。

3.5.2 工作分解结构的创建方法

创建工作分解结构(WBS)的方法通常有类比法、由上而下法、由下而上法等几种。

1. 类比法

类比法是指用一个类似项目的WBS作为起点。比如某IT企业曾经开发过很多软件项目,为客户设计过多种类型的软件。每当接到一个新的设计软件的任务时,就要为新的设计方案制定WBS。在设计新的WBS时,项目组成员总是根据以往的经验来开始新的工作,以过去设计的软件设计项目的WBS作为新的软件项目范围定义和成本估算的起点。他们所用的方法就是类比法。

2. 由上而下法

大多数项目经理将由上而下的WBS构建方法视为常规方法。由上而下法就是从项目最大的任务开始,逐步将它们分解成下一级的多个子项。这个过程就是增加级数,细化工作任务。在完成项目分解的整个过程之后,所有的项目资源都必须被安排到工作包一级的各项工作中。如果项目经理具备广泛的技术知识和整体视角,这种由上而下的方法对他来说是最快捷的。

3. 由下而上法

由下而上法要让项目组人员一开始就尽可能地确定项目有关的各项具体任务,然后再将各项具体任务进行整合,并归总到一个整体活动或WBS的上一级内容当中。例如,可能会有一个小组的人来负责企业内部网项目的WBS的制定工作,这里并不是一开始就考察WBS制定的指导方针或是参考其他类似项目的WBS,而是尽可能详细地列出那些他们认为该项目需要做的任务。在列出详细的工作任务之后,他们对所有工作进行分类,然后就可以将这些详细的工作归入上一级的大项中。

【例3-3】 美国NBA全明星赛的WBS

全明星赛是每年一度的美国篮球的节日,也是全世界篮球迷的节日,每年都有近两亿球迷在电视机前关注这项比赛。全明星赛之所以受到如此关注,除了篮球明星们的精彩球技,更重要的是组织方案的严密和完美的组织策划。作为一个成功的项目,我们来看一下这一比赛是如何组织起来的,主要包括哪些方面的内容。

首先,一项比赛需要大规模的宣传,即使全明星赛这样的名牌赛事也不例外,让更多的人知道这场比赛的确切信息,就意味着更多的收入和更高的收视率,而广告商们看重的就是这个。因此,在宣传过程中,全明星赛组委会(以下简称组委会)不仅对比赛时间和比赛内容进行宣传,更重要的是融入了商家的广告,包括在门票上印有赞助商的广告,这都会带来不菲的收入。

作为比赛的主体内容,东西部明星对抗赛是最吸引观众的,是整个比赛的焦点。因此,整个活动的组织都围绕这场比赛进行,包括比赛场地的布置、中场休息时的演出、小游戏、颁奖典礼、明星采访和一系列后勤措施。

由于对全世界转播,对比赛场地的要求相当高,从灯光、音响效果、转播机位以及看台的设计都显示着组委会强大的组织能力,使现场观众和电视观众都能够以最佳的角度欣赏比赛。中场休息时的演出是体育比赛为观众服务的体现,包括比赛暂停时间的表演和中场休息时的游戏,到处充满着浓浓的节日气氛。

此外,还有颁奖典礼、明星采访的设计,既要考虑到球员、教练和记者的充分接触,又不能出现混乱的场面。因此,一切都需要有秩有序地进行,分成几个阶段,比如:球员入场、颁奖人员入场、颁奖、合影、采访等。

该赛事组委会采用的工作分解结构如下(表3-2):

表3-2 NBA全明星赛的筹备工作分解结构

任务序号			任务名称
1			宣传
		1.1	报刊广告
		1.2	海报
		1.3	电视广告
		1.4	入场券
2			明星赛
	2.1		比赛
		2.1.1	音响灯光布置
		2.1.2	转播机位
		2.1.3	观众席设置
	2.2		球员、裁判
3			采访
		3.1	记者安排
		3.2	球员安排
		3.3	其他人员安排
4			演出
		4.1	演员
		4.2	演出节目
		4.3	演出服装
5			食品
		5.1	食品采购
	5.2		设备
		5.2.1	食品摊位
		5.2.2	烹饪设施
		5.3	进餐地点设置

(续表)

任务序号		任务名称
6		颁奖典礼
	6.1	颁奖司仪
	6.2	音响设备
	6.3	场地
7		后勤服务
	7.1	卫生工作
	7.1.1	垃圾箱设置
	7.1.2	场地清理
	7.2	安全工作
	7.3	休息室设施
	7.3.1	信息室布置
	7.3.2	义务站

从表3-2中可以看出,该赛事筹备项目分为7个一级子项目,每个子项目又分为若干细目或工作包,在2.1、5.2、7.1、7.3等细目下进一步分解到第3级,表现为工作包。

3.6 核实范围

核实范围又叫确认范围,主要是对项目工作成果或阶段性成果的认可。项目利益相关者正式接受项目范围,需要审查可交付成果和工作结果,以确保它们都已经正确地完成。如果项目被提前终止,范围核实过程应当对项目完成的程度建立文件档案。

【例3-4】 南京市田园综合体建设项目范围确认

田园综合体是2017年中央一号文件明确提出鼓励发展的服务三农的重要项目。同年5月,国家财政部发布了《关于开展田园综合体建设试点工作的通知》;6月1日,财政部农业司、国务院农村综合改革办公室牵头负责在内蒙古、江苏、浙江、江西、河南、湖南、广东、甘肃8个省份开展试点工作;同月,国家农业综合开发办公室又发布补充通知,明确重点支持河北、山西、福建、山东、广西、海南、重庆、四川、云南等10个省份开展田园综合体建设试点。上述18个省份被称为田园综合体第一批试点省份。此后,全国各省、市、县都掀起了创建田园综合体项目的热潮。但全国各地的条件千差万别,田园综合体到底怎么搞,各省、市政府有关部门都需要结合本地的具体条件制定指南(或规范、标准)等,明确该项目的创建与验收标准。

南京市于2017年11月1日发布了《南京市田园综合体建设指南》,从规划编制、田园社区建设、农业功能拓展、特色风光塑造及旅游产业开发等方面对田园综合体建设列出了25项要求。(来源:周爱明、张婷,《南京日报》,2017年11月2日)

《指南》明确指出南京市的田园综合体是在美丽乡村示范村建设基础上,发挥乡村生态环境、田园风光和民俗文化等资源优势,突出循环农业、创意农业、农事体验,建设"示范村+农业园+旅游点"三位一体的美丽乡村精品板块,打造"产业兴旺、生态宜居、乡风文明、治理有效、生活富裕"的美丽南京新名片。每个综合体核心区控制在3平方公里左右、规划区控制在6平方公里左右,新增投资控制在5~8亿元。

要求以田园为本,发挥乡村独特禀赋,突出特色产业、特色生态、特色文化,改善提升农村生产生活条件,促进三次产业融合发展,促进人与自然和谐共生;同时,发挥农村集体经济组织、农民专业合作社等主体作用,带动农民参与田园综合体建设运营和创业就业,打造农民利益共同体。积极盘活农村集体资产,发展多种形式股份合作,增强集体经济发展活力。

在田园社区建设方面,对村庄基础设施、建筑风貌、垃圾分类、村庄绿化美化都提出了明确要求。例如,建筑风貌塑造方面,应因地制宜推广南京市农民住房户型设计方案,推荐采用具有本土特色的屋面、窗样、门洞、屋脊、瓦当、滴水等建筑构件进行外立面改造。其他建筑设施提倡采用原生材质作为建筑主材,让每栋建筑与自然完美融合;全面取消垃圾房(池),配设分类垃圾桶(箱),做到日产日清;按照《南京市村庄绿化美化建设导则》要求,提倡使用乡土树种,增加珍贵树种造林比重,乡土树种、珍贵树种所占比重不得低于70%,鼓励有条件的村民庭院种植经济树种。

田园综合体要注重打造农业品牌,拓展农业功能。具体要求每个综合体打造1~2个经ISO9001、1S014001、原产地保护等认证的市级以上农业特色品牌;依托景观农业,开展田园乡村观光、农耕文明传承、农事活动体验等活动;依托经济林果,开发赏花、踏青、采摘等旅游产品;依托现代农业示范园区,拓展设施农业、生态农业和高新农业技术的观赏科普功能;培育农业新型经营体系。发展专业大户、家庭农场、农民专业合作社等新型经营主体,强化园区与农户的服务和利益联结,逐步将小农户生产、生活引入现代农业农村发展轨道,带动区域内农民可支配收入稳定增长。

在特色景观方面,除保持原生态自然环境外,区域内道路两侧应种植经济林果和绿化苗木,因地制宜栽种直径10~12厘米的乡土树种,力争5~10年后形成林荫大道;区域内林相、植被丰富,形成四季景观,林木覆盖率高于40%。

《指南》指出,乡村旅游区建设按照江苏省地方标准《乡村旅游区等级划分与评定》执行,并力争达到国家AAA景区标准。乡村旅游区应具有一定的知名度、美誉度,有较长的适游期、一定的游客接待量和市场覆盖面,并能直接吸纳一定比例的本地农民就业创业。

例3-4中《南京市田园综合体建设指南》,是南京市有关部门对辖区内创建田园综合体项目的指导性文件,也是将来验收该项目(核实项目范围)的依据。

3.7 控制范围

3.7.1 控制项目范围的目的

一般来说,项目会因为范围的变更和增加而产生一种延长时间的自然倾向,人称"范围蔓延"现象。通常情况下,范围蔓延会带来许多不利的后果。例如,范围蔓延会直接导致项目不能在规定的时间内完成,有可能导致违约和信誉度的下降;同时范围蔓延会带来额外的费用,增加项目的成本,很可能会导致项目资金不足;范围蔓延还可能会破坏原有的任务分解结构,打乱原有的计划,可能会影响整个团队的热情和积极性;此外,范围蔓延还会影响项目的质量。

范围的变化反映了客户要求和团队工作定义的变化,往往造成时间和成本的增加。因此,对范围变化进行控制是非常重要的。控制项目的范围变更的目的在于:

(1) 确认项目范围变动是否已实际发生,以及这些变动的风险和内容。

(2) 确定影响项目范围变动的因素和环境条件,寻求变更产生的源头。

(3) 管理和控制那些能够引起项目范围变动的因素和条件,保证项目各项工作的顺利开展。

(4) 提出合理、可行的项目变更要求;努力消除项目范围变动的不利影响。

项目条件和环境的变化会使项目范围发生变动,并造成项目工期、成本或质量等的改变,所以必须对项目范围变动进行严格的控制。

3.7.2 影响项目范围变更的因素

项目范围变更的要求可能由不同的相关方提出,以不同的形式出现。口头的或书面的,直接的或间接的,外部提出的或内部提出的,法律强制性的或可选择的等。变更可能是扩展项目范围,也可能是缩小项目范围。影响项目范围变更的因素主要有以下5点。

(1) 项目要求发生变化。这是范围变化中最常见的一种情况,主要源于项目客户(业主)对项目的需求和期望发生了变化,就商务电子化项目来说,他们可能要求增加所建设的商务电子化系统某一方面的性能或特征;也可能由于客户财务状况恶化而降低了对项目的要求和期望。

(2) 工艺技术环境发生了变化。在项目实施阶段,出现了新的生产技术、手段或方案等,如果采用,对项目会产生较大的影响,一般都会导致项目范围发生一定程度的改变。例如,在某企业商务电子化项目开始后,发现了可以大幅降低计算机系统费用或提高性能的新的处理器或外围设备,导致项目团队和客户都希望采用新的技术。

(3) 人员变化。项目实施过程中,发生人事变动、组织结构调整等,项目经理、项目技术人员可能会被调离,项目发起人也有可能发生变化,因此项目的要求、设计、技术以及经营理念都会随之调整。

(4) 项目设计变化。在项目实施过程中,出现了种种困难,往往会激励设计人员改进设计方案,提出实现项目目标的更好方法。这类变化一般是在项目实施以及设计思维逐渐成熟的过程中产生的。

(5) 经营环境变化。项目外部环境的动态开放性,会引发项目经营环境的变化。例如,当客户发现其竞争对手或其供应链上的其他企业采用某种新的先进手段以后,要求其项目团队调整项目构思和方案设计,以应对竞争对手的变化。这样,原来约定的项目范围就会发生变化。

范围变更并不一定意味着不良后果,也可能会产生好的结果。但尽管如此,项目经理和项目团队,应尽量控制项目的变更,因为过多的变更或者一个显著的变更都会影响项目的工期进度、成本和质量。应该对项目的变更加以管理,并根据组织机构的相关政策来监视变更的实施情况。

3.7.3 范围变更控制方法及其应用

1. 范围控制数据分析

本章表3-1已经指出：在控制范围的过程中，主要工具和技术是数据分析。具体而言，可用于范围控制的数据分析方法是偏差分析和趋势分析。

（1）偏差分析

偏差分析是审查目标绩效与实际绩效之间的差异（偏差），其具体指标可能涉及进度估算、成本估算、资源使用与费率、技术绩效和其他测量指标。

为了测量绩效，项目必须系统地加以跟踪和观测。这需要建立一个项目监控功能，这一功能可以由两项活动组成：数据收集和信息汇合。为此，在控制的第一阶段就应建立一个数据采集和信息报告系统。测量数据和报告可以按月、周、日定期提交。

绩效测量用于帮助评估发生的偏差的程度，范围变更控制的一个重要部分就是确定引起偏差的原因，并且决定这种偏差是否需要采取纠正措施。

（2）趋势分析

根据以往的绩效预测未来的绩效。在范围控制过程的趋势分析，主要用来预测因为范围变更可能导致的项目延期（提前）交付的可能性，与原先预算的相比成本可能超支（节约）的幅度，以便让项目团队与相关方事先知晓，并有所准备。

知晓趋势之后，应通过变更控制系统予以确认。

2. 范围变更控制系统

范围变更控制系统定义了控制项目范围变更的有关程序，包括文档工作、跟踪系统及对于授权变更所需要的审批层次等。其中文档工作是指一些有文档记录的过程，说明了如何提交变更申请、如何管理变更申请以及由于这些变更附属于相关的项目而带来的管理方面的影响。跟踪系统会跟踪变更申请的状态，包括其批准状态。一些变更申请可以根据项目管理者的决定得到批准，有些则需要更正式的批准或者需要经过多级批准，如项目主管、行政长官等。并非所有的变更申请都可以得到批准，没有得到批准的变更也会被跟踪并且记录在项目记录簿中以供将来参考。

3. 编制补充计划

一旦范围变更的申请得到批准，项目团队应编制补充计划。补充计划就是对由预期的范围变更所引起的对WBS的修改进行记录，或者对替代方法进行分析。范围变更出现后，应及时修改有关技术文件和项目计划，并通知项目利益相关者，及时对范围变更采取相应措施；进行处理之后，将造成范围变更的原因、采取的措施以及采取此等措施的理由、从这些变更中吸取的教训等都记录在案，形成书面文件，存入本项目和其他项目的数据库。

由于项目总处在一个不断发展变化的环境之中，因此，客户的要求发生各种各样的变化是在所难免，项目团队也会经常需要对项目进行这样那样的修改，这些变化和修改都会导致范围的变更。对项目范围变更进行控制并不是一味反对变更，而是对项目中存在的或潜在的变化，采用正确的策略和方法成功处理。

综上，在进行范围控制时，要以工作分解结构、项目绩效报告、来自项目内外的变更请求和范围管理计划为依据（过程输入），利用数据分析工具和范围变更控制系统来实施控制范围变更过程。

3.7.4 范围控制中的文档管理

文档管理是范围变更控制系统的重要内容,它渗透到范围控制的全过程。

范围变更过程从形式上看可以是正式的,也可以是非正式的。非正式的形式,仅限于只有一两个项目利益相关者的小项目(或简单项目)。对于大型或者复杂的项目,一定要对所有的变更都采用正式的形式。也就是说,所有的变更都应采用正式的变更申请表,以书面形式提出,并且记录下来所做的变更会造成什么影响。所做的变更通常会影响到项目的进度、成本和质量,当然有时也会影响其他方面。应该把这些变更记录下来,并且在整个项目开展的过程中进行跟踪。有些变更可能不会得到批准,但可能在下一个项目中发挥作用,因此记录下这些请求并把这些请求储存在项目信息中,将会有助于今后项目的进行。

在项目范围控制过程中需要建立的文档可能有以下几种。

(1) 范围管理计划。标识如何管理项目范围,以及哪些变更如何在项目中采纳。该文档评价范围变更的可能性、频繁程度以及造成的影响,并对变更的程序进行规范化。

(2) 信息控制制度。它是为了各部门或各利益相关者之间相互配合、沟通信息而建立的制度,目的在于控制信息流通,使各类文件的传递程序化。信息控制制度有两个方面的内容:一是文件发放表,二是图纸发送规定。文件发放表是一份简单的表格,其中规定分发文件的对象和数量,也规定了文件是原件还是复印件。它不但能保证文件分发的秩序,也能帮助人们找到有关信息。图纸发送规定主要是规定发送的数量、图纸类别和发送对象。

(3) 资源清单。把所有项目中需要的所有资源的名称和编号按一定格式和顺序印制成册,形成资源清单,可以为项目控制提供翔实的依据。

(4) 账户编号。编号的原则是要符合预算和决算的会计项目以及成本核算的要求。把不同的账户分类编号,列成表格,作为控制成本的工具或用作下一个项目的建设及不同项目相同账户之间的比较。

所有在控制过程中用来分析项目进展情况的绩效测量也应该建立相应的文档,此外还包括项目的各项计划文件、实施项目范围控制的各种文件、标准、报表以及图表等。所有这些文件都应该是最新的并且是准确的,有关项目的记录必须准确地识别出项目要产出的产品或服务的最终技术指标。

所有这些文档应该整齐有序,编制索引以便随时查看,并且存放在一个安全的地方。电子数据库和电子文档也应作为项目文档加以备份和储存。

当项目范围发生变更、与原先计划出现偏差的时候,应该把有关偏差的分析和调整情况等内容用文字记录下来,作为项目管理文档的一部分,并通知项目的利益相关者。在征得全部相关人员的一致同意之后,才可以确定项目范围的变更,并采取合理的措施。项目范围变更及控制措施一旦确定,要更新相关文件,以文件形式对其加以确认。

项目管理(修订版)

参考答案

课后练习
Exercise Three

一、选择题

(一) 单项选择题

1. 项目经理运用( )来辨认与项目有关的所有成本。
   (A) 横道图　　　(B) 工作分解结构　　(C) 网络图　　　(D) 物料清单

2. 引起项目范围变更的原因是( )。
   (A) 对项目预算的审查　　　　　(B) 对公司战略计划实施情况的审查
   (C) 项目范围界定中的错误与遗漏　(D) 对项目计划的审查

3. 在进行项目范围计划时,工作分解结构应当被分解到( )。
   (A) 按阶段划分的子项目层次　　(B) 项目办公室规定的层次
   (C) 能够进行足够的估算的层次　(D) 预算的成本中心层次

4. ( )是 WBS 的基础。
   (A) 时间　　　　(B) 成本　　　　(C) 性能　　　　(D) 范围

5. 在项目管理领域中,范围概念是指( )。
   (A) 可交付成果的范围　　　　(B) 产品范围
   (C) 项目范围　　　　　　　　(D) 产品范围和项目范围

6. ( )是工作分解结构的作用之一。
   (A) 实施项目计划　　　　　　　(B) 为决策部门提供科学依据
   (C) 将项目工作与项目财务账目联系起来　(D) 工作排序

7. 项目要求发生变化,首要源于( )。
   (A) 设计变化　　　　　　　　(B) 业主需求变化
   (C) 工艺技术变化　　　　　　(D) 经营环境变化

8. 范围变更控制的依据有( )。
   (A) 范围变更控制系统　　　　(B) 绩效测量
   (C) 范围管理计划　　　　　　(D) 补充计划

9. ( )属于范围管理的内容。
   (A) 项目识别　　　　　　　　(B) 项目变更控制
   (C) 确定项目　　　　　　　　(D) 项目发起

10. 所有被批准的变更应在( )中体现。
    (A) 绩效测定基线　　　　　　(B) 变更管理计划

(C) 质量保证计划 (D) 项目计划

11. 项目范围（　　）。
   (A) 只是在项目开始时才加以考虑
   (B) 在合同或其他项目授权文件被批准后就不成问题
   (C) 应该从项目启动阶段到收尾阶段一直加以管理与控制
   (D) 是项目执行期间对项目变更进行控制

12. 工作分解结构是（　　）。
   (A) 在项目执行过程中进行
   (B) 将工作分解为可管理的部分
   (C) 提供一个与项目时间阶段有关的任务划分
   (D) 对成本、时间、资源的估计不起作用

（二）多项选择题

1. 项目范围界定是指（　　）。
   (A) 界定项目任务　　　　　　(B) 界定项目进度
   (C) 界定项目风险　　　　　　(D) 界定项目工作过程
   (E) 界定项目质量

2. 范围变更控制的工具和方法主要有（　　）。
   (A) 绩效测量　　　　　　　　(B) 范围变更控制系统
   (C) 文档工作　　　　　　　　(D) 补充计划编制
   (E) 项目进展报告

3. 编制工作分解结构的目的有（　　）。
   (A) 便于项目的具体分工，明确各成员的责、权、利
   (B) 提高对成本、时间以及资源估算的准确性
   (C) 为绩效测量与控制定义一个基准计划
   (D) 便于进行明确的职责分配
   (E) 便于使项目达到最终客户的要求

4. 范围变更控制系统包括（　　）。
   (A) 跟踪系统　　(B) 绩效测量　　(C) 文档工作　　(D) 补充计划
   (E) 对变更的审批层次

5. 项目范围界定的工具是（　　）。
   (A) 工作分解结构模板　　　　(B) 甘特图
   (C) 里程碑图　　(D) 分解　　　　(E) 类比法

二、思考题

1. 为什么要进行项目范围管理？它对一个项目的成功起到什么作用？
2. 描述项目范围管理的主要过程。
3. 如果项目范围蔓延，可能带来什么样的后果？
4. 如何进行项目范围的界定？编制工作分解结构可采用哪些方法？
5. 谈谈范围变更控制的目的。如何做好范围变更控制？

第4章 项目进度管理

项目进度管理是项目管理的重要组成部分之一,它和项目费用管理、项目质量管理并称为项目管理的"三大管理"。本章主要介绍项目进度计划、计划执行和进度控制等方面的内容。

4.1 进度管理概述

4.1.1 进度管理的核心理念

项目进度管理是通过制定详细进度计划,说明项目何时交付、如何交付项目范围定义的产品或服务(交付物),并作为沟通和管理相关方期望的工具,以及报告项目绩效的基础。项目团队首先要选择进度计划方法,例如,选择关键路径法还是敏捷方法?之后,确定项目的活动及其持续时间、资源、依赖关系等项目信息,利用进度计划编制工具,创建项目进度模型。这项成果就是项目进度计划。

新型项目管理实践表明:在可能的情况下,项目团队应在整个项目期间保持项目详细进度计划的灵活性,使其可以随着对知识的获取、对风险理解的加深,以及其他相关增值活动的设计而调整。例如,对高度不确定性的项目,采用适应型(或敏捷型)规划理念,采用具有未完项的迭代型进度计划,也可根据实际情况,采用按需进度计划。

4.1.2 进度管理的内容

项目进度管理的主要内容包括规划进度管理、制定进度计划、执行进度计划和进度监控。其中制定进度计划又包括定义项目活动、排列活动顺序、估算活动持续时间、创建进度模型等具体过程,此项工作是项目进度管理的重中之重。

规划进度管理是为规划、编制、管理、执行和控制项目进度而制定政策、程序和文档的过程,其作用是为项目进度管理提供指南和方向。本过程仅仅在项目初期开展一次。

定义活动是识别和记录为完成项目成果而采取的具体行动的过程。此过程利用范围管理的成果——工作分解结构(WBS),将工作包分解为具体的活动。本过程需要在整个项目期间开展。

排列活动顺序是识别和记录活动之间关系的过程,其主要作用是定义活动之间的逻辑顺序,以便于确定工作流程。本过程需要在整个项目期间开展。

估算活动持续时间是根据自愿估算的结果,估算完成单项活动所需要的工作时间段数的过程,其作用是确定每项活动的时间,为整个项目工期的计算和成本测算奠定基础。本过程需要在整个项目期间开展。

制定进度计划是分析活动顺序、持续时间、资源需求和进度制约因素,创建进度模型的过程,其作用是为项目执行和监控过程提供进度基准。本过程需要在整个项目期间开展。

控制进度(执行进度计划和进度监控)是监督项目状态,以更新项目进度和管理进度基准变更的过程,主要作用是在项目期间保持对进度基准的维护。本过程需要在整个项目期间开展。

4.1.3 工具与技术

在项目进度管理的各个过程中,常用的工具与技术详见表4-1。

表4-1 项目进度管理常用工具与技术

工具技术名称	规划进度管理	定义活动	排列活动顺序	估算活动持续时间	制定进度计划	控制进度
专家判断	▲	▲		▲		
数据分析	▲			▲	▲	▲
会议	▲	▲		▲		
项目管理信息系统(PMIS)			▲		▲	▲
决策				▲		
分解		▲				
滚动式规则		▲				
紧前关系绘图法			▲			
确定和整合依赖关系			▲			
提前量和滞后量			▲		▲	▲
类比估算				▲		
参数估算				▲		
三点估算				▲		
自下而上估算				▲		
进度网络计划					▲	
关键路径法					▲	▲
资源优化					▲	▲
进度压缩					▲	▲
敏捷发布规划					▲	

从表 4-1 不难看出,包括定义项目活动、排列活动顺序、估算活动持续时间、创建进度模型在内的进度计划的制定过程,是一个方法性很强的过程。本章下文将以此为重点,结合案例进行详细介绍。

4.2 进度计划的编制

4.2.1 项目进度计划的重要性

进度计划就是根据项目的活动定义、活动排序及活动持续时间估算的结果和所需要的资源进行的进度计划安排,其主要任务是要确定各项活动的起始和完成日期、具体的实施方案和措施。项目管理的主要特点之一就是有严格的时间期限要求,制定项目进度计划的目的是控制项目的时间,从而节约时间,因此进度计划在项目管理中具有重要的作用。

过去的实践表明,从达到项目范围、时间和成本预测结果方面来看,许多项目是失败的。项目的管理者经常说,按时交付项目是他们最大的挑战之一。

进度问题是项目生命周期内造成项目冲突的主要原因。进度问题的发生如此普遍,部分原因是资源的临时变更,比如团队成员的临时调离;有时是因为在范围和进度方面由于主客观原因超出限度等。所以,项目进度管理对项目成功至关重要。

4.2.2 编制项目进度计划的方法

1. 任务分解和责任分配

项目进度计划的编制,目前多采用甘特图法和网络计划法。无论采用哪种方法,首先必须对项目任务进行分解,即把项目分解成具体的活动或工作包,并将工作责任向项目团队进行分配。

项目工作任务分解是进行项目进度计划控制的基础。工作任务分解就是先把复杂的项目逐步分解成一层一层的要素(活动),直到具体明确为止。大型复杂项目的工作任务分解,就是要建立一个在上章"项目范围管理"中所说的工作分解结构(WBS)。在一个项目中,决定工作分解结构(WBS)详细程度与等级多少的因素是:

(1) 项目的复杂程度;
(2) 团队成员的成熟度,即工作经验多寡、工作能力高低和责任心大小;
(3) 预期的进度和预算的控制水平。

显然,对同一项目可以建立不同的工作分解结构。

将工作分解为相互关联的具体工作之后,还需对项目各项活动具体内容进行详细的描述,以便在实施过程中清晰地领会各工作的内容。个人活动可由工作包的责任人或责任小组将工作包继续分解得到。活动就是需要消耗一定时间的一项明确工作,但不一定消耗人力。

分解工作的过程中应该指明对每一工作细目负责的组织或个人。可以采用责任矩阵的方法。责任矩阵是以表格形式描述完成工作细目个人责任的方法。这是一种很有用的工具,因为它强调每一项工作细目由谁负责,并表明每个人在整个项目中的角色。有些责任矩阵用 X

表示每项工作细目由谁负责;也有些责任矩阵用 P 表示某项特定工作细目的主要责任人,用 S 表示该项工作细目的次要责任人。

以下结合案例来说明。

【例 4-1】 某市现代农业产业示范园规划设计项目

该项目的范围说明书大意如下

项目委托者:江苏省某市人民政府

项目承担者:××大学规划设计研究院

合同编号:NA20180606-3

项目目标描述

根据双方合同约定,双方具体执行人员磋商确认,本项目在功能、技术、成本、进度等方面的具体要求如下。

① 功能目标:具备双创孵化、管理接待等综合服务功能;集成示范现代农业技术;示范辐射规模化农业生产;区域性现代农副产品加工商贸物流中心。

② 技术目标:规划设计方案需符合国家、省、市相关规范与要求;规划设计方案科学、合理,满足可持续性发展的要求;规划设计方案可提升全市农业产业化水平,提高全市农业质量效益和竞争力。

③ 成本目标:100 万元以内。

④ 进度目标:42 个工作日以内完成,自合同生效日开始。

经过研究,项目团队将该项目分解为:规划合同签订、顾问团队组建、内部资料收集、外部资料收集、规划方案咨询、立地条件研究、产业专项研究、规划方案编制、专题研究报告、规划评审与修正、成果整理与提交等 11 项活动。并编制了责任矩阵如下。(表 4-2)

表 4-2 现代农业园规划设计项目任务分解

活动编号	活动名称	任务的详细说明	负责人
A	规划合同签订	依据合同要求和甲方需求,对规划内容、规划进度等进行总体安排	甲
B	顾问团队组建	根据规划合同要求,组建相关专家顾问团队	甲
C	内部资料收集	收集规划项目红线、自然社会条件、相关规划与政策等内部资料	乙
D	外部资料收集	收集规划相关产业前景、技术应用、宏观政策等外部资料	丙
E	规划方案咨询	组织专家顾问团队召开规划初步方案咨询会	甲
F	立地条件研究	根据项目区区位、土壤、气候、水文、社会经济等自然社会条件,展开立地条件研究,以选择适宜发展产业	乙
G	产业专项研究	针对有可能选择的产业进行产业现状、技术及前景等问题研究	丙
H	规划方案编制	基于专家咨询结果及前期研究成果,编制规划文本及图件	乙
I	专题研究报告	结合产业专项研究成果,编制专题研究报告	丙
J	规划评审与修正	召开规划方案专家评审会,并根据评审意见修正规划方案	甲
K	成果整理与提交	将规划文本、图件及专题报告等规划成果整理打印成册,提交甲方	乙

2. 进度计划方法

(1) 甘特图

甘特图(Gant Chart),有时也叫条形图(Bar Chart)或横道图,它是由哈维·甘特于1917年发明的,是创建项目网络另一个非常有用的工具。在甘特图中,活动的进度安排与其计划同时进行。图表的纵栏描述活动,横栏展开时间。绘制活动线段(横条)的人必须清楚活动之间的相互关系,也就是说,哪些活动在其他活动开始以前必须完成,哪些活动可以同时进行。

表4-3 现代农业园规划设计项目活动工期估计表

活动编号	活动名称	负责人	时间估计(天)	备注
A	规划合同签订	甲	1	
B	顾问团队组建	甲	3	
C	内部资料收集	乙	3	
D	外部资料收集	丙	2	
E	规划方案咨询	甲	3	
F	立地条件研究	乙	5	需要助手3~5人
G	产业专项研究	丙	4	
H	规划方案编制	乙	25	
I	专题研究报告	丙	15	
J	规划评审与修正	甲	5	
K	成果整理与提交	乙	3	
合计			**69**	

甘特图的优点在于:

① 易于理解。甘特图通过连接所有的活动来构建一个前导网络。甘特图沿着水平时间线展开,这样使用者能够迅速识别当前日期,并发现什么活动应该已经完成、什么活动应该正在进行中、什么活动将要开始。因为这些活动在网络中被连接,所以也可以识别前置活动和后续活动。

② 便于控制。甘特图使项目团队较容易获取项目活动信息。如当一个项目活动延迟了几天,可以在甘特图上引入新的时间,修正项目状况,从而更新整个网络,很多公司就使用甘特图来不断更新正在进行中的活动状态。甘特图还能让项目经理对当前的活动状况进行评估,即使出现活动完工滞后于计划的情况,也可以制定补救措施。

③ 容易创建。甘特图很直观,因此它是项目团队最容易创建进度计划的工具。甘特图的关键是要对一些重要信息有一个清晰的认识,这些信息包括:活动的长度、网络活动的逻辑关系、项目预期的开始日期和各种所需的资源。

在绘制甘特图之前,必须先估计各项活动的工期,它决定甘特图中活动横道的长度。对上述例子来说,其活动工期估计和甘特图分别如表4-3和图4-1所示。

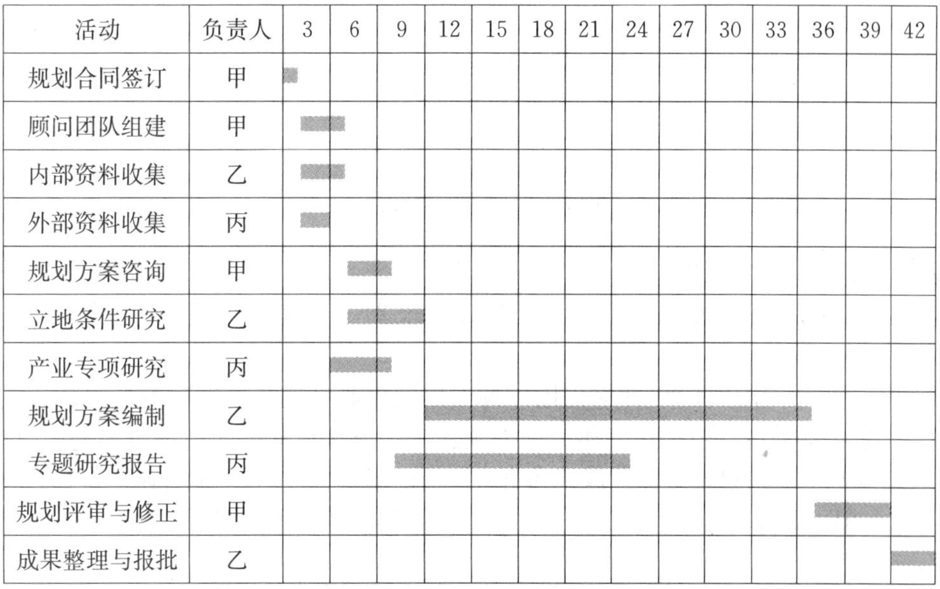

活动	负责人	3	6	9	12	15	18	21	24	27	30	33	36	39	42
规划合同签订	甲	▨													
顾问团队组建	甲		▨												
内部资料收集	乙		▨												
外部资料收集	丙	▨													
规划方案咨询	甲			▨▨											
立地条件研究	乙			▨▨▨											
产业专项研究	丙			▨▨											
规划方案编制	乙				▨	▨▨▨▨▨▨▨▨▨									
专题研究报告	丙				▨▨▨▨										
规划评审与修正	甲												▨▨		
成果整理与报批	乙														▨

图4-1 现代农业园规划设计项目活动的甘特图

甘特图是一种比较老的计划和进度安排工具,它是在20世纪早期发展起来的。但是,因为它简单明了,在今天仍被广泛应用。甘特图的主要缺点之一是不以图解的方式表达活动之间的相互关系,因此如果一项活动被延误,其他哪些活动会受到影响不能被明显地表示出来。

(2)网络计划

网络计划是一种在项目计划、进度安排和控制工作中很有用的技术,包括关键路径法(critical path method,CPM)和计划评审技术(program evaluation and review technique,PERT)。网络计划是在20世纪50年代发展起来的,其关键路径法和计划评审技术都是应用网络图来表明活动的顺序流程以及它们之间的相互关系。过去,两种技术之间在方法上有明显的差异。然而现在,两种方法已经相互吸收和融合了,当大多数人在讲到关键路径法和计划评审技术时,指的都是一般的网络图,我国从20世纪60年代起,也称之为统筹图。

目前项目进度计划多采用网络计划方法,运用这一方法有助于明确反映各活动之间的项目关系,有利于项目执行过程中各工作之间的协调和控制。但这一方法比较复杂,以下我们专节介绍。

4.2.3 网络图绘制的原理

下面我们依然以例4-1来帮助说明。为了编制例4-1所述项目的网络图,我们先从网络图的构图规则开始介绍。绘制网络图可使用两种不同的规则:一种是用节点或方框表示活动(activity in the box,AIB),叫作单代号法(activity on the node,AON);另一种形式是用箭头表示活动(activity on the arrow,AOA),叫作双代号法。

1. 单代号网络图

在单代号网络图中,每项活动用网络图中的一个框表示,对该项活动的描述都写在框内,如图 4-2 所示：

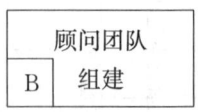

图 4-2　用节点表示活动

活动流程时间,对它们的描述通常以一个动词开头,每项活动有且仅有一个框表示。此外,给每个框指定一个唯一的活动号。在上例(图 4-2)中,活动"顾问团队组建"给定的活动号是"B"。

活动之间有先后次序关系,即它们以一种先后顺序联系起来。这种关系用箭头线表示。箭头线表明哪些活动在其他活动开始以前必须做完。连接活动框的箭头表示先后次序的方向。一项活动只有在通过箭头与它联系的所有前面的活动完成后,才能开始。例如,如图 4-3 所示,只有在"内部资料收集"活动完成后"立地条件研究"活动才能开始。

图 4-3　活动之间先后次序的表示

有些活动可以同时进行。例如,图 4-4 中的"内部资料收集"与"外部资料收集"可以并行;图 4-4 中的"规划方案咨询""立地条件研究""产业专项研究"这 3 项活动也可以同时进行。

当有并行的活动出现时,必须等所有的并行活动全部结束,箭头指向的后续活动才能开始。如图 4-4 中的"规划方案咨询"必须在"顾问团队组建"与"内部资料收集"都结束后才能开始;"规划方案编制"必须在"规划方案咨询""立地条件研究"及"产业专项研究"等 3 项工作都结束后才能开始;"规划评审与修正"必须在"规划方案编制"和"专题研究报告"都结束时才能开始。

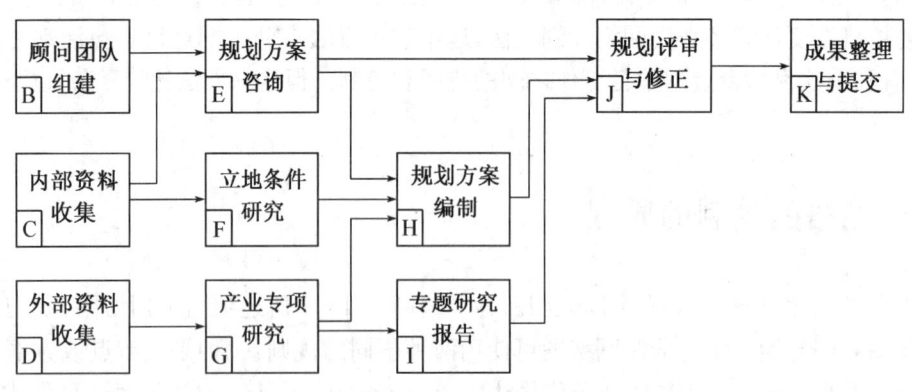

图 4-4　在并行活动出现时的活动先后关系

根据活动一览表和网络图的构图规则,就可以绘制网络图了。按逻辑优先次序开始绘制活动,正如项目应从其开始到结束的进行过程一样。在决定必须以某种顺序绘制活动,以表明

它们之间的逻辑活动次序关系时,对于每项活动应该考虑以下三个问题:

(1) 在该活动开始之前,哪些活动必须立即完成?

(2) 哪些活动可以与该活动同时进行?

(3) 哪些活动只有在该活动完成后才能开始?

通过回答每项活动的这些问题,就能绘制一个网络图,这个网络图描述了完成项目工作范围所需活动之间的相互关系和顺序。

整个网络图应该是从左至右的,尽管为避免整个图太长,有些箭头可能是从右向左。不像甘特图,网络图不按时间长短绘制。如果网络图能够画在同一张大纸上,就更容易使整个项目一目了然。但是,如果网络图很复杂、很大,它就可能会需要多张纸。在这种情况下,就有必要建立一个参考体系和一组符号来表明各个活动之间的联系。

在开始绘制一个项目网络图时,不要太在意整洁。最好先画一张草图,以确保活动之间的逻辑关系正确。然后,回过头来再画一份较整洁的图。

在某些情况下,一个组织可能为不同的客户做类似的项目,这些项目的某些部分可能包括相同逻辑活动次序关系的同类活动。如果是这样的话,就很有必要为项目的这部分做标准子网络。有了标准子网络,为整个项目绘制网络图时就能省力、省时。

图 4-5 是现代农业园规划设计项目用单代号网络图绘制的完整的网络图,注意这些图中附加了负责人姓名。

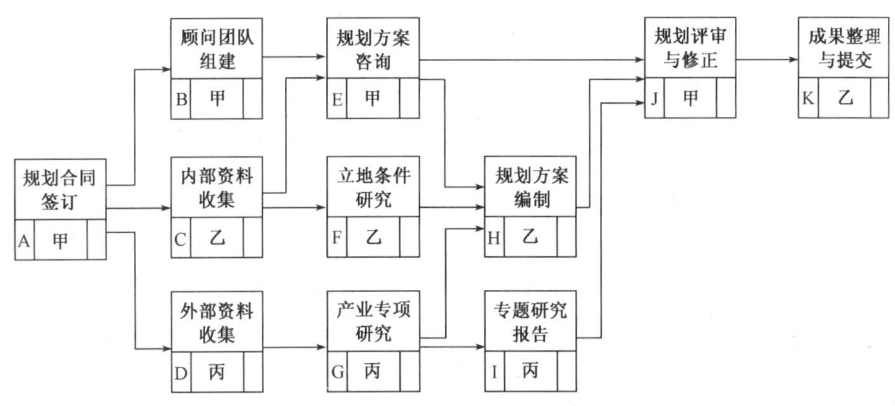

图 4-5 现代农业园规划设计项目单代号网络图

2. 双代号网络图

在双代号网络图中,一项活动在网络图中由一条箭线表示,并且活动描述写在箭线上,如图 4-6 所示:

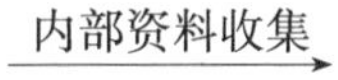

内部资料收集

图 4-6 用箭头表示活动

每项活动由且仅由一个箭头表示,箭尾代表活动的开始,箭头代表活动的结束。箭头的长度和斜度与活动的持续时间或重要性没有任何关系(不像在甘特图中,线段或横条的长度表示活动的持续时间)。

在用箭头表示活动的规则中,活动由叫作事件的圆圈连接起来。一个圆圈(事件)代表指向它的活动结束,离开它的活动开始。在用箭头表示活动形式中,给每个事件而不是每项活动指定一个唯一的号码。例如,在图4-7中,"规划评审与修正"与"成果整理与提交"之间存在一种顺序关系,并由事件11联系起来。事件11代表"规划评审与修正"的结束和"成果整理与提交"的开始。

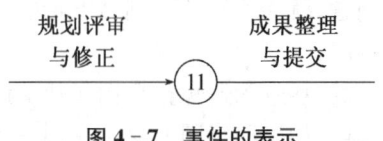

图4-7 事件的表示

活动的开始(箭尾)事件叫作活动的紧前事件(predecessor event),活动的结束(箭头)事件叫作该活动的紧随事件(successor event)。对于活动"规划评审与修正",紧前事件是"10",紧随事件是"11";对于活动"成果整理与提交",紧前事件是"11",紧随事件是"12"。

在任何由某一事件(圆圈)出发的活动开始之前,所有指向该事件的活动必须结束。例如,如下图4-8所示,活动"内部资料收集""立地条件研究"和"外部资料收集""产业专项研究"可以同时进行,但是仅当它们都完成后,"规划方案编制"才能开始。

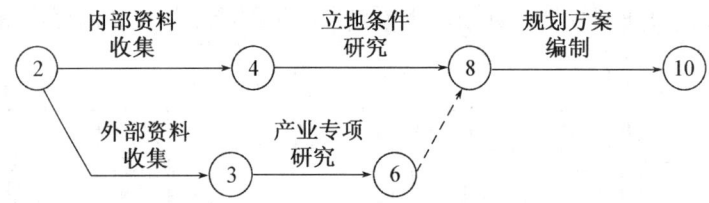

图4-8 在并行活动出现时的活动先后关系的表示

在用箭头表示活动规则中,有一种特殊的活动,叫作虚活动(dummy activity),它不消耗时间,在网络图中由一个虚箭线表示。虚活动,仅在双代号网络图中应用,需要它有两个原因:一是有助于很好地识别活动;二是用来表明某种如果不用虚活动就无法表明的先后关系。

在绘制用箭头表示活动的网络图中,有两个基本规则用来很好地识别活动:一是网络图中每一事件(圆圈)必须有唯一的一个事件号,即网络图中不会有相同的事件号;二是每项活动必须是由唯一的紧前和紧随事件号组成。

在下面的图4-9中,活动A和B由相同的紧前—紧随事件号1-2号组成。这在用箭头表示活动的网络图中是不允许的,因为在讲到活动1-2时,你不知道是在指活动A还是在指活动B。

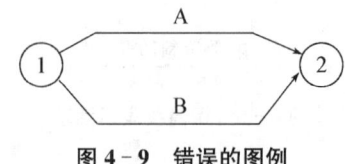

图4-9 错误的图例

如果根据用双代号网络图的构图规则,用计算机软件来计算项目进度,它要求每项活动必须通过唯一的紧前—紧随事件序号的组合来确认。插入虚活动可以纠正图 4-9 中的错误。如图 4-10 所示,引入虚活动后,使活动 A 和 B 由唯一的紧前—紧随事件号组成。在图 4-10 中左边,活动 A 由 1-3 表示、活动 B 由 1-2 表示就不会混淆了。同样,在图 4-10 中右边,活动 A 称为 1-2,活动 B 为 1-3,也是可以的。图 4-10 中的两种处理方法都是可行的。

图 4-10 虚活动的安排与作用

让我们来考虑这样一种情况,即必须用虚活动来表明顺序关系,否则就不能表明这种关系。情况如下:

(1) 活动 A 和 B 可以同时进行。
(2) 只有活动 A 完成后,活动 C 才能开始。
(3) 只有活动 A 和活动 B 都完成后,活动 D 才能开始。

为了描述这种逻辑性,必须用一项虚活动,如图 4-11 所示。虚活动 3-4 在某种意义上是延长活动 A,以表明它除了活动 C 开始所必需的之外,它的完成同时也是 D 活动开始所必需的(D 活动的开始,同时需 A 活动和 B 活动的完成)。

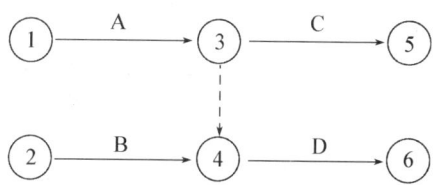

图 4-11 虚活动是必需的

以下所示的形式是不正确的,因为它表明为了让活动 C 和活动 D 开始,活动 A 和 B 都必须完成,实际上,活动 C 开始仅需活动 A(而不是 A 和 B)完成。

用单代号网络图表示活动形式的一个优点是其逻辑性不用虚活动就能表明。例如,下面是图 4-12 所示关系的用节点表示活动形式,它不需要任何虚活动。

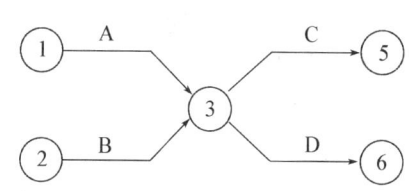 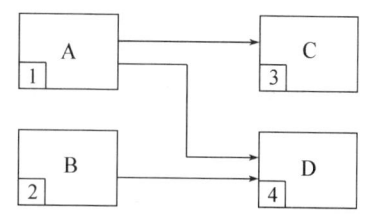

图 4-12 没有虚活动会造成逻辑上的错误　　图 4-13 单代号网络图不需要虚活动

图 4-14 是现代农业园规划设计项目用双代号网络图绘制的完整的网络图,注意其中虚活动的含义。

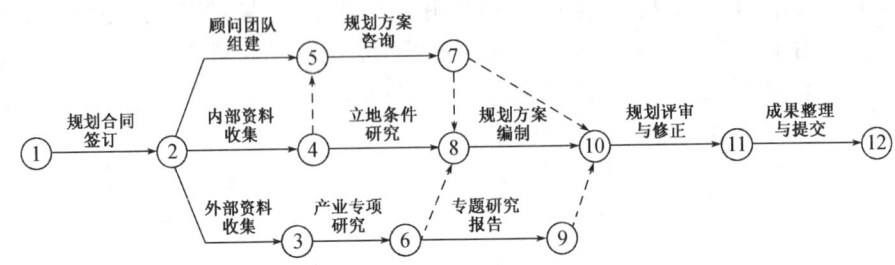

图 4-14　现代农业园规划设计项目网络图(用箭头表示活动)

两种网络图都是根据活动次序关系来建立的。网络图是一份展示所有活动是怎样联系在一起来完成项目任务的道路交通图。它同时也是项目团队的一种交流工具,因为它表明每项活动由谁负责及其工作是怎样与整个项目结合成一体的。两种网络图都是为了达到同样的目标:为项目网络创建一个顺序逻辑,连接好网络后,确定项目历时、活动时差和关键路径。

一个常见问题是到底哪一种方法更加有效,单代号网络图和双代号网络图的优缺点分别是什么?因此,为选择其中一种更有效的方法来构建网络图,了解它们的优缺点十分必要。

单代号网络图的优点在于它是计算机软件里面构造网络图的主要方法。随着计算机的普及,越来越多的企业需要使用项目进度计划软件,于是单代号网络图被越来越多企业使用。它的另一个优点是,用节点表示活动,箭线用来连接活动,这种方法使网络更容易标识,也让单代号网络非常容易阅读和理解。但单代号网络也存在一定的缺陷,当多个活动汇聚或者发散时,就需要大量的箭线与节点相连,从而导致单代号网络难以阅读,但这一般只发生在包括大量路径的复杂项目之中。

双代号网络图最大的优势是它在某些特殊领域容易被接受,比如建筑业。但它并没有影响单代号网络图的使用,而且对于大型复杂项目,单代号网络图更容易使用。还有一点,因为项目中有很多重要的里程碑,双代号网络图的节点很容易标示这些里程碑。但是,双代号网络图的规则导致其很难使用,尤其是虚活动的使用。没有一定的练习,一个不太了解网络图的项目经理要想理解和学会虚活动并不容易。最后,双代号网络图在包含重要信息的箭线和节点上的信息过于分散,并不像单代号网络图把一项活动的所有数据都集中在一个节点上,双代号网络图在箭线和节点上都标示了网络信息。

绘制网络图,最终选择单代号网络图还是双代号网络图主要取决于个人偏好及工作环境的外部影响。最重要的是必须掌握构建网络图的基本理论以及两种网络构造方法的规则。

4.3 进度计划的执行

4.3.1 项目计划执行状况的检查与评价

1. 项目计划执行状况的检查方法及工具

项目计划执行状况的检查,通常需要项目团队具备一般管理技能和与交付物相关的知识。在此基础上,应建立工作授权体系、例会制度、管理信息系统和正式组织程序,以此作为检查督促的工具和机制。

(1) 一般管理技能,主要指领导、谈判、沟通等管理技能。对项目团队成员,尤其是项目经理来说,只有掌握领导、谈判、沟通等管理技能,才能在项目计划执行中发挥积极的作用。

(2) 与交付物相关的知识,指与项目产品鉴别相关的技能和知识。对项目产品所需的知识有适当的了解,项目团队才能按照预定的计划生产出项目产品或提供工作成果。

(3) 工作授权体系,是批准项目工作的一个正式程序。该程序用来确保按照适当的时间、合适的顺序完成工作,授权相关的人员,将项目计划上的工作按照正确的顺序在正确的时间开始。

(4) 例会,指项目执行情况的检查例会。是一种定期的正式交换项目信息的方式,使项目的进展情况能及时、有效地得到交流。

(5) 项目管理信息系统,包括用于收集、综合和分发项目管理过程输出的工具和技术。

(6) 组织程序,是项目执行过程的一种工具和技术。项目经理在执行计划时,应充分考虑项目涉及的组织的正式与非正式程序,以防止它们对项目执行过程产生干扰。其与组织方针非常相似,但组织方针是一项输入内容。

2. 对项目执行的评价

将项目实际执行的情况与项目计划进行比较和分析,找出差别,分析原因,这就是项目计划执行的评价工作。评价是建立在范围核实的基础上。范围核实(scope verification)正式认可了项目范围,主要关注的是对工作结果的认可,是项目利益相关者正式接受项目范围的过程,需要审查可交付成果和工作结果,以确保它们都已经正确圆满地完成。

项目计划执行的评价涉及对工作结果、产品文档、WBS、范围说明书和项目计划的评价,要确定工作是否已经完成,以及是否满足项目目标的要求,应该使用检查过程来评价,这也是该过程唯一的工具和技术。换句话说,就是在项目执行过程中要做好项目范围的核实工作,即使项目被撤销,也应该进行范围核实,以便把该项目到目前为止的完成情况做好文档记录。

4.3.2 把握项目进度的重要参数

项目计划执行是项目周期的主题阶段。在这个阶段中,项目管理人员要随时关注项目过程,监督项目过程、实施计划、跟踪成本、度量输出、审批变更等各项工作。其中项目进度是最重要的关注点。描述、指导、控制项目进度的重要参数是:活动工期、项目最早开始时间和结束时间、项目最迟开始时间和结束时间、项目的关键路线和自由时差等。本节将结合案例逐一介绍。

案例的题材,仍然选案例 4-1 某市现代农业产业示范园规划设计项目。

1. 活动工期的估计与表示

我们已经在第 1 节进度计划中估计过某市现代农业产业示范园规划设计项目的活动工期,并利用甘特图对本项目的进度做了一个大致的安排。本节我们将利用网络图来进一步估计项目进度的重要参数。

单代号网络图的活动工期估计一般在图框的右下角表示出来(如图 4-15);

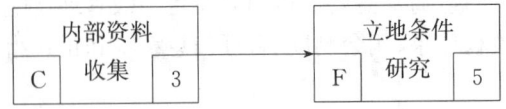

图 4-15 活动工期的表示(单代号网络图)

双代号网络图的活动工期估计一般在箭头下方表示出来(如图 4-16)。

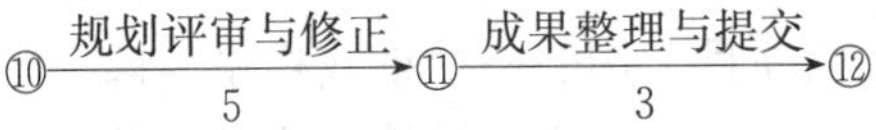

图 4-16 活动工期的表示(双代号网络图)

如何估计活动工期?这个问题应在计划阶段解决。在项目的执行阶段,我们关注的是图中表示的工期如何实现。经验表明,在计划时,让某项活动的负责人进行该项活动的工期估计是较好的做法。这样,既可以得到活动负责人的承诺,又可以减少由某一个人进行所有活动工期的估计所产生的偏差。

图 4-17 和图 4-18 给出的是某市现代农业产业示范园规划设计项目用节点表示活动(单代号)和用箭头表示活动(双代号)两种形式的网络图,每项活动的工期估计用天数表示。在网络图中每项活动的工期估计都需用同一时间单位,如小时、天、周等。在用箭头表示活动形式的网络图中,由于定义虚活动的工期为零,所以虚活动上时间不必标注。

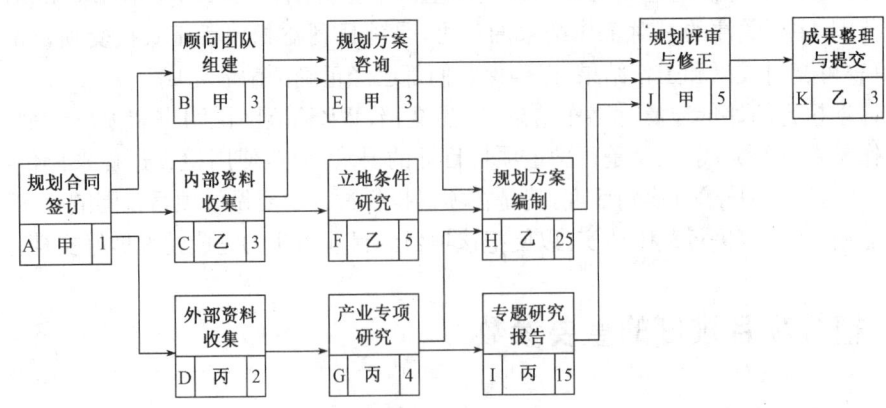

图 4-17 有工期估计的现代农业园规划设计项目(单代号)

细心的读者可以发现:此处图4-17与图4-5结构是类似的,只是图4-17中每一个节点方框的右下角,标注了活动工期。

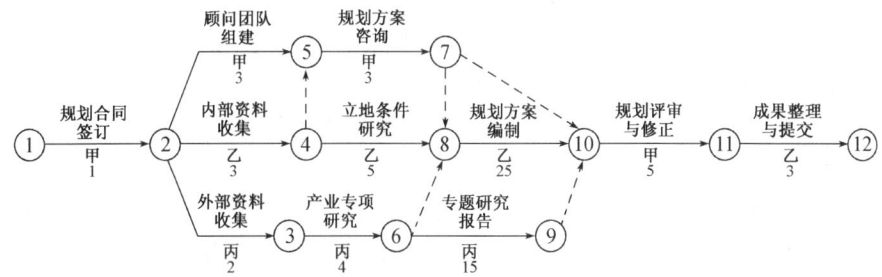

图4-18 附有工期估计的现代农业园规划设计项目(用箭头线表示活动)

此处,图4-18与图4-14结构是类似的,只是图4-18中每一个活动的箭头线下面,标注了该项活动的负责人和活动工期。

2. 项目的总工期:项目开始和结束时间

为建立一个用所有活动工期来计算进度的基准,有必要为整个项目选择一个预计开始时间(estimated start time)和一个要求完工时间(required completion time)。这两个时间(或日期)规定了项目必须完成所需的时间段,或说规定了项目必须完成的时间限制。

项目的要求完工时间通常是项目目标的一部分,在项目合同中已经明确。一般情况下,预计开始时间和要求完工时间都要在合同中明确,例如,某项目合同中明确要求,项目将在2017年6月12日之后开始并且必须于2017年8月10日前完成。

然而,承约商只有在客户已经同意合同后才会承诺在特定的日期内完成项目。在一些情况下客户可能会声明"项目在合同生效后42天内完成"。此时,项目工期就是用时间段的形式来表示的,而不是特定日期。例如,在《某市现代农业园规划设计项目》的合同中,项目必须在42个工作日之内完成。若我们定义项目预计开始时间为零,那么它的要求完工时间点应是第42天。

如果已经估计出网络图中每项活动的工期和项目必须完成的时间段,就必须根据活动的工期和先后顺序来确定这些活动是否能在要求时间内完成。为解决这个问题,可以计算出一个项目进度,为每项活动提供一个时间表,明确以下内容:

(1) 在项目预计开始时间(或日期)的基础上,每项活动能够开始和完成的最早时间(或日期)。

(2) 为了在要求完工时间(或日期)内完成项目,每项活动必须开始和完成的最迟时间(或日期)。

3. 最早开始时间和最早结束时间

对每项活动的执行来说,明确最早开始和最早结束时间是很有意义的,项目各项活动的各项资源的配置,应该在最早开始时间到位。

以项目预计开始时间为参照点,结合各项活动本身的时间,就可以为每项活动计算出最早开始和最早结束时间。

最早开始时间(earliest start time,ES)是指某项活动能够开始的最早时间,它可以在项目的预计开始时间和所有紧前活动的工期估计基础上计算出来。

最早结束时间(earliest finish time, EF)是指某一活动能够完成的最早时间,它可以在项目活动最早开始时间的基础上加上这项活动的工期估计计算出来,即:

$$EF = ES + 工期估计$$

ES 和 EF 是通过正向计算得到的,即从项目开始沿网络图到项目完成进行计算。在进行这些正向计算时必须遵守一条规则:

规则 1 某项活动的最早开始时间必须相同或晚于直接指向这项活动的所有活动的最早结束时间中的最晚时间。

图 4-19 是用单代号网络图绘制的某市现代农业产业示范园规划设计项目最早开始时间和最早结束时间网络图。该图中节点的左上角为该活动的最早开始时间,节点的右上角为该活动的最早结束时间。

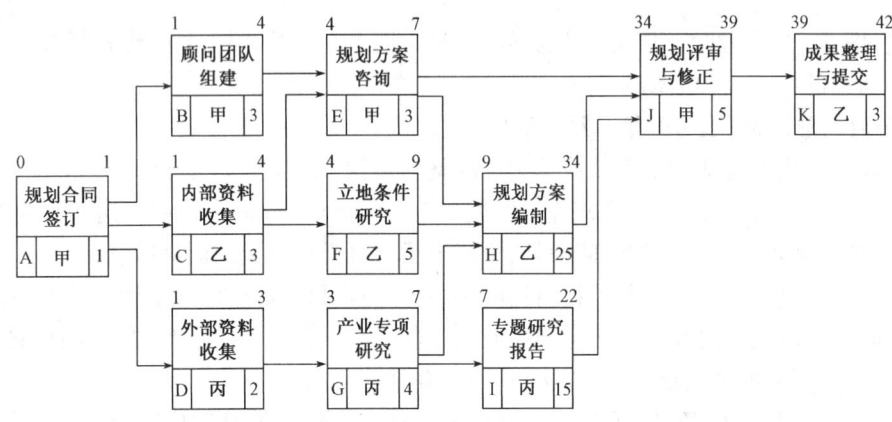

图 4-19 最早开始时间和最早结束时间(用单代号网络图表示)

图 4-20 是用双代号网络图绘制的某市现代农业产业示范园规划设计项目最早开始时间和最早结束时间网络图。该图中箭头线的左上角为该活动的最早开始时间,箭头线的右上角为该活动的最早结束时间。

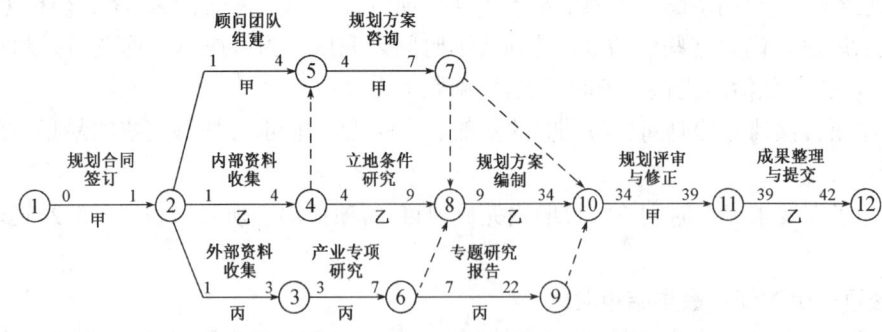

图 4-20 最早开始时间和最早结束时间(用双代号网络图表示)

图 4-19 和图 4-20 是利用网络图计算现代农业园规划设计项目最早开始时间和最早结束时间的例子。计算特点是正向计算:项目预计开始时间记为 0,这样,最早的活动"规划合同签订"可以开始的时间就为 0,由于它的预计工期为 1 天,它最早能在 1 天后完成。当"规划合同签订"在第 1 天完成时,"顾问团队组建""内部资料收集"和"外部资料收集"就可以开始了。

"顾问团队组建"的预计工期为3天,所以它的ES为第1天,EF为第4天;"内部资料收集"的预计工期为3天,所以它的ES为第1天,EF为第4天;"外部资料收集"的预计工期是为2天,所以它的ES为第1天,EF为第3天。

请注意"规划评审与修正"活动,它的ES为第34天。按照规则1,"规划评审与修正"只有在直接指向这一活动的三个活动完成之后才能开始。"规划方案咨询"在第7天之前不会完成,"专题研究报告"在第22天之前不会完成,"规划方案编制"在第34天之前不会完成,既然"规划评审与修正"只有这三项活动完成之后才能开始,那么"规划评审与修正"在第34天之前不会开始。

为了交流和管理方便,也何以将图4-19或图4-20中的最早开始时间和最早结束时间的参数值取出来列表表示。如表4-4所示。

表4-4 现代农业园规划设计项目最早开始和结束时间

	活　动	负责人	工期估计	参数名称	
				最早开始时间	最早结束时间
A	规划合同签订	甲	1	0	1
B	顾问团队组建	甲	3	1	4
C	内部资料收集	乙	3	1	4
D	外部资料收集	丙	2	1	3
E	规划方案咨询	甲	3	4	7
F	立地条件研究	乙	5	4	9
G	产业专项研究	丙	4	3	7
H	规划方案编制	乙	25	9	34
I	专题研究报告	丙	15	7	22
J	规划评审与修正	甲	5	34	39
K	成果整理与提交	乙	3	39	42

4. 最迟开始时间和最迟结束时间

在项目网络图上,如果以项目的完工时间作参照点,从后向前应用上述方法,就可以为每项活动计算出另外两组重要参数值:最迟结束时间和最迟开始时间。

最迟结束时间(latest finish time, LF)是指为了使项目在所要求的时间内完成,某项活动必须完成的最迟时间,它可以在项目的要求完工时间和各项紧随活动工期估计的基础上计算出来。

最迟开始时间(latest start time, LS)是指为了使项目在要求完工时间内完成,某项活动必须开始的最迟时间,它可以用这项活动的最迟结束时间减去它的工期估计算出,即:

$$LS=LF-工期估计$$

在项目网络中,LF和LS可以通过反向推算得出,即从项目完成沿网络图到项目的开始进行推算。在进行这类计算时,必须遵守另一条规则:

规则2 某项活动的最迟结束时间必须相同或早于活动直接指向的所有活动最迟开始时

间的最早时间。

图 4-21 是在图 4-19 的基础上绘制的。它应用"规则 2"将各项活动的最迟开始时间和最迟结束时间计算出来,并且分别在节点方框的左下角和右下角标注出来。

图 4-22 是在图 4-20 的基础上绘制的。它应用"规则 2"将各项活动的最迟开始时间和最迟结束时间计算出来,并且分别在活动箭头线的左下方和右下方标注出来。

如此,在图 4-21 中,每个节点方框内外,共有 5 个时间参数:最早开始时间、最早结束时间、最迟开始时间、最迟结束时间,还有活动本身估计时间;在图 4-22 中,每个箭头线上下,也有上述 5 个时间参数。

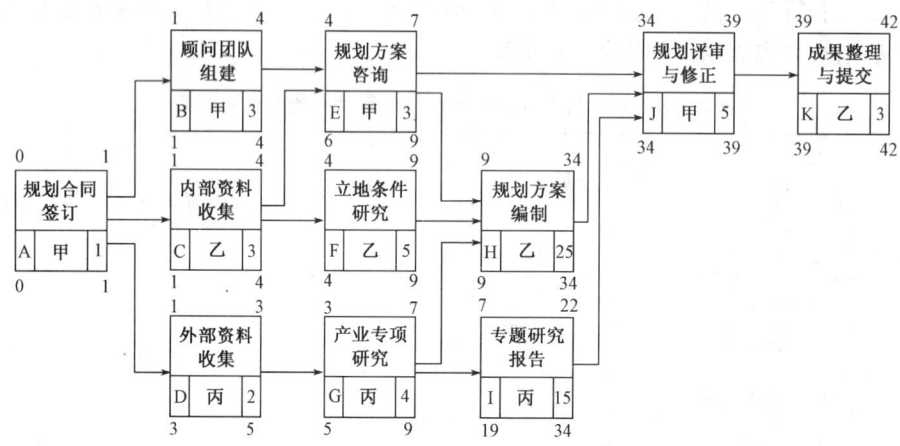

图 4-21 附有 5 个时间参数的现代农业园规范设计项目网络图(用单代号网络图绘制)

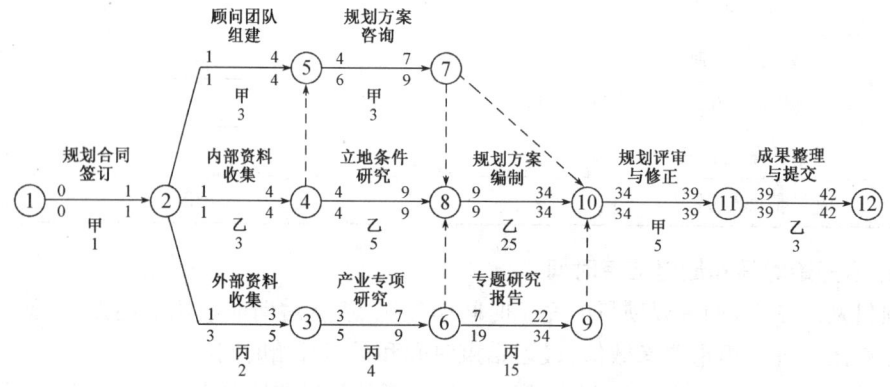

图 4-22 附有 5 个时间参数的现代农业园规划设计项目网络图(用双代号网络图绘制)

图 4-21 和 4-22 所示的现代农业园规划设计项目最迟开始时间和最迟结束时间计算的例子。计算过程从右向左,逆向进行。由于整个项目的要求完工时间为 42 个工作日,因此,最后一项活动"成果整理与提交"的最迟结束时间为第 42 天,由于"成果整理与提交"的预计工期为 3 天,所以这项活动的最迟开始时间应为第 39 天。为了使"成果整理与提交"在第 39 天开始,"规划评审与修正"完成的最迟时间应是第 39 天。如果"规划评审与修正"的 LF 是第 39 天,那么它的 LS 是第 34 天,因为它的预计工期 5 天。前面各项活动的 LF 和 LS 可以用同样方法算出,即沿网络图继续反向推算。

注意活动"产业专项研究",为保证整个项目在其要求完工时间(42天)内完成,必须使得"产业专项研究"直接指向的两项活动在它们各自的 LS 时间能够开始。根据规则 2,"产业专项研究"必须在其直接指向的两项活动中最早的 LS 时间提前完成。两项活动中 LS 较早的是"规划方案编制",为第 9 天,所以"产业专项研究"的最迟结束时间是第 9 天。

如果要继续推算网络图中每项活动的 LF 和 LS,可以发现第一项活动"规划合同签订"的 LS 是第 0 天,这说明了与要求完工时间相同,未能提前。

值得注意的是,若"规划合同签订"的 LS 是第 1 天,则说明项目与要求完工时间提前 1 天完成。这个 1 天的差距等于我们沿网络图正向推算 ES 和 EF 时得到的差距。

与最早开始和最早结束时间一样,最迟结束时间和最迟开始时间也可以单独列表,以便于管理和交流。表 4-5 是将 5 个时间参数汇总在一起,这样检查起来一目了然。

表 4-5 现代农业园规划设计项目 5 个时间参数一览表

活动		负责人	工期估计	最早		最迟	
				开始时间	结束时间	开始时间	结束时间
A	规划合同签订	甲	1	0	1	0	1
B	顾问团队组建	甲	3	1	4	1	4
C	内部资料收集	乙	3	1	4	1	4
D	外部资料收集	丙	2	1	3	3	5
E	规划方案咨询	甲	3	4	7	6	9
F	立地条件研究	乙	5	4	9	4	9
G	产业专项研究	丙	4	3	7	5	9
H	规划方案编制	乙	25	9	34	9	34
I	专题研究报告	丙	15	7	22	19	34
J	规划评审与修正	甲	5	34	39	34	39
K	成果整理与提交	乙	3	39	42	39	42

5. 总时差

在现代农业园规划设计项目中,最后一项"成果整理与提交"活动的最早结束时间和项目要求完工时间之间没有时间差距。若最后一项活动的最早结束时间和项目要求完工时间之间有时间差距,则这个差距叫做总时差(total slack,TS),有时也叫浮动量(float)。在本例中,总时差为零,表明这个项目没有时间余量。

(1) 总时差的作用

如果总时差为正值,表明这条路径上各项活动花费时间总量可以延长,而不必担心会出现在要求完工的时间内项目无法完成的窘况。反之,如果总时差为负值,则表明在这条路径上有些活动要加速完成以减少整个路径上花费的时间总量,才能保证项目按期完成。如果总时差为零,则在这条路径上各项活动不用加速完成但也不能拖延时间。

某一路径上的总时差是由该路径上所有活动共享的。

【例 4-2】 如何理解总时差的含义

考虑下图所示项目:要求完工期不超过 22 天。

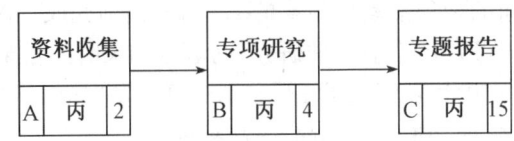

项目最早能在第 21 天完成(三项活动的工期总和,即 2+4+15),而项目的要求完工时间是第 22 天,所以这条路径上的三项活动可以延迟 1 天而不会影响项目的按期完成。这不是说每项活动都可以延迟 1 天(因为这将产生 3 天的总延迟量),而是构成这条路径所有活动的总延迟量是 1 天。

(2) 总时差的计算

总时差可以用活动的最迟结束(开始)时间减去它的最早结束(开始)时间算出,即时差等于最迟结束时间与最早结束时间的差值,或最迟开始时间与最早开始时间之间的差值,两种计算方法得出的结果是相等的。

$$总时差(TS)=LF-EF \text{ 或总时差}(TS)=LS-ES$$

在【例 4-1】"现代农业园规划设计项目"中,$LF=42, EF=42$,所以总时差:

$$TS=LF-EF=42-42=0$$

6. 关键路径

在大型网络图中,从项目开始到项目完成有许多条路径,就像从南京到北京有许多条路可以走一样。如果 20 人同时从南京出发,每个人都沿着不同路径到北京,只有在最后一个人到达后他们才能完成聚会,这最后一人就是走最长路径(花费时间最多)的人。在项目网络图上,只有最长(花费时间最多)的活动路径完成之后,项目才算结束。这条在整个网络图中最长的路径就叫关键路径(critical path)。

确定构成关键路径活动的一种方法是找出那些具有最小时差的活动。用每项活动的最迟结束时间减去最早结束时间(或最迟开始时间减最早开始时间,两种算法结果相同),然后,找出所有具有最小值(要么正时差最小,要么负时差最大)的活动,所有这些活动都是关键路径的活动。

图 4-23 和图 4-24 是【例 4-1】现代农业园规划设计项目的标明关键路径的网络图。

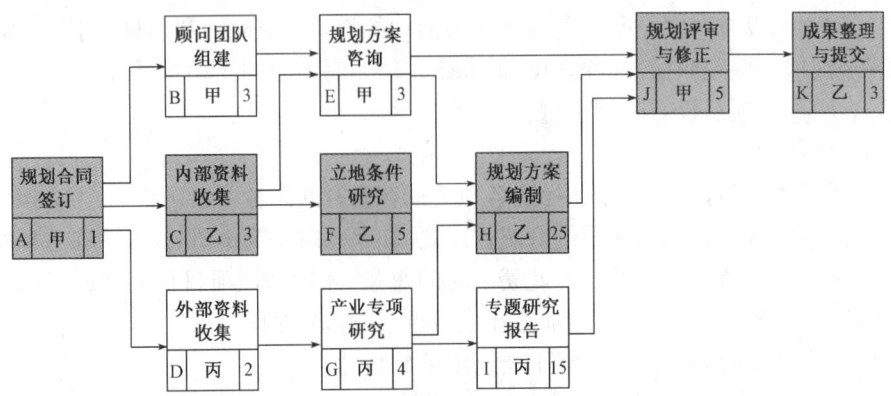

图 4-23 标明关键路径的现代农业园规划设计项目网络图(用单代号网络图绘制)

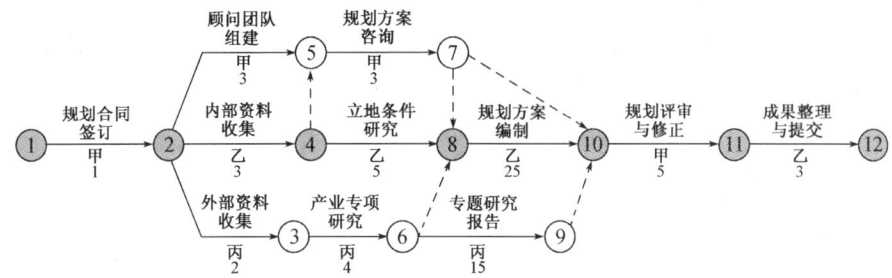

图4-24 标明关键路径的现代农业园规划设计项目网络图(用双代号网络图绘制)

对项目中各项活动的总时差,也可以汇总到"参数一览表"中,这样便于检查和交流。表4-6就是某市现代农业产业示范园规划设计项目计划执行参数一览表,其中包含了各项活动的总时差。表中总时差最小的活动,就是关键路线上的活动。

表4-6 现代农业范园规划设计项目计划执行参数一览表

活 动		负责人	工期估计	最 早		最 迟		总时差
				开始时间	结束时间	开始时间	结束时间	
A	规划合同签订	甲	1	0	1	0	1	0
B	顾问团队组建	甲	3	1	4	1	4	0
C	内部资料收集	乙	3	1	4	1	4	0
D	外部资料收集	丙	2	1	3	3	5	2
E	规划方案咨询	甲	3	4	7	6	9	2
F	立地条件研究	乙	5	4	9	4	9	0
G	产业专项研究	丙	4	3	7	5	9	0
H	规划方案编制	乙	25	9	34	9	34	0
I	专题研究报告	丙	15	7	22	19	34	12
J	规划评审与修正	甲	5	34	39	34	39	0
K	成果整理与提交	乙	3	39	42	39	42	0

7. 自由时差

有时,需要计算另一种时差——自由时差(free slack)。它是指某项活动在不影响其紧随活动最早开始时间的情况下,可以延迟的时间量。这是指向同一活动的各项活动总时差之间的相对差值。先找到指向同一活动的各项活动总时差的最小值,然后用这几项活动的总时差分别减去这个最小值就可算出自由时差。既然自由时差是指向同一活动的各项活动的总时差间的相对差值,那么,只有在两项或更多项活动指向同一活动时才存在自由时差。同时,由于自由时差是指向同一活动的各项活动的总时差间的相对差值,因此自由时差总为正值。

为了解释自由时差,我们看图4-19现代农业园规划设计项目中自由时差的例子。活动H和活动I都指向活动J,活动H和I的总时差值分别为0和12,这两个值中较小的是活动H的总时差0,则活动E的自由时差为12-0=12天,说明活动I"专题研究报告"有12天的自由时差可以自由滑过而不会延迟活动J"规划评审与修正";同样,活动E、F和G都指向活动H,

活动 E、F 和 G 的总时差值分别为 2、0 和 2，则这三个值中较小的活动 F 的总时差为 0，则活动 E 的自由时差为 2-0=2 天，活动 G 的自由时差为 2-0=2 天，即活动 E"规划方案咨询"和活动 G"产业专项研究"有 2 天的自由时差可以滑过而不会延迟活动 H"规划方案编制"。

在项目的计划执行过程中，对有自由时差的活动也要定期检查，以免"大意失荆州"。

4.4 进度控制

4.4.1 影响项目进度的因素

项目进度的影响因素主要有以下几方面。

(1) 人力资源

执行项目的人员数量和素质与预计的相比有较大的差距，导致项目不能按照预计的时间表推进。如项目团队的技术骨干中途离开，新的替补人员一时又不熟悉相关的程序或与其他队员的配合出现问题等，会影响整体项目的进程。

(2) 其他资源

项目中使用的其他资源，如材料、设备、资金等不能按计划提供，或提供的资源的数量、质量不能满足要求。

(3) 环境

受不利的环境因素的影响，如不良的气候条件、不可预见的地质条件等自然条件的影响，阻碍了计划的执行。对农业规划设计项目而言，因甲方需求不明确或变更较大等外部环境因素，往往是导致工期延迟的一个重要因素。

(4) 多重任务

承约商或公司内部的项目团队承担了若干项并行的任务，导致不能按照预先的计划投入足够的力量，导致项目延迟。

(5) 拖延

项目实施人员未能认识到计划的必要性，认为计划仅是形式而并不完全按计划执行或完全不按计划执行，从而造成实施与计划脱节。美国项目管理专家 John M. Nicholas 则认为人的天性是等到较迟的时间开始，人们往往会不自觉地去除任务中的所有松弛时间，而将任务挤到关键路线上，从而增加了项目延期的可能性。

(6) 任务可变性

完成一项任务的时间是可变的：有些任务比预期完成得早，而另一些则较晚。但在项目中，提前完成的任务和落后的任务对项目工期的影响不会相互抵消，而只有落后的任务在起作用。例如，关键路线上的一项原计划需要 10 天完成的任务，提前 3 天完成了，其后续任务未必提前 3 天启动；但如果延迟 3 天完成，那么它后续的任务就一定是延迟 3 天才启动。在大多数例子中，那些负责后续项目的人，或者不知道前项任务提前完成了，或者知道自己的任务可以提前开始，却没有资源提前开始。

当活动平行开展时也会遇到类似的情况。如图 4-25 所示的任务 D 有 A、B、C 三个紧前任务,假定A提前8天、B提前6天、C延迟2天完工,虽然总的算下来平均提前4天完工,但实际上,D必须等到C完成后才能开工,所以总体进度实际延迟了2天。

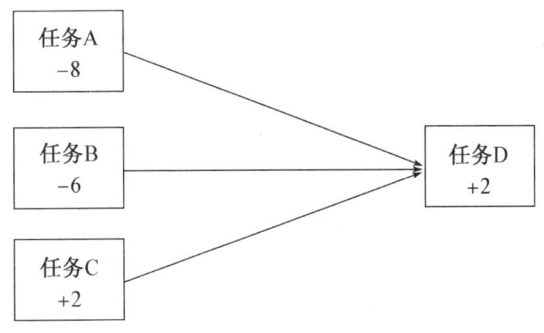

图 4-25 前置任务提前与拖延的影响

4.4.2 控制进度延迟的准则

控制项目进度,保证工期不被延迟,可以在项目管理中采用以下几项指导性准则。

(1) 与多重任务倾向做斗争

不要把工作队伍的力量分散到其他任务或项目中而打断特定任务或项目的工作。可以采用确定优先次序的办法,保证在同一时间持续地从事一项任务或项目,直至该任务的完成。这不仅可以减少完成一项任务的总持续时间,也告诉了团队成员应专注的部分。

(2) 在进度表中加入时间备用

就是设计一个时间储备,将项目计划图中的最迟结束时间提前一个时间段。一般时间备用设置在两处:一是在项目网络中每个通向关键路径的支路的终点;二是设置在整个项目关键路径的终点。时间备用的大小依赖于已知项目任务的可变性或不确定性,它的范围可以从10%到50%。

需要注意的是:当人们知道尚有多余的可用时间时,大多数人的天性总是拖延或懈怠。因此项目经理不应该公布时间备用,而应强调已经提前的工期。国外的经验表明,如果项目经理只公布最早开始与最早结束时间(不公布最迟开始时间和最迟结束时间),可以增加按时完成的可能性。

(3) 经常汇报预期完成时间

为了对活动做充分准备以便在尽可能早的时间开始,应及时通报前置活动的进展信息。特别是在对时间极端敏感的项目中,每项活动应该按日汇报,并指出还需要多少天能够完成以及下一项活动预计可以开始的最早日期。对于关键路径上的活动,一旦紧前任务完成,工作团队就应该停止一切其他无关的事情而开始项目活动。关于项目进展的连续性报告,有利于项目团队利用时间获取额外的资源,并迅速结束其他与项目无关的事情。

(4) 公布工期拖延的后果

将项目超出工期的后果通知给所有项目团队成员、分包商、供货商以及有关人员。在很多情况下,项目经理并不清楚拖延工期的后果,这样,他和其他项目干系人就不会特别关注项目进度的延迟。一项完善的项目合同应该在合同条款中说明延期完工的罚则和提前完成的奖励政策,在项目合同中,项目经理可以向预算中追加作为激励员工按工期完成任务的奖金。

4.4.3 项目进展的跟踪与报告

为了实施对项目工期的控制,首先需要对项目进程进行观测跟踪,然后,将观测跟踪获得的有关信息及时报告给有关干系人。这是项目控制的基础工作和重要工具。

对项目进程进行观测跟踪的方法有日常观测跟踪和定期观测跟踪两种。

1. 日常观测跟踪

日常观测跟踪是不间断地观测进度计划中所包含的每一项工作的实际开始时间、实际完成时间、实际持续时间、目前状况等内容,随时加以记录,以此作为进度控制的依据。记录的方法有实际进度前锋线法、图上记录法、报告表法等。

(1) 实际进度前锋线记录法

实际进度前锋线,是一种在时间坐标网络中记录实际进度情况的曲线,简称为前锋线。它是网络计划执行过程中,某一时刻正在进行的各工作的实际进度前锋的连线。前锋线可以一目了然地反映项目进展的全貌。

(2) 图上记录法

当采用非时标网络计划时,可直接在图上用文字或符号记录。若进度计划是横道图,则可在图中用不同的线条分别表示计划进度和实际进度。随着项目的完成,可绘制实际进度网络图,该图表达了各工作实际开工、完工时间,并将项目进展中出现的问题、影响因素等反映在图中。绘制实际进度网络图,可以帮助项目团队对实际进展与计划进展不相符合的情况进行分析,有助于计划工作的总结和资料的积累。

(3) 报告表法

将实际进度状况反映在表上,即为报告表法。报告表法的具体表现形式及内容应根据报告表的形式而定。

2. 定期观测跟踪

定期观测跟踪是指每隔一定时间对项目进度计划的执行情况进行一次较为全面、系统的观测、检查。间隔时间因项目类型、规模、特点和对进度计划执行要求程度的不同而异,可以一日、双日、三日、五日、周、旬、半月、月、季、半年等为一个观测周期。

观测、检查的重点内容如下:

(1) 观测、检查项目的关键性工作的进度和关键线路的变化情况,以便采取措施调整或保证计划工期的实现。

(2) 观测、检查项目的非关键性工作的进度,以便更好地发掘潜力,调整或优化资源,以保证关键工作按计划实施。

(3) 观测、检查项目各项活动之间的逻辑关系变化情况,以便适时进行调整。

(4) 观测、检查有关项目范围、进度计划和预算变更的信息。这些变更可能由客户或项目团队引起,也可能由某种不可预见事件的发生所引起。

(5) 观测、检查有利于项目进度动态监测的组织工作,使观测、检查具有计划性,成为例行性工作。

3. 两种方法的综合运用

在实际工作中,任何连续性的观测跟踪,其数据采集也是有一定的时间间隔的。所以,上述的日常观测跟踪的实施与报告,可以与定期观测跟踪相结合。日常跟踪采用定期采集数据的原理和口径;而定期跟踪,以日常观测的数据积累为前提。

在实际工作中,还可以运用项目管理软件来协助进行跟踪。目前常用的项目管理软件包括 Microsoft Project、P3(Primavera Project Planner)、梦龙 PERT 项目管理智能软件系统等等。这些软件除了可以以里程碑、横道图、日历、网络图的方式显示进度表外,还可以用来跟踪进度及任务完成情况,以及产生项目的现金流、人力资源成本费用情况等报表信息。特别是当一项活动正在进行中或已经完成时,可将当前信息输入系统,软件会自动更新进度。同样地,如果未来活动的预计工期发生了变更,软件会自动根据输入系统的这些变更更新进度计划。软件生成的全部网络图、表格和报告均会被更新,以反映最新信息。

4. 项目进展报告

项目管理人员应在观测跟踪的基础上,及时汇总影响进度的变更和因素,并及时记录在项目进展报告中,通过项目进展报告与有关干系人进行沟通,或直接控制未来的进程。

项目进展报告是记录检查结果、项目进度现状和发展趋势等有关内容的最简单的书面形式报告。项目进展报告根据不同的报告对象,确定不同的编制范围和内容,一般分为项目概要级进度控制报告、项目管理级进度控制报告和业务管理级进度控制报告 3 种。

(1) 项目概要级进度控制报告——以整个项目为对象说明进度计划执行情况。

(2) 项目管理级进度控制报告——以分项目为对象说明进度计划执行情况。

(3) 业务管理级进度控制报告——以某重点部位或重点问题为对象通报有关情况。

项目进展报告的报告期应根据项目的复杂程度和时间期限以及项目的动态观测跟踪方式等因素确定,可考虑与定期观测的间隔周期相一致。一般来说,报告期越短,越早发现问题并采取纠正措施的机会就越多。

一份标准而全面的项目进展报告至少应包括以下内容:

(1) 本报告期间取得的主要成果和达到的关键性目标,项目工作量完成情况以及里程碑实现情况。

(2) 与计划相比,项目的成本、进度和工作范围的实施情况,以及完成工作的质量情况。

(3) 前期遗留问题的解决情况,本报告期间发生的问题及存在的隐患,计划采取的改进措施及理由。

(4) 下一个报告期内期望达到的目标及预期实现的里程碑。

4.4.4 项目进度计划的变更

在项目执行中,有些工作会按时完成,有些会提前完成,而有些工作则可能会延期完成,所有这些都会对项目的未完成部分产生影响。引起项目进度变更的原因也很多,如客户要求的变化、项目成员工作效率下降或工作出错、意外情况的发生等。由于各种因素的影响,项目进度偏离计划的情况是必然会发生的。

当项目实际进度偏离计划进度,并对项目进度计划的总目标或后续工作产生影响时,就必须采取控制措施。项目的控制措施,一方面是加强对项目资源的优化配置,采取技术上的和组织上的必要措施来减少偏差;另一方面,要根据项目进展的现状和实施的现有条件,对项目进度计划进行调整,使项目计划以及相关图表仍然对后续的工作有指引和控制作用。两方面的努力,都是为了保证项目进度目标的实现。

进度计划的调整情况主要有三种:改变相关工作之间的逻辑关系,改变相关工作的持续时间,改变工作的起止时间。

1. 改变相关工作之间的逻辑关系

各工作之间的逻辑关系与项目作业方法有关,常见的作业方法有依次作业、平行作业和流水作业等。其中,依次作业所需时间最长,平行作业的时间最短,流水作业居于两者之中。当我们需要缩短项目某个阶段的实施时间时,我们可以通过调整这一阶段各工作的作业方法,即改变各工作之间的逻辑关系来达到此目的。

这种调整方法,各工作所需资源总量和工作持续时间并无变化,只是各工作的时间安排有所改变,因而资源分布将会有所变化。各工作之间的搭接关系也较为复杂,对项目实施的组织协调工作要求较高。但是,当原进度计划安排已充分考虑了各工作的合理搭接,其作业方式已接近最短工期时,这种调整方法的作用将受到限制。

2. 改变相关工作的持续时间

在对进度计划进行调整时,还可通过增加关键线路上关键工作的资源量,从而缩短其持续时间的方法来达到缩短进度计划总工期的目的。此时,各工作间的逻辑关系并不改变,只是增加一些关键工作的资源投入量。

另外,在项目进度计划实施过程中,也可能出现某项工作进度超前的情况,如这项工作超前完成对后续工作的协调不会带来什么影响,这时无须进行调整。但当该工作提前完成,会打乱对材料、设备、人力、资金等资源的前期节奏安排,造成协调工作的困难和项目实施费用的增加时,即应通过减少资源投入量或改变资源分配的方法对其进度进行调整,使其进度减慢,以使不利影响减少到最低程度。

3. 改变工作的起止时间

一变都变。无论是工作之间的逻辑关系的变化,还是相关工作持续时间的变化,都会对原来计划网络图上的各项后续工作(活动)的起始时间产生影响。因此,必须对整个计划的各项工作最早开始时间和结束时间、最迟开始时间和结束时间进行刷新。

仍以用"现代农业园规划设计项目"为例来说明进度计划的变更。假定,"内部资料收集"因难度较大估计需 5 天时间,"顾问团队组建"因故需 4 天,如图 4-26 反映了这一变更。

图 4-26 与图 4-17(附有工期估计的网站建设项目)相比,节点 B 和节点 C 的数据(活动持续时间)都变更了。在这种情况下,所有后续的节点的最早开始时间和最早结束时间都会发生变化。

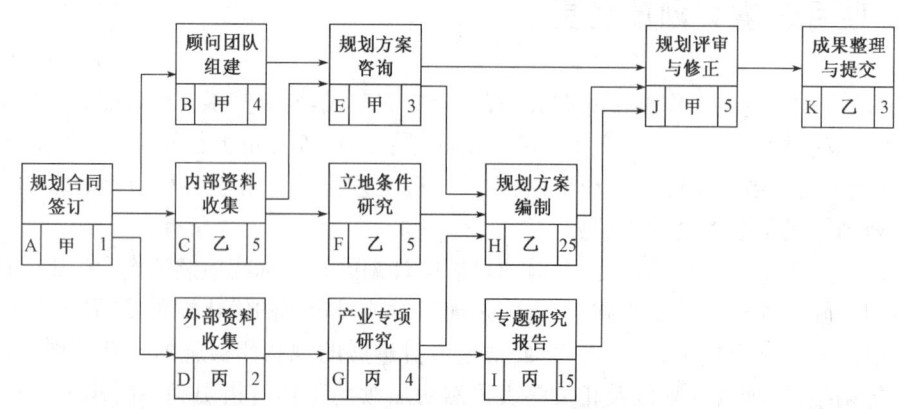

图 4-26 变更后的现代农业园规划设计项目网络图

参考答案

课后练习
Exercise Four

一、选择题

（一）单项选择题

1. 横道图在决定（　　）方面有用处。
   (A) 任务的优先级　　　　　　　(B) 任务何时开始何时结束
   (C) 任务之间如何关联　　　　　(D) 安排谁去执行一项任务

2. 项目工作的逻辑关系和持续时间确定了，就能够提供（　　）的信息并确立（　　）。
   (A) 高风险项目，非关键路径
   (B) 劳动力短缺，高风险项目
   (C) 每项工作的时差，高风险项目
   (D) 每项工作的时差，关键路径

3. 计划执行不包括（　　）。
   (A) 责任矩阵　　(B) 范围基准　　(C) 工作描述　　(D) 项目组织

4. 节点在单代号网络图中表示（　　）。
   (A) 一项工作　　(B) 一个事件　　(C) 时差　　(D) 线路

5. 项目工期紧张时你会集中精力于（　　）。
   (A) 尽可能多地工作
   (B) 非关键工作
   (C) 加速关键线路上工作的执行
   (D) 通过降低成本加速执行

6. 进度管理的过程是（　　）。
   (A) 工作排序、工作界定、工作持续时间的估计、编制进度计划、进度计划控制
   (B) 工作界定、工作排序、编制进度计划、工作持续时间的估计、进度计划控制
   (C) 工作界定、工作排序、工作持续时间的估计、编制进度计划、进度计划控制
   (D) 编制进度计划、工作排序、工作界定、工作持续时间的估计、进度计划控制

7. 甘特图的主要缺点是（　　）。
   (A) 不能反映工作分解结构　　　(B) 不能反映日历时间
   (C) 不能反映事件的相互关系　　(D) 不能反映人力资源计划

8. 双代号网络计划中的虚工作表示（　　）。
   (A) 工作逻辑关系　　　　　　　(B) 资金消耗

(C) 材料消耗 (D) 进度中断

9. 在没有以往经验的情况下,最常用的确定里程碑事件的方法是( )。
(A) 头脑风暴法 (B) 类比判断法
(C) 资料统计法 (D) 运筹学的方法

10. 表示主要可交付成果的开始或完成时间点的计划称( )。
(A) 横道计划 (B) 双代号网络计划
(C) 单代号网络计划 (D) 里程碑计划

11. 项目的自由时差是指不影响( )和有关时限的前提下,一项工作可利用的机动时间。
(A) 紧后工作的最迟开始时间 (B) 紧后工作的最早开始时间
(C) 紧后工作的最迟完成时间 (D) 紧后工作的最早完成时间

12. 可通过( )缩短进度计划总工期。
(A) 在任何工作上均增加资源量 (B) 在非关键工作上增加资源量
(C) 部分工作增加作业班次 (D) 增加关键工作资源量

13. 项目进度调整的方法不包括( )。
(A) 改变工作的起止时间 (B) 改变项目工期
(C) 改变相关工作持续时间 (D) 改变相关工作之间的逻辑关系

14. 以时间坐标为尺度绘制的网络图被称为( )。
(A) 横道图 (B) 单代号网络图
(C) 搭接网络图 (D) 时标网络图

15. 一位职能经理在你的 PERT 网络图中向你提供了三项他的活动估计,他的乐观估计是 2 周,最可能的情况是 4 周,悲观估计是 12 周。那么在图上出现的期望时间是( )。
(A) 2 周 (B) 5 周 (C) 6 周 (D) 12 周

(二)多项选择题

1. 项目进展报告包括( )。
(A) 质量标准 (B) 范围变化
(C) 对偏差的预测 (D) 未来的措施
(E) 费用和进度

2. 项目时间管理的技术与方法有( )。
(A) 项目管理软件 (B) PERT
(C) 德尔菲法 (D) WBS
(E) 资源平衡

3. 利用横道图、CPM、PERT 等进行项目计划时,选择哪一种方法取决于( )。
(A) 项目的复杂程度,项目的规模大小
(B) 对项目细节掌握的程度
(C) 项目的紧急性
(D) 成本估计时是否利用了以前的经验
(E) 项目经理的偏好

4. 工作持续时间的估算方法有( )。
(A) 类比估算法 (B) 专家判断法
(C) 运筹学法 (D) 资料统计法

(E) 三点估计法
5. 对项目计划的执行情况进行分析时,可以用到的技术有( )。
   (A) 偏差分析　　　　　　　　　(B) 趋势分析
   (C) 敏感性分析　　　　　　　　(D) 专家评审
   (E) 挣值分析

二、思考题

1. 项目进度管理的主要内容和过程有哪些?
2. 举例说明如何用甘特图对项目进度进行管理。
3. 项目进度计划常用的表现形式有哪些,有什么作用?
4. 描述 CPM 法和 PERT 法,并比较二者的优劣。
5. 项目进展报告一般包括哪些内容? 试描述其作用。

第 5 章 项目成本管理

项目成本管理是为了保证在批准的预算内完工而对成本进行规划、估算、融资、筹资、管理和控制的过程。在范围较小的项目中,成本估算和预算之间联系非常紧密,甚至可以视为一个过程,由一个人在短时间内完成。但对大多数较大项目来说估算和预算是两个不同的过程,所用工具和技术明显不同。本章将予以详细讨论。

5.1 成本管理概述

5.1.1 成本管理的核心概念及发展趋势

(1) 核心概念

项目成本管理主要关注项目活动所需要的资源之成本,但同时也要考虑项目决策对项目交付物的未来使用成本和维护成本。成本管理的另一方面是要认识到不同的相关方会在不同的时间、用不同的方法测算项目成本。在很多组织中,预测和分析产品的财务效益是在项目之外进行的,但对于有些项目(如固定资产投资项目),可在成本管理中进行预测和分析,此时项目成本管理还需要使用其他过程和许多通用财务管理技术,如投资内部收益率(IRR)分析、净现值(NPV)分析和投资回收期分析等。

(2) 项目成本管理的发展趋势

在新兴的项目成本管理实践中,人们将挣值管理(EVM)进行扩展,引入挣得进度(ES)这一概念。用 ES 和实际时间(AT)替代传统的 WVM 所使用的进度偏差测量指标(挣值减去计划价值),使用这种方法计算的进度偏差($ES-AT$)如果大于零,则表示进度提前。还可定义进度绩效指数($SPI=ES/AT$),表示项目的工作效率。

5.1.2 成本管理的主要过程与工具

成本管理过程主要包括规划成本管理、估算成本、制定预算、控制成本 4 个过程。在这四个过程中所采用的工具和技术详见表 5-1。

表 5-1 项目成本管理的主要工具和技术

工具技术名称	规划成本管理	估算成本	制定预算	控制成本
专家判断	▲	▲	▲	▲
数据分析	▲	▲	▲	▲
会议	▲			
项目管理信息系统(PMIS)		▲		▲
决策		▲		
类比估算		▲		
参数估算		▲		
三点估算		▲		
自下而上估算		▲		
成本汇总			▲	
历史信息审核			▲	
资金限制平衡			▲	
融资			▲	
完工尚需绩效指数				▲

由表 5-1 可以看出，专家判断和数据分析在每个过程中通用。项目管理信息系统(PMIS)主要用于成本估算和控制过程。在估算成本的过程中，会用得到 8 项工具和技术；制定预算的过程次之，需要运用 6 项技术；有些技术虽然仅在某个过程中出现一次，但非常重要，如控制成本过程中的完工尚需绩效指数，不仅是预测项目能否完成预计目标的不可或缺的工具，而且需要专门的知识和技能才能掌握运用。

5.2 规划成本管理

规划成本管理是确定如何估算、预算、监督、控制项目成本的过程，其目的是为项目成本管理提供指南和方向。本过程仅在项目定义时点上开展一次。

5.2.1 过程的输入与输出

（1）过程输入

项目成本规划的依据（输入）是项目章程、项目管理计划（主要指进度管理计划和风险管理计划）、事业环境因素、组织过程资产。

项目章程规定的财务资源和项目审批要求，对项目管理成本有直接影响；进度计划中确定的编制、监督和控制项目进度的准则和方法，同样适用于成本计划的编制；风险计划提供的识别、分析监控风险的方法，也会影响成本估算和控制过程；在事业环境因素中，组织文化和组织结构、市场条件、货币汇率、商业信息资源、项目管理信息系统、不同地区的生产率差异等,都会对项目成本产生影响;在组织过程资产中,财务控制程序,财务数据库,历史信息和经验教训知识库,有关成本估算和预算的政策、程序、指南等,也能对成本规划产生影响。

(2) 过程输出

本过程的输出是成本管理计划。该计划也是项目管理计划的一部分,它描述如何规划、安排和控制项目成本,包括明确所用的工具和技术。例如:计量单位、精确度(向上取整还是向下取整的程度)、准确度(如浮动区间,包括一定数量的应急储备)、组织程序链接、控制临界值、绩效测量规则、报告格式、其他细节等。

5.2.2 制定项目成本计划应重点考虑的因素

在制定项目成本计划时应考虑下述一些影响因素。

(1) 质量对项目成本的影响

项目质量是指项目交付物的质量。一般交付物质量要求越高,使用性能越好、越可靠,建造成本也越高。

(2) 工期和进度对项目成本的影响

项目成本由直接成本和间接成本组成。一般工期越长,项目直接成本越低,间接成本越高;反之,工期越短,项目直接成本越高,项目间接成本越低。

项目成本与项目进度也有关。一般情况下,项目的进度越快,项目成本越高。例如,为了加快进度,要激励员工们节假日加班,必须多付一些薪水。

因此,项目总成本可能有个最低点,对应于项目的最佳工期和进度。

(3) 资源价格对项目成本的影响

对任何项目来说,人力资源的价格、设备和材料的价格都是影响项目成本的主要因素。在做成本预算时,应做好人力资源、设备和材料的价格预测。一般来说,设备和材料的价格变动趋势可能向上也可能向下,而人力资源的价格变动趋势总是向上。

(4) 管理水平对成本的影响

管理水平对项目成本的影响是显而易见的,高的管理水平可以有效地节约成本。管理水平对项目成本的影响主要表现在以下四个方面:一是预算估算不足,实际费用大大超过计划而影响资金、设备和材料的供应,进而造成工期延误和成本增加;二是风险控制不当,造成的意外损失;三是变更控制不力,直接增加成本开支,或通过影响项目进展,而给成本控制带来不利影响;四是项目沟通不当,项目相关方未能把握和理解项目计划,导致项目的成本增加。

5.2.3 项目成本计划的编制

资源成本管理计划是本过程的输出成果。成本管理计划包括(但不限于)如下 6 个部分:一是术语定义与指标,如计量单位、精确度、准确度等;二是组织程序链接,以工作分解结构 WBS 为框架开展成本估算与控制,每个控制账户设置唯一的编码和账号,直接与执行组织的会计制度相联系;三是控制临界值;四是绩效测量规则;五是报告格式;六是其他细节。

【例 5-1】 草坪特色小镇创建项目的成本管理计划

江苏省××草坪特色小镇创建项目的成本管理计划如表 5-2 所示。

(1) 术语定义与指标

表 5-2 中工作包的定义详见本项目范围管理计划部分(图 3-1)。

表中计量单位是万元人民币;在工作包的具体实施方案中,精确度应设置到人民币元(元以下四舍五入);其准确度的可接受区间在正负 10% 之内。

(2) 组织程序链接

表 5-2 数据为三年计划基准。预算分配与小镇创建项目的工作分解结构 WBS 的框架一致,在时间节点上与进度计划一致。成本估算与控制,按 5 个子项目(项目管理、生产技术升级工程、销售服务平台建设、经营主体培育工程、草坪应用示范工程)展开,每个子项目为控制账户,在镇财政开设唯一账号,执行小镇专项财政资金的会计管理制度。项目管理办公室(PMO)负责对每个账户费用支出事项的审批(不含创投基金,创投基金成立专门公司负责管理)。

表 5-2 ××草坪特色小镇创建项目成本计划表

控制账户编码与名称	工作包编码	工作包名称	费用基准(万元)	账户控制基准(万元)
1.1 项目管理	1.1.1	规划	100	500
	1.1.2	项目申报与验收	100	
	1.1.3	信息收集与发布	200	
	1.1.4	协调资源配置	100	
1.2 生产技术升级工程	1.2.1	品种引进与培育	100	4 300
	1.2.2	沙坪推广与新工艺研究	2 000	
	1.2.3	草业研究院运作	300	
	1.2.4	农田基本建设水平提升	1 500	
	1.2.5	物联网工程	400	
1.3 销售服务平台建设	1.3.1	电商中心	200	1 100
	1.3.2	展会	300	
	1.3.3	小镇客厅建设	500	
	1.3.4	APP 推介	80	
	1.3.5	结算与票据中心	20	
1.4 经营主体培育工程	1.4.1	合作联社	200	25 500
	1.4.2	创业孵化园	3 000	
	1.4.3	创投基金	20 000	
	1.4.4	培训	1 000	
	1.4.5	上下游企业导入	1 500	

(续表)

控制账户编码与名称	工作包编码	工作包名称	费用基准（万元）	账户控制基准（万元）
1.5 草坪应用示范工程	1.5.1	景观绿化	200	1 000
	1.5.2	运动休闲	300	
	1.5.3	护坡、防止水土流失	100	
	1.5.4	生态环境修复	100	
	1.5.5	林下经济	100	
	1.5.6	创意小品	200	
成本合计			32 600	32 600

（3）控制临界值

每个账户的实际支出不得超过基准计划的10%。成本基准计划按项目进度计划的要求由各控制账户负责人列表报送项目管理办公室。

（4）绩效测量规则

① 上述资金到位与使用情况必须由子项目负责人每月报账，项目管理办公室每月汇总监督，并采用挣值法结合进度情况对项目进展予以跟踪评估。

② 在挣值管理（EVM）中用固定公式法跟踪测算EAC值。

③ 实际成本包括已经在财务报销的票据和未入账但已经发生的费用。为了保证此项数据的准确性，子项目负责人必须建立流水账簿，对每项开支随时记录。

（5）报告格式

表5-3（项目成本月报表）由子项目负责人于每月月底填报，由PMO负责汇总并做EVM分析报告。

表5-3 草坪特色小镇创建项目成本月报　　　　　　　　　　　　单位：万元

工作包代号	工作包名称	至本月计划累计成本	至本月实际累计成本	至本月实际完成进度（%）

填报人：　　　　　　　　账户编号：　　　　　　　　填报日期：

（6）其他

创投基金20 000万元的资金来源，采取政府引导、社会资本投入并运作的原则，纳入招商引资范畴。基金可在创业项目中占有股份，或按其他合法方式获取回报。

5.3 估算成本

5.3.1 估算过程

估算成本是指对完成项目工作所需资源的成本进行近似估算的过程。本过程的主要作用是确定项目所需的资金，应根据需要在整个项目期间定期开展。

估算过程的主要依据(输入信息)有：项目管理计划(包括成本管理计划、质量管理计划与范围基准)、项目文件(包括经验教训登记册、项目进度计划、资源需求、风险登记册)、事业环境因素、组织过程资产。

过程的输出是：成本估算、估算依据、项目文件更新(包括假设日志、经验教训登记册、风险登记册等)。

由表 5-1 可知，本过程使用的工具和技术包括专家判断、数据分析、项目管理信息系统(PMIS)、决策、类比估算、参数估算、三点估算、自下而上估算法。

5.3.2 主要估算工具

（1）专家判断

即向专家咨询。专家应该具有类似项目的经验，具有在本行业、学科和应用领域的知识信息，并知晓成本估算的方法。咨询的方式可以是访谈、会议、问卷等多种，或专家作为团队顾问。

（2）数据分析

主要包括(但不限于)备选方案分析、储备分析、质量成本。

备选方案分析是一种对已经识别的可选择方案进行评估的技术。例如：评估某项成果是自己制造还是外购，它们分别对项目成本、进度、资源、质量有何影响？

储备分析的目的是应付成本的不确定性，做法上可以是准备一笔备用金(或不可预见费)，通常是取成本估算值的某一百分比。备用金是成本基准的一部分，也是项目整体资金需求的一部分，随着项目的进行，其具体数值可以不断减少。

质量成本是指为保证质量而增加的成本，或因不合乎质量要求而返工所造成的成本，或成果交付后因质量问题而需要增加的维护成本。

（3）项目管理信息系统(PMIS)

通过项目管理信息系统生成电子表单，或通过其中的模拟软件和统计分析工具，快速地给出多种成本估算方案及其分析结果。

（4）决策法

通过团队成员对不同成本估算方法或结果的投票表决，提高估算的准确性和科学性，同时提高团队成员的责任心。

(5) 类比估算法

采用过去类似项目的参数或属性来估算。例如项目的范围、活动持续时间及其与成本的关系、交付物的规格与衡量指标等。

例如,规模费用图就是一种类比估算方法。如图 5-1 所示,图上的线表示过去类似项目所呈现的规模和费用的关系,图上的点是根据过去类似项目的资料描绘的,根据这些点描绘出的线体现了规模和费用之间的基本关系。这里画的是直线,但也可能是曲线。费用包括不同的组成部分,如材料、人工和运费等,这些都可以有不同的曲线。项目规模知道以后,就可以利用这些曲线找出费用各个不同组成部分的近似数字。

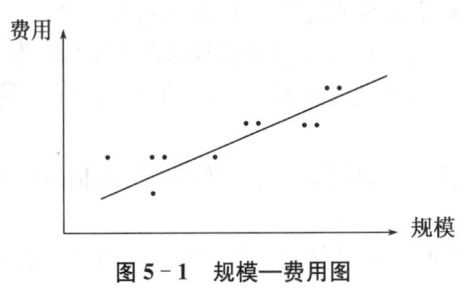

图 5-1 规模—费用图

这里要注意的是,如果项目周期较长,还应考虑到今后几年可能发生的通货膨胀、材料涨价等因素。做这种费用估算,前提是有过去类似项目的资料,而且这些资料应在同一基础上,具有可比性。

(6) 参数估算法

利用历史数据之间的统计关系和其他变量来进行估计。此类方法可以对整个项目的成本进行估算,也可以对局部活动的成本进行估计,可与其他方法结合使用。

(7) 三点估算法

考虑成本估计中的不确定性和风险,采用三点数据的均值(或加权均值)代替一点数据,以提高估算结果的准确性。三点数据指"最乐观的估计数值、最可能的估计数值、最悲观的估计数值",估计值有两种计算公式。

三角分布:估计值=(最乐观值+最可能值+最悲观值)/3
贝塔分布:估计值=(最乐观值+4×最可能值+最悲观值)/6

对重要的成本不确定性较强的工作包,以此公式计算出的估计值(其实是一种期望值),往往更符合实际情况。

(8) 自下而上估算法

先对每个工作包或单项活动的成本进行细致的测算,然后按 WBS 确定的关系框架逐层向上汇总(或"滚动")至更高层次,以便于后续跟踪和编制成本报告。自下而上估算法的准确性和本身所需要的成本,取决于工作包本身的复杂性。一般来说,只要项目各个活动的费用估计得准确,工作分解结构合理,用这种方法估算的结果和由此编制的费用计划一般比其他方法更精确。但是这种方法的估算工作量也是最大的。

【例 5-2】 续例 5-1。在表 5-2 中,某草坪特色小镇创建项目的成本就是采用自下而上的方法估算的。先对 25 个工作包分别估计其运作成本,然后依据 WBS 确定的关系,汇总至相应的控制账户,即项目管理 500 万元,产业技术升级工程 4 300 万元,销售平台建设 1 100

万元,经营主体培育 25 700 万元,草坪应用示范工程 1 000 万元,整合项目合计成本 3.26 亿元。

5.3.3 项目成本的构成

项目成本一般由项目直接费用、项目管理费用和期间费用所构成。后两项也可以并成为间接费用。

1. 项目直接费用

项目直接费用是指与项目的形成有直接关系的那部分费用。也就是说,费用的发生与项目是直接对应的。商务电子化项目的直接费用包括人工费、材料设备费、委托加工制作费用、其他直接费等。

(1) 人工费

即项目工作包的工人的工资、职工福利费和劳动保护费。

工资包括计时工资、计件工资、工资性津贴(包括流动津贴、施工津贴等)、物价补贴(包括副食品价格补贴)、加班加点工资、应计入费用的奖金和特殊情况下支付的工资。

职工福利费指按工资总额和规定标准提取的费用。

劳动保护费指按政府有关部门规定标准发放的劳动保护用品的购置费、修理费和保健费,防暑降温费和不构成固定资产的技术安全设施的摊销和维修费,技术安全措施及事故处理费等。

(2) 材料和设备费

在项目实施过程中直接从事工程所消耗的,构成项目工程实体或有助于工程形成的各种材料、结构件、设备(如计算机、交换机等)的实际费用,以及摊销及租赁费用。材料和设备的实际费用由下列 3 项组成。

一是外购物品的买价,即供应单位的发票价格(包括供销部门的手续费及运输途中定额范围内的耗损)。

二是外购物品运杂费,即由供应单位运达项目仓库前所发生的运输费用和其他费用(包括包装、搬运、装卸、仓储、整理、验收等费用,但不包括包装物押金);进口材料和设备还包括国外运费、保险费、进口关税、增值税等。

三是采购保管费,即企业的物资管理部门和仓库在组织材料设备采购、供应和保管过程中所发生的各项费用。一般包括工资、职工福利费、办公费、差旅交通费、固定资产使用费、工具用具使用费、劳动保护费、检验试验费(减检验试验收入)、材料设备整理及零星运输费、材料设备盘亏及毁损(减盘盈)和积压物资削价处理的损失、其他费用等。实行内部独立核算的材料设备供应单位,还应包括支付的银行借款利息。

(3) 委托加工制作费用,包括部分软件设计、设备制作的外包费,安装调试费以及相关的费用。

(4) 其他直接费用,即在项目实施过程中直接发生但未包括在上述名目中的其他费用。如项目可能需要一些专用的仪器、设备和工具,这些专用器具能并不常用,可以租用,支付租金。

2. 项目管理费用

项目管理费用是指为组织、管理项目所发生的费用支出,此项费用为项目的间接费用,主要包括以下方面。

(1) 人工费,指项目执行单位管理人员工资及按规定提取的职工福利费和劳动保护费。

(2) 固定资产使用费,包括项目执行单位行政管理用固定资产的折旧费、修理费和租赁费。

(3) 工具用具使用费,指项目执行单位行政管理用低值易耗品摊销费,以及不属低值易耗品的工具、器具等的购置和维护费。

(4) 办公费,指项目执行单位行政管理部门发生的办公用品购置费、邮电费、报刊费、水电费等。

(5) 差旅费,指项目执行单位管理人员职工因出差、调动工作的差旅费、住勤补助费等。

(6) 保险费,指项目运行管理用财产、车辆等的保险费用。

3. 期间费用

期间费用是指与项目的完成没有直接联系,费用的发生基本上不受项目业务量增减所影响的费用,这些费用包括管理费用、销售费用和财务费用。它们不再是项目费用的一部分,而是作为期间费用直接计入项目组织的当期损益。

为了正确核算项目费用,项目组织必须划清项目费用与期间费用的界限,尤其是项目费用中项目管理费用与期间费用中管理费用的界限。

5.3.4 成本估算的时点与三种类型

一般情况下,项目成本估算在不同时点,精度要求是不同的。

最初的项目成本估算可以称为量级估算,在技术设计后的成本估算可以称为初步估算,在详细设计后的成本估算可以称为最终估算。

在项目初期,许多具体情况还无法确定,只能粗略地估计项目的费用。当完成了技术设计后,就可以进行更精确的项目费用估算了。项目详细设计时,各种细节都已经确定下来,可以进行比预算更精确的最终估算了。项目成本估算的三种类型及其精度如表 5-4 所示。

表 5-4 项目成本估算的时点与类型

估算类型	估算时点	估算目的	估算精度
量级估算	项目概念阶段	为项目决策提供依据	$-25\% \sim 75\%$
初步估算	项目初步设计后	为项目预算服务	$-10\% \sim 25\%$
最终估算	项目详细设计后	为采购提供实际控制基准	$-5\% \sim 10\%$

成本估算包括确定和考虑各种不同的替代方案。在大多数应用领域,普遍认为在设计阶段多做些工作有可能节省生产阶段的费用,成本估算过程必须考虑这种附加工作的费用能否抵消期望节省的费用。

当按照合同进行一个项目时,应该将定价与成本估算区分开。成本估算是对一个可能的资源耗费量从价值形态上进行评估的过程。定价是一项商业决策——承约商对产品与服务要收多少钱,它使用成本估算的结果,但这个结果只是众多要考虑的因素的一部分。

成本估算除了要考虑上述因素之外,一般还要考虑历史信息和经济环境。许多资源类别的费用方面的信息可以从一些历史的信息中获得。比如:相关的项目文件、商业成本估算数据库、项目组成员利用以往的经验知识等。经济环境包括通货膨胀、各种税率和汇率等的变化。进行项目估算时,要考虑到这些因素的影响。对可能涉及重大的不确定因素时,考虑适当的应急备用金。

5.4 制定和调整预算

5.4.1 成本预算的定义与特征

项目成本预算是指把整个项目估算成本分配到项目的各个工作单元,建立成本基线,以此度量和控制项目的实际执行情况。项目成本预算有3个重要特征。

(1) 计划性

项目成本预算的第一特征是计划性,即为完成项目而事先确定需要投入多少资源。成本预算实质上是一种分配资源的计划,它是通过系列的研究及决策活动,决定项目的各种活动的资源分配,并通过既定的资源分配方案,确定项目中各个部分的关系和重要程度。一般要优先保证项目最重要的核心部分的实施。预算的投入比重可以让项目实施人员理解该部分的重要性。

(2) 约束性

与成本估算相比,成本预算更具有权威性,得到项目领导者批准的成本预算实际上决定着整个项目以及各项工作所分配的资源数量。经过详细测算的成本预算可以作为一种具有约束性的标准来使用。项目管理者的任务除了完成预定的项目目标外,还必须使目标完成得有效率,要谨慎控制项目资源的使用,不要突破成本的约束。

(3) 控制性

预算成本是项目成本控制的基准。通过预算,项目管理者可以实时掌握项目的进度和费用管理的目标。如果无法将预算和项目进度进行联系,项目管理者就有可能忽视一些危险的情况。在项目实施的过程中,应该不断搜集和报告有关进度和费用的数据,与基准进行比对。若出现了对预算的偏差,就需要对相应偏离的模式进行考察,以确定是否会突破预算的约束,并研究是否有相应的对策。通过这种方式,管理者就可以更为清楚地掌握项目进展和资源使用情况,努力把项目的实施与计划的偏差控制在最小的范围。

5.4.2 成本预算的过程

制定成本预算是汇总所有单个活动或工作包的估算成本,建立一个经批准的成本基准的过程。制定预算的主要作用是确定可据此监督和控制项目绩效的成本基准。本过程在项目周期中仅开展一次(一般在启动阶段或规划阶段)。

1. 过程的输入

预算过程的输入主要是项目管理计划(主要包括成本管理计划、资源管理计划、范围基准)、项目文件(主要包括估算依据、成本估算、项目进度计划、风险登记册)、商业文件(包括商业论证、效益管理计划)、协议、事业环境因素、组织过程资产。

项目成本预算的依据主要是工作分解结构、项目进度计划、成本估算。工作分解结果确定了要分配成本的项目组成部分;项目进度计划包括项目中要分配成本的组成部分的计划开始和预期完成的日期;通过这些资料将成本分配到发生成本的时段上。

项目成本的预算除了以上依据之外,还应该严格执行国家有关的方针、政策和制度,实事求是地调查研究项目的具体情况,在此基础上正确选用定额、费率和价格等各项编制依据。同时根据有关部门发布的价格调整指数,再加上项目期间价格变动等因素,以期预算能够完整地反映项目计划内容,合理反映项目实施条件,准确地确定项目费用预算。

2. 过程的输出

成本预算过程的输出包括:成本基准,项目资金需求,项目文件更新(主要包括成本估算、项目进度计划、风险登记册)。

成本基准是不同进度活动经过批准的预算总和。它按时间段分配项目预算,不包括任何管理储备,是将来用作与实际结果进行比较的依据,并且只有通过正式的变更程序才能变更。在整个项目周期内,成本基准就是一条反映总成本(费用)的 S 曲线。对于使用挣值管理的项目来说,成本基准就是绩效测量基准。

成本基准与项目预算之间的关系如图 5-2 所示。

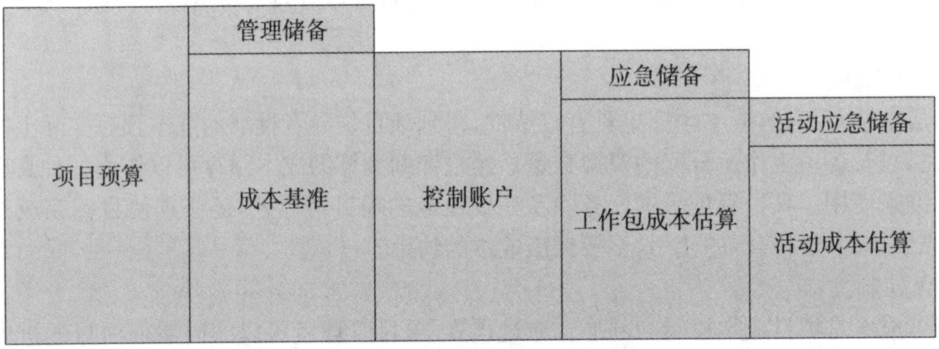

图 5-2 成本基准及项目预算的构成

图片来源:PMBOK,第 6 版。

由图 5-2 可见,成本基准为工作包成本估算与应急储备之和,而项目预算是成本基准与管理储备之和。

5.4.3 预算专用工具

预算的工具,除了专家判断和数据分析这些通用技术以外,还有成本汇总、历史信息审核、资金限制平衡、融资等专用技术。

(1) 成本汇总

先将各种活动的成本估算汇总到 WBS 的工作包中,再由工作包汇总至控制账户(如图 5-2),最终得出整个项目的总成本。

(2) 历史信息审核

历史信息指各种能反映项目特征(参数)的过去类似项目的信息,可以利用这些参数建立数学模型来预测项目总成本,如采用类比法和参数模型法。

(3) 资金限制平衡

依据项目资金限制求出成本支出的平衡。如果资金限制与计划支出之间存在差异,就要调整工作进度计划来平衡支出水平。

(4) 融资

融资是指为项目获取资金。长期的基础设施和公共服务项目,通常会寻求外部融资。最近 10 年项目融资常用的模式有 BOT 模式、PPP 模式、租赁融资和股权融资模式(参见陈关聚,2017)。

5.4.4 成本预算的调整

在项目预算表制订出来以后,通过针对项目各部分预算费用与实际可能费用的校对,或根据项目某些环节的变化对原来预算表的修正,以得出预算调整表。成本预算的调整可分为初步调整和综合调整。

(1) 初步调整

在进行项目预算编制时,难免出现各种工作上的疏漏和不足,导致所做的预算出现偏差。因此,进行预算调整,制订更加准确的项目成本预算就显得非常重要。预算调整通常从初步调整开始,初步调整主要是指在预算编制出来以后,为保证预算更加精确,往往对可能不够准确的地方进行再调查,并根据实际情况进行修正。比如,在项目预算的编制中,有些设备和产品的价格可能是依据上两年或者三年的价格记录推算出来的,通常情况下变动可能不会大,但不能排除在某些特殊情况下价格会出现较大波动,从这点考虑,在调查后进行初步调整是很重要的。

(2) 综合调整

项目所处的外部环境不可能一成不变,总是在或多或少地发生着这样那样的变化。例如,国家为抑制经济过热所采取的金融政策会使得项目融资成本大幅度上升,另外在进出口贸易中,交易的对方所在国的政局以及与我国的贸易条款的变化都会影响到项目的实施。总之,项目所处的外部环境发生变化会使得项目的预算也会发生相应的变化,这就迫使项目预算做出相应的调整。但这种调整不如初步调整那样明了,多数情况下是根据对政治和经济等的直觉和敏感而做的预算的修正。综合调整一般是通过在初步调整的基础上变动一定比例的百分数来实现的。

5.5 控制成本

5.5.1 成本控制过程

控制成本的过程就是监督项目状态,更新项目成本和管理成本基准变更的过程。本过程的主要作用是在整个项目期间保持对成本基准的维护。本过程需要在整个项目期间开展。

(1) 过程输入

成本控制过程的依据主要是项目管理计划(包括成本管理计划、成本基准、绩效测量基准)、项目文件(主要是经验教训登记册)、项目资金需求、工作绩效报告、组织过程资产。

(2) 过程输出

成本控制过程的输出包括:项目绩效信息、成本预测、变更请求、项目管理计划更新(包括成本管理计划更新、成本基准更新、绩效测量基准更新)、项目文件更新(包括假设日志、估算依据、成本估算、经验教训登记册、风险登记册)。

由表 5-1 可以看出,在控制成本这一过程中,突出的专用工具是"完工尚需绩效指数"。这其实是挣值分析的最终衡量指标。

5.5.2 挣值分析

挣值法又称为赢得值法或偏差分析法,其对项目进度和费用进行综合控制,准确描述项目的进展状态,从而可以预测项目可能发生的工期滞后量和费用超支量,及时采取纠正措施。

一般来说,项目实际成本偏离计划有超支和节约,但不能简单说超支就是坏事,节约就是好事,成本偏离必须与进度、工作质量等结合起来综合判断。例如,某项目在某时刻,累计费用与计划相比,超支了 10%,但完成工作量也超过 10%,说明项目费用没有超支,反而时间还提前了。

以下将介绍挣值分析的 3 个基本参数,即计划值(PV)、实际值(AC)和挣值(EV);4 个项目进展评价指标,即进度偏差(SV)、成本偏差(CV)、成本执行指标(CPI)和进度执行指标(SPI);4 个完工预测评价指标,即完工偏差(VAC)、完工估算(EAC)、完工尚需估算(ETC)、完工尚需绩效指数(TCPI)。

1. 基本参数

(1) 计划值(Plan Value,PV)

又叫计划工作量的预算费用(Budgeted Cost for Work Scheduled,BCWS),是指项目实施过程中某阶段计划要求完成的工作量所需的预算工时(或费用)。PV(或 BCWS)主要是反映进度计划应当完成的工作量(用费用表示),计算公式是:

$$PV = BCWS = 计划工作量 \times 预算定额$$

(2) 实际值(Actual Cost,AC)

又叫已完成工作量的实际费用(Actual Cost for Work Performed,ACWP),指项目实施

过程中某阶段实际完成的工作量所消耗的工时(或费用),主要反映项目执行的实际消耗指标。计算公式是:

$$AC=ACWP=已完成工作量\times实际定额$$

(3) 挣值(Earned Value,EV)

又叫已完成工作量的预算成本(Budgeted Cost for Work Performed,BCWP),指项目实施过程中某阶段按实际完成工作量及预算定额计算出来的费用。BCWP 的实质内容是将已完成的工作量用预算费用来度量,计算公式为:

$$EV=BCWP=已完成工作量\times计划定额$$

2. 评价指标

(1) 进度偏差(Schedule Variance,SV)

SV 是指检查日期 EV 和 PV 之间的差异,即:

$$SV=EV-PV=BCWP-BCWS$$

当 SV 为正值时,表示进度提前;当 SV 等于零时,表示实际与计划相符;当 SV 为负值时,表示进度延误。

(2) 成本偏差(Cost Variance,CV)

CV 是指检查期间 EV 和 AC 之间的差异,即:

$$CV=EV-AC=BCWP-ACWP$$

当 CV 为正值时,表示实际消耗的人工(或费用)低于预算值,即有结余或效率高;当 CV 等于零时,表示实际消耗的人工(或费用)等于预算值;当 CV 为负值时,表示实际消耗的人工(或费用)超出预算值或超支。

(3) 成本执行指标(Cost Performed Index,CPI)

CPI 指项目挣值与实际费用之比(或工时值之比),即:

$$CPI=EV/AC=BCWP/ACWP$$

当 $CPI>1$ 时,表示低于预算,即实际费用低于预算费用;当 $CPI=1$ 时,表示实际费用与预算费用吻合;当 $CPI<1$ 时,表示超出预算,即实际费用高于预算费用。

(4) 进度绩效指标(Schedule Performed Index,SPI)

SPI 指项目挣值与计划进度值之比,即:

$$SPI=EV/PV=BCWP/BCWS$$

当 $SPI>1$ 时,表示进度超前;当 $SPI=1$ 时,表示实际进度与计划进度相同;当 $SPI<1$ 时,表示进度延误。

(5) 完工偏差(Variance at Complete,VAC)

VAC 为测量进度绩效的一种指标,表示为完工预算(BAC)与完工估计(EAC)之差,即:

$$VAC=BAC-EAC$$

式中:BAC 为项目的计划总价值,又被称为完工总预算;EAC 为完工估算,$EAC=AC+ETC$,即实际价值与完工尚需估算之和。

(6) 完工估算(Estimate at Completion,EAC)

EAC 是根据项目绩效和风险量化对项目总成本的预测。最常用的预测技术就是下述方法的不同形式。

① EAC=截至目前的实际成本加上所有剩余工作的新估算。这种方法通常用于以下两

种情况:过去的实施情况表明原来所作的估算假定彻底过时了;或由于条件的变化原来的估算已不再适合。公式:

$$EAC=AC+ETC$$

式中:ETC 为完工尚需估算,以下将介绍。

② EAC=截止目前的实际成本加上剩余的预算($BAC-EV$)。在目前的偏差被视为一种特例,并且项目团队认为将来不会发生类似的偏差情况下,常采用这种方法。公式:

$$EAC=AC+BAC-EV$$

③ EAC=截至目前的实际成本加上经实际成本绩效指数(CPI)修改的剩余项目的预算。这种方法通常在把目前的偏差视为将来偏差的典型形式来使用。公式:

$$EAC=BAC/CPI$$

式中:CPI 是累积的 CPI。

(7) 完工尚需估算(Estimate to Complete,ETC)

ETC 是完成一个计划活动、工作包或控制账目中的剩余工作所需的估算。在某个时点,预测完成剩余的工作还需要多少成本,主要取决于我们以后的工作花钱的效率跟以前比是否会发生变化?也就是考察以后工作的 CPI 的值会不会发生变化。根据剩余部分工作 CPI 的变化情况,有以下几种计算方法。

① 如果还是以当前的成本绩效完成剩余的工作,则:

$$ETC=(BAC-EV)/CPI$$

也就是剩余的工作量除以成本绩效指数。

② 如果以计划的成本绩效(其实就是1)完成剩余的工作,则:

$$ETC=BAC-EV$$

也就是剩余的工作量,实际上是第一个公式的特定情况。

③ 如果进度绩效指标 SPI 也会影响完成剩余工作的成本,意思是如果严格规定我们必须要在计划的截止时间之前完成项目,那么可能就还需要额外的成本来赶工进度,这个时候就需要同时考虑 CPI 和 SPI。对于剩余工作的影响,一般计算公式则为:

$$ETC=(BAC-EV)/(CPI\times SPI)$$

也就是剩余的工作量除以成本绩效指数与进度绩效指数的乘积;其中 $CPI\times SPI$ 又叫"关键比率"(Critical Ratio,CR)。

(8) 完工尚需绩效指数(To Complete Performance Index,TCPI)

$TCPI$ 为完成剩余工作所需成本与剩余预算之比,即在剩余工作的计划价值($BAC-EV$)与剩余资金($BAC-AC$ 或者 $EAC-AC$)之间做比较,是一种补救方法。计算公式为:

$$TCPI=(BAC-EV)/(BAC-AC) \text{ 或 } TCPI=(BAC-EV)/(EAC-AC)$$

如果大于1,表示剩余工作难以完成(剩余资金不够);如果等于1,表示剩余工作刚刚完成;如果小于1,表示剩余工作轻易完成(剩余资金够花)。

5.5.3 超支的影响因素

对项目费用进行控制是项目成本管理的一个主要目的。费用控制用于保证项目的各项工作在预算内或可接受的范围内进行,这是项目成功完成的一个重要指标。费用控制关心的是影响改变项目成本曲线的因素,确定成本曲线的改变并加以控制。费用控制的关键在于找到可以及时分析成本绩效的方法,并以此尽早地发现费用使用过程中的偏差和无效率问题,以便在项目失控之前能及时采取纠正措施。

造成项目费用偏离计划的因素是多方面的,主要有宏观的和微观的、项目外的和项目内的,以及具体的如技术、管理、时间等。一般可用以下的问题树来描述(图5-3)。

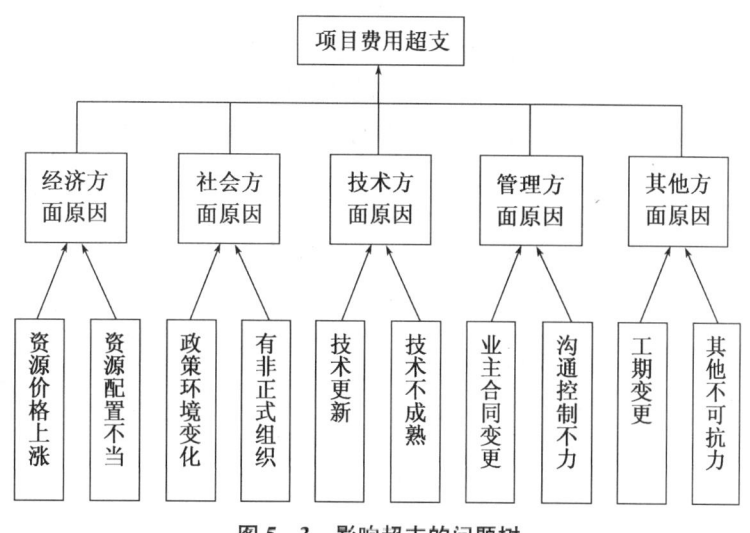

图5-3 影响超支的问题树

从上述问题树可以看出,影响项目超支的有些因素是项目内部的、可以控制的,如资源配置、非正式组织的影响、内部的技术不成熟问题、沟通不力问题等,可以采取一定的措施予以克服;而另一些因素是项目外部的,如资源价格上涨、政策和环境的变化、全社会的技术更新、业主的变更以及其他一些不可抗力的影响,这些都是项目管理者所不能左右的。无论是内部的因素,还是外部的因素,一旦发生,就应该寻找积极的解决办法。

5.5.4 控制成本的基本程序

所有控制系统都需要基准(目标)和反馈,而项目成本控制的基准就是项目成本计划(预算)。在控制成本时,首先要规定各工作包定期汇报其费用报告,然后对这些报告进行审核,以保证各种支出的合法性和合理性;接着要将已发生的费用与预算相比较,分析费用偏差的情况;最后要找出原因,并采取必要的纠正措施。

1. 明确控制依据

进行成本控制的目标是实现成本计划,降低项目成本,将影响成本的各种费用控制在计划和标准之内,尽可能地使耗费达到最小。费用控制的直接依据是成本预算计划、执行情况报告、变更申请和成本管理计划。

(1) 成本预算计划提供了费用预算和使用的基本范围,是实施成本控制的最基本依据。

(2) 执行情况报告提供有关费用执行的资料,例如,哪些费用在预算范围之内,哪些费用超出了预算。执行情况报告还可以提醒将来可能会引起问题的事项。

(3) 变更申请是对费用使用方向和范围发生改变时的记录,其表达形式多种多样,包括口头或书面的,直接或间接的,外部或内部开始的,法律强制或可以选择的等。变更既包括要求增加预算,又包括减少预算。

(4) 成本管理计划是对整个成本控制过程进行合理、有序的安排,以实现项目经费的合理使用。

2. 偏差发现与纠正

(1) 成本计划执行情况(进展报告),查明与预算的偏差。

成本偏离程度的具体测算可以按4步进行:第1步,确定测算的时间点"t"(检查点);第2步,确定t时刻预算成本;第3步,测算t时刻以前发生的实际费用总和;第4步,计算t时刻成本偏差。

t时刻成本偏差＝t时刻预算成本－t时刻发生的实际成本

如果费用偏差大于零,表示项目费用节约;如果费用偏差小于零,表示项目费用超支。如图5-4所示。

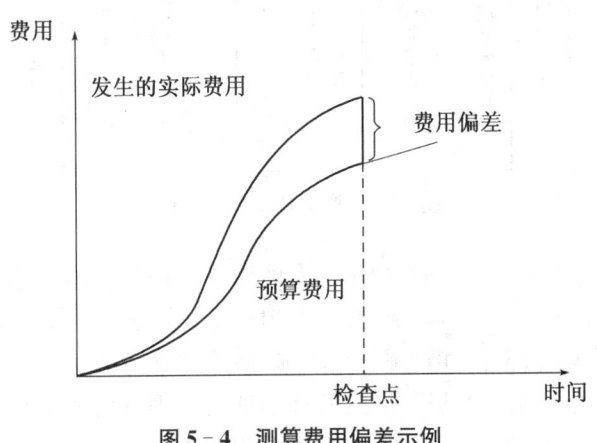

图5-4 测算费用偏差示例

这里预算费用可以从成本基准计划和预算变更中得到,发生的实际费用可以从相应成本控制部门得到,这些费用都必须经过审核。

(2) 保证所有适宜的更改已经在费用曲线中准确地记录下来。

(3) 通知相关控制账户与工作包负责人(更改申请)。

成本控制必须考虑与其他控制过程(如进度控制、质量控制、范围控制等)进行相互协调。因为项目进度、成本和质量三者是相互联系的,仅仅片面地严格控制费用,可能会导致进度或质量方面出现问题。

3. 持续跟踪分析与报告

在成本控制中,可利用各种表格进行成本信息的收集和分析。常见的有费用日报或周报表、月费用分析表、完工估算表等。

(1) 费用日报或周报表

对主要工作包或者在项目的重要阶段中,每天或每周都应该做出费用分析表,以加强对项目的成本控制,掌握项目的进度并发现项目实施过程中存在的种种问题,以便及时改进。费用日报或周报一般是针对重要工程和进度比较快的项目作业来制订。

(2) 月成本分析表

在项目成本控制过程中,每月都要做出成本分析表,对成本进行比较分析。在月成本分析表中要表明工程期限、成本费用项目、生产数量、工程成本、单价等。对可能控制的作业单位,每个月都要做成本分析。这些作业单位的成本费用项目的分类,必须与成本预算相一致,以便分析对比。

(3) 预测报告表

项目成本控制的重要内容之一是每月编制月成本计算表及预测报告表(完工估算表)。报告的主要内容包括项目名称、已支出金额、到竣工尚需的预算金额、盈亏预计等。月费用计算和最终成本预算报告要在月末会计账簿截止时间同时完成,随着时间的推移其精确度会不断增加。

(4) 与香蕉曲线进行比对

如果采用关键路径法控制项目进度和成本,对应于每项活动最早开始时间(ES)预算支出该活动的费用,我们就可以得到图 5-5 中左边的一条 S 曲线;对应于每项活动最迟开始时间(LS)预算支出该活动的费用,我们就可以得到图 5-5 中右边的一条 S 曲线;这两条 S 曲线围合的区域形似香蕉,因此这两条累计成本曲线称为"香蕉曲线"。

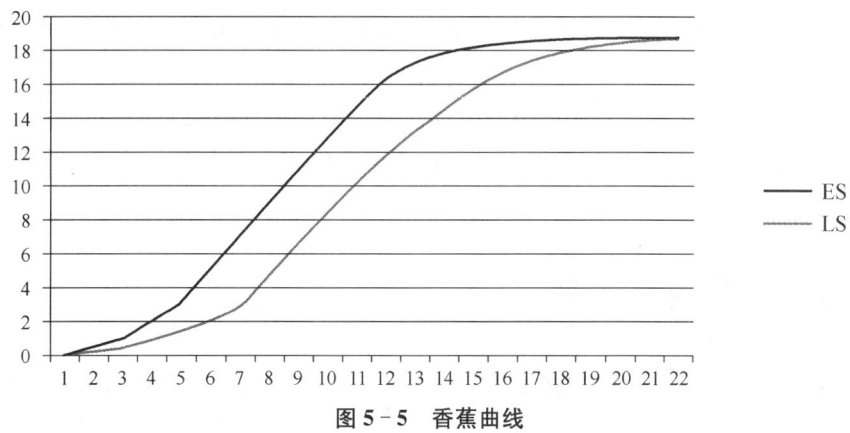

图 5-5 香蕉曲线

在图 5-5 中,横轴刻度代表时间单位,纵轴刻度代表累计预算成本。一般来说,成本控制的基准点应在香蕉曲线围合的区域之内。因此,如将跟踪获得的实际成本累计数据在香蕉曲线的坐标系中标出来,就可以得出很直观的比对结论。

5.5.5 成本控制的结果呈现

项目成本控制的结果呈现,一般是在项目原计划的基础上进行一些调整,包括修订成本估算、预算更新、纠正措施、完成估算和总结经验教训等。

1. 修订成本估算

修订成本估算是基于项目的需要而修改成本信息。由于成本控制反馈出的一些有关促进成本估算的一些更为有效的信息,比如在成本控制中发现成本基准线的某些异常情况或不适于目前项目进展要求的状况,这就需要项目管理人员在不改变项目计划方向的前提下对成本估算进行完善。

2. 预算更新

相比修订成本估算,预算更新是一种更为激进的项目成本控制反馈活动。它的前提是发现了项目前期工作中存在重大的失误,从而必须对原有的成本计划进行更改。此种情况下,项目组要在不影响项目进展的前提下,按照正规的报告、审批和执行程序进行预算更新,并要求出示严密的书面报告,及时按程序通知有关单位。

3. 纠正措施

纠正措施是为了将项目未来预期的成本控制在项目计划范围内而采取的所有行动的总称。在项目实施过程中,会不可避免地遇到各种问题,包括产品市场变化、设备及原材料价格波动、相关政策变化、资金来源和渠道变化、物资运输及项目内部建设和管理出现的各种问题等,这些问题都会影响到项目成本控制计划的正常实施,针对这些问题,需要采用大量的措施予以纠正。

4. 完成估算

完成估算是按照项目目前执行情况估算完成项目所需要的总成本。完成估算计算公式见 5.5.2 小节。

5. 总结经验和教训

分析偏差出现的原因,说明所选纠正措施的理由,以及需要吸取的经验和教训等,都应编成文档,作为本项目及其他项目可利用历史数据库的组成部分。

及时总结并采取措施在相关项目中推广好的经验和教训,既可以使项目的内部管理更加规范,又可以提升项目管理人员的管理水平。更为重要的作用是从成本控制上降低项目的风险,保证项目的成功实施。

5.5.6 项目成本控制软件

国内外正在使用的项目管理软件已有数十种。这些软件大致可分为综合进度控制管理软件、合同及费用控制管理软件两类,另外还有一些专门的风险管理软件及专注特定行业的项目管理软件等。绝大部分项目管理软件都或多或少具有费用控制功能。

1. 大型通用项目管理软件 Primavera Project Planner(P3)

P3 由美国 Primavera 公司开发,是目前功能最为强大的项目管理软件,费用也最昂贵,主要用于项目进度计划、动态控制、资源管理和费用控制的综合管理。目前国内的大型和特大型工程项目几乎都采用了 P3。

P3 提供了较为完善的管理复杂的大型工程项目的手段,拥有完善的编码体系,包括 WBS 编码、作业代码编码、作业分类码编码、资源编码和费用科目编码等,大大方便了项目管理人员对复杂大型项目进行有效的管理。

P3 可以对实际资源消耗曲线及工程延期情况进行模拟,从而平衡资源分配;可以进行挣值分析,并以图形方式表示出来;可以跟踪预算,计算本期实际费用、累计实际费用、完成百分比、挣值、完成时费用等,另外还可以自动计算费用,用户可自己定义计算规则。

2. 微软通用型项目管理软件 Microsoft Project

Microsoft Project 由微软公司开发,是目前为止在全世界范围内应用最为广泛的、以进度计划为核心的项目管理软件,主要针对要求不高的中小型项目。

Microsoft Project 具有易学易用和价格低廉的优点。此外,用户可以利用 VBA(Visual Basic for Application,Microsoft 开发的交互式应用程序宏语言)进行二次开发,一方面可以帮助用户实现日常工作的自动化,另一方面还可以开发该软件没有提供的额外功能。此外,用户可以依靠 Microsoft Project 与 Office 家族其他软件的紧密联系,将项目数据输出到 Word 中生成项目报告,输出到 Excel 中生成电子表格文件或图形,输出到 Power Point 中生成项目演示文件,还可以将 Microsoft Project 的项目文件直接存为 Access 数据库文件,实现与项目管理信息系统的直接对接。

Microsoft Project 为项目资源管理提供了适度、灵活的工具,用户可以方便地定义和输入资源,可以采用软件提供的各种手段观察资源的基本情况和使用状况,同时还提供了解决资源冲突的手段。它提供了简单的费用管理工具,可以帮助用户实现简单的费用管理。Microsoft Project 提供的挣值法(称"盈余分析")所用到的术语解释与我们通常的解释不同,在使用中需要引起注意。

3. 梦龙智能项目管理系统

梦龙智能项目管理系统是我国梦龙科技(集团)应用网络技术原理开发的,主要适用于工程项目计划管理的智能化软件。该系统适合我国国情、界面新颖友好、操作简单直观、功能丰富可靠、对软硬件环境适应性好,有其独特的优越功能。系统主要特点如下。

(1) 灵活方便的作图功能。该系统允许在计算机屏幕上直观方便地作网络图,具有不合逻辑自动提示、相同内容随意复制、关键线路及节点自动生成等功能。画出的网络图还可随时转换成多种其他形式,这是许多软件不可比拟的。另外,系统还提供了双代号输入法、紧前关系输入法和紧后关系输入法 3 种文本输入方法作网络图,三者之间可相互转换,任一种方法输入即可自动生成网络图。

(2) 瞬间即可生成流水网络。只要做好一个标准层,其他层就可以自动生成普通流水网络或小流水(分层分段的立体流水)网络,自动带层段号。

(3) 方便实用的网络图分级管理功能(子网络功能)。

(4) 真正的动态控制及其前锋线功能。网络图作得再好如果不能实现动态控制,也就不会带来更大的效益。梦龙智能项目管理系统通过带前锋线的网络图能做到真正的动态管理。

(5) 资源费用优化控制。梦龙智能项目管理系统允许对不同资源进行分别管理,可自定义资源名称,通过网络可做出各种资源的分布曲线及报表,对这些资源及数据可进行优化计算。

(6) 综合控制功能。一个工程涉及对合同及图纸等很多工程信息的管理,而这些信息都与进度有关,靠人直接管理是很困难的,梦龙智能项目管理系统提供了对这些信息的自动预警体系,使管理变得有条不紊,心中有数。

(7) 集成管理功能。梦龙项目管理集成系统可以使用投资控制、人事管理、材料管理、设备管理、合同管理等各部门的资源,这些资源数据可通过各部门采集处理,并且各系统之间数据共享、工作协调。

参考答案

课后练习
Exercise Five

一、选择题

（一）单项选择题

1. 在图表上针对时间进行描述，画出积累成本，称作（   ）。
   (A) S 曲线　　　　(B) 挣值报告　　　(C) 趋势分析　　　(D) 基线控制

2. （   ）不是资源说明书的表现形式。
   (A) 资源计划矩阵　　　　　　　　(B) 资源负荷图
   (C) 资源香蕉曲线　　　　　　　　(D) 资源积累需求曲线

3. 资源数据表描述的是（   ）。
   (A) 资源的统计说明
   (B) 某种资源需求总量
   (C) 项目各阶段各种资源的消耗情况
   (D) 项目各阶段资源使用和安排情况

4. 项目费用控制的基准是（   ）。
   (A) 估算　　　　(B) 概算　　　　(C) 预算　　　　(D) 决算

5. 项目费用控制过程中产生的文档有（   ）。
   (A) 项目费用估算　　　　　　　　(B) 项目费用预算
   (C) 质量控制报告　　　　　　　　(D) 进展报告、变更申请

6. 在编制项目资源计划的时候，应该以（   ）为主要依据。
   (A) 项目费用计划　　　　　　　　(B) 项目进度计划
   (C) 项目质量计划　　　　　　　　(D) WBS

7. 总成本是对（   ）的定量评估。
   (A) 工作完成的成本　　　　　　　(B) 完成工作的价值
   (C) 与项目有关的全部费用总和　　(D) 项目完成时预期总成本

8. 编制资源计划的目的是（   ）。
   (A) 估计项目所需资源成本
   (B) 确定所需资源的种类和数量
   (C) 提供所需资源的组织方式
   (D) 进行质量控制

9. 费用估计是项目（   ）阶段的输出。

(A) 概念　　　　(B) 规划　　　　(C) 执行　　　　(D) 完成
10. ( )与生产量成正比。
　　(A) 固定成本　　(B) 可变成本　　(C) 直接成本　　(D) 间接成本
11. 使每天的资源需用量接近平均值,以避免在短期内出现高峰或低谷的方法,称为( )。
　　(A) 资源平衡　　(B) 资源计划　　(C) 资源说明书　　(D) 资源计划矩阵
12. 当多个项目同时进行时,( )不是项目的直接成本。
　　(A) 项目经理的工资　　　　(B) 分包商的费用
　　(C) 项目所用的材料　　　　(D) 电力费用
13. 成本预算不包括( )。
　　(A) 成本基准　　　　　　　(B) 成本估算
　　(C) 工作分解结构　　　　　(D) 项目进度
14. ( )不是编制成本计划的方法。
　　(A) 数学模型法　　　　　　(B) 成本收益法
　　(C) 专家判断法　　　　　　(D) 多方案选择法
15. 盈亏平衡点是( )的交点。
　　(A) 生产总成本线与销售收入线
　　(B) 可变成本线与销售收入线
　　(C) 边际成本线与销售收入线
　　(D) 固定成本线与销售收入线

(二) 多项选择题

1. 资源规划的主要方法有( )
　　(A) 专家评判法　　(B) 类比法　　(C) 多方案选择法　　(D) 资料统计法
　　(E) 数学模型法
2. 应用专家评判法编制成本计划时,专家一般来自于( )。
　　(A) 专业技术协会　　　　　(B) 咨询顾问公司
　　(C) 业主代表　　　　　　　(D) 本行业的专家、教授
　　(E) 本项目组的专业技术人员
3. 在项目成本管理中,成本偏差的含义有( )。
　　(A) 任何一项工作估算费用与此项工作实际费用之间的差值
　　(B) 任何一项工作可以节约的费用
　　(C) 任何一项工作的赶工费用
　　(D) 已完成工作的预算成本和已完成工作的实际成本之间的差值
　　(E) 未完成工作的预算成本和未完成工作的实际成本之间的差值
4. 项目成本管理过程主要包括( )。
　　(A) 资金筹措　　(B) 资源计划　　(C) 费用估算　　(D) 费用预算
　　(E) 费用控制
5. 成本管理的技术和方法有( )。
　　(A) 香蕉曲线　　(B) 风险评审技术　　(C) S曲线　　(D) 费用分解结构
　　(E) 挣值法

二、思考题

1. 项目成本管理包括哪些主要过程？简要阐述成本估算和成本预算，并指出二者的联系性和区别。

2. 进行项目资源计划编制可以采用的工具和方法有哪些？

3. 项目资源计划的表现形式有多种，试分别阐述资源计划矩阵、资源数据表和资源横道图的含义。

4、项目成本估算有哪几种方法？简要描述每种方法的含义。这些成本估算方法同样可以用于项目成本预算吗？

5. 讨论项目成本控制的依据。

# 第 6 章 项目质量管理

6.1 质量管理概述

6.1.1 项目质量管理的概念

项目质量是指项目过程及其交付物满足相关方各种需求的特征总和。项目质量管理是把组织的质量政策应用于规划、管理、控制项目和产品质量要求,以满足相关方目标,并支持持续改进活动的过程。

项目质量是一个综合的概念,它要求交付物功能、项目成本、服务、环境、心理等诸方面都能满足用户需要,即在一定条件下,实现上述诸要求的最佳结合。

项目质量又是一个动态的、相对的、变化的、发展的概念,它随着地域、时期、使用对象、社会环境、市场竞争的变化而赋予不同的内容和要求,而且随着社会的进步及知识更新,其内涵与要求也是不断更新和丰富的。

项目管理的质量表现在两个方面,一是项目过程质量,二是项目成果(交付物)质量。如果未能满足两个方面中的任何一个,均会对项目产品、部分或全部项目干系人造成消极后果。项目质量的"明确需求和隐含需要"应在项目需求分析中予以表述。所以,在项目范围管理计划中就应该从项目质量的角度考虑问题,把隐含需要转变为明确需求,因为不能明确的需求会给项目质量管理带来风险。

6.1.2 项目质量管理的主要过程与工具

项目质量管理主要有 3 个过程,即规划质量管理、管理质量、控制质量。规划质量管理过程主要是识别项目及其可交付成果的质量要求和标准,并书面描述项目将如何证明符合质量要求和标准;管理质量则是把组织的质量政策应用于项目,并将质量管理计划转化为可以执行的质量活动过程;控制质量是为了评估绩效,确保项目达到预计目标而监督和记录质量活动,并及时调整质量改进方案、消除质量偏差的过程。

项目质量管理的三个过程所用工具与技术情况详见表 6-1。

表 6-1 项目质量管理中常用的工具与技术

工具技术名称	规划质量管理	管理质量	控制质量
专家判断	▲		
数据收集	▲	▲	▲
数据分析	▲	▲	▲
会议	▲		▲
决策	▲	▲	
数据表现	▲	▲	▲
检查			▲
测试与检查规划	▲		
审计		▲	
面向 X 的设计		▲	
问题解决		▲	
质量改进方法		▲	
测试/产品评估			▲

表 6-1 表明：数据收集、数据分析、数据表现是三个过程中的通用工具，尽管在不同的过程中，数据收集、数据分析、数据表现的内涵可能不同。在每个过程中，多项技术将交叉使用，尤其在管理质量的过程中，使用的工具和技术最多，其中问题解决和质量改进方法还可以细分为很多具体的技术工具。

6.2 规划质量管理

6.2.1 过程特征

（1）定义与作用

规划质量管理即制定质量管理计划。它是识别项目及其可交付成果的质量要求或标准，并书面描述项目如何证明符合质量要求或标准的过程。这个过程的主要作用是为在整个项目执行和收尾期间如何管理和确认（验收）质量提供指南和方向。本过程仅在项目规划阶段开展一次。

（2）过程输入与输出

质量管理计划的编制，需考虑 5 大因素：项目章程、项目管理计划（包括需求管理计划、风险管理计划、相关方参与计划、范围基准）、项目文件（包括假设日志、需求文件、需求跟踪矩阵、风险登记册、相关方登记册）、事业环境因素、组织过程资产。

过程结果将输出 4 项重要文件：质量管理计划、质量测量指标、项目管理计划更新（包括风险管理计划、范围基准)、项目文件更新(包括经验教训登记册、需求跟踪矩阵、风险登记册、相关方登记册)。

6.2.2 质量管理计划编制指南

1. 明确目的

项目质量管理的基本套路是先做出精确的质量管理计划,以此指导项目的实施,并作为质量控制的基准。

编制质量管理计划的目的主要是确保项目的质量要求和标准能够圆满达到,同时要处理与其他项目过程之间的关系,如不能妨碍进度计划、成本计划的实施。

2. 重点研究并描述的内容

编制质量管理计划,要重点研究质量方针、项目范围说明书、项目成果说明书、有关交付物的标准和规范以及其他项目管理方面的信息。

(1) 质量方针

质量方针是由最高项目管理者发布的该组织的质量宗旨和方向,提供评审项目交付物的质量目标的框架。质量方针主要包括三个部分:项目设计的质量方针、项目实施的质量方针和项目完工交付的质量标准。项目的质量方针要与组织的质量方针一致。质量方针一旦确定和颁布,就对组织的每一个成员产生强有力的约束,各成员都应理解、贯彻和执行,并根据项目的实际情况,对项目的质量方针进行适当的调整。

(2) 范围说明书

范围说明书是项目范围计划的结果。范围说明书确定了项目的范围,即需要完成的诸多事项,说明了投资者的主要要求。项目说明书的内容包括:项目与产品的目标、产品或服务的要求或特性,产品验收标准,项目边界,项目要求与可交付成果,项目制约因素,项目假设,项目初步组织,初步识别的风险,进度里程碑,初步工作分解结构,项目配置管理要求等。这些都是编制质量管理计划的重要依据,在质量管理计划中应予以简要描述。

(3) 成果说明书

项目成果说明书是对项目说明书中的项目可交付成果的进一步说明。成果说明详细描述了项目可交付成果的特征、技术要求和其他注意事项等,对于质量管理计划的编制,具有非常重要的约束作用,在质量管理计划中应予以简要描述。

(4) 标准和规范

不同行业和领域的项目都应有相应的质量要求,项目团队必须考虑到对该项目可能产生质量影响的任何应用领域的标准和规范。在编制项目质量管理计划时,应明确这些标准和规范将会怎样影响本项目质量计划的编制。其要点或来源,应在质量管理计划中予以简要描述。

(5) 其他过程的结果

除了范围说明书和项目成果说明书外,其他领域的过程结果也可能对质量规划产生影响,例如项目进度计划、项目的工作分解机构、采购时的物料标准等。

3. 要明确质量责任人

质量管理计划没有模板,因为它的内容和复杂性要随着项目的实际情况的变化而变化。然而,一些质量管理的基本方面应该在所有项目中有所体现,如必须明确质量责任人:项目经理要对整个项目的质量负责,各个控制账户的负责人要对账户内的工作包质量负责,每个工作包还要进一步明确质量标准和负责人。

4. 建立质量检测、评价与修正系统

为了履行质量管理的职责,应建立检测、评价和修正系统。可能包括授权质量控制部门,或者召集一些专门做质量管理工作的人参与项目。在这种情况下,无论谁管理质量,都和其他的人一样,是项目团队一员。

上述系统的功能包括检测问题和解决问题。质量管理计划一定要预示项目将要位于何种过程,这种过程就是检测偏离质量说明书的瑕疵、问题和其他的偏差,也详细说明哪些问题是如何在项目中得以解决的。

5. 以质量说明书为工具

上述的质量检测、评价与修正系统,要以质量说明书为参照工具。质量管理的目的是要使客户满意,衡量客户满意度的准则之一是客户提供的(质量)说明书。在项目质量评价的过程中,应注意质量与等级的区别。等级是"对功能用途相同但质量要求不同的实体所做的分类和排序"。低质量是需解决的问题,低等级则不是。确定和传达所需的质量和等级标准水平是项目经理和项目团队的责任。

6. 要研究和测算项目的质量成本

编制项目质量管理计划时,必须考虑项目质量效益与项目质量成本的平衡。质量效益是指项目各项工作做得好,满足质量要求,减少返工,提高生产率,降低成本,提高项目相关方的满意程度。质量成本包括内部保障成本、外部保障成本、预防成本、鉴定成本。

(1) 内部保障成本。内部保障成本指在项目交付前,由于项目产出物不能满足规定的质量要求而支付的费用(如重新提供服务、重新加工、返工、报废等)。

(2) 外部保障成本。外部保障成本指项目交付后,因产品质量或服务不能满足规定的质量要求,导致索赔、修理或信誉损失而支付的费用,如产品的维护、担保、退货、责任赔偿等。

(3) 预防成本。预防成本指用于预防产生不合格品与故障所需的各项费用,如质量工作计划、质量情报、质量管理教育、质量管理活动等费用。

(4) 鉴定成本。鉴定成本是指为了确保项目质量达到质量标准的要求,而对项目本身以及材料、设备等进行试验、检验和检查所需的费用,如进料检验费、工序检验费、竣工检验费、设备试验维修校核费。

上述预防成本和鉴定成本构成质量保证成本,内部保障成本和外部保障成本构成质量纠正成本。质量保证成本与质量纠正成本呈反方向变动关系,一种成本越高,另一种成本就越低。研究质量成本时,应在这两种成本之间取得平衡,通过科学适度预算支持保证成本,达到减少或杜绝纠正成本的发生的效果。

6.2.3 质量管理计划的重点内容

(1) 质量目标

项目质量目标需要在相关层次上进行分解。除规定项目交付物的目标外,质量目标还应包括过程的目标。质量目标应以可测量的方式给出,如故障率、可靠性指标等。

(2) 项目质量管理体系

项目质量管理计划是项目质量管理工作的核心性和指导性文件,是质量规划工作的重要成果,是项目质量管理体系的重要载体。质量管理计划必须说明项目管理团队将如何实施其质量方针。换句话说,质量管理计划要说明"项目质量体系",说明实施质量管理的组织结构、责任、程序、过程和资源。质量管理计划要为项目整体管理计划提出依据。

(3) 项目质量控制标准

项目质量控制标准有两层含义:第一层含义是项目活动的控制参数,第二层含义是标准化的控制过程。项目质量控制标准与项目质量目标的不同之处在于:项目质量目标给出的是项目质量的最终要求;而项目质量控制标准是根据这些最终要求所制定的控制依据和参数。

(4) 质量管理计划实施说明(也叫"工作定义")

"实施说明"要非常具体地说明各种工作的实际内容以及如何在质量控制过程中加以衡量。例如:是要求达到情境一(不仅要符合进度计划按时完成,还必须使各项目活动准时开始),还是要求达到情境二(不管活动何时开始,只需按时完成就行)?要求各项目活动全都需要测量,还是只需测量某些可交付成果?如果只测量某些可交付成果,则应进一步指明是哪些可交付成果。

(5) 核对表

质量核对表作为一种结构化的工具,是一种用于数据收集的有效技术。其用途是检查和核对某些必须采取的步骤是否已经付诸实施。核对表具体内容因行业而异,其用途是检查和核对某些必须采取的步骤是否已经付诸实施。核对表是一种有条理的工具,可简,可繁。口气可以是命令式:"开始招标。"也可是询问式:"招标工作已经完成了吗?"国外许多项目组织都编有标准的核对表,以便保证经常进行的活动使用一致的做法。某些专业团体、协会或咨询公司也会对外提供核对表格,表 6-2 是一个在项目质量计划文件中经常见到的核对表。

表 6-2 ××项目管理质量核对表

应用阶段	核对内容	核对结果记录	核对日期	填表人
质量计划阶段	谁负责制定项目质量计划?他们的职责是什么?			
	项目质量计划应该包括哪些内容?			
	项目质量计划用哪些工具和技术?			
	项目质量管理应用到哪些资源?			
	哪些部门会受到项目的影响?这些部门的职责是什么?			

6.2.4 对其他过程的建议

在质量计划过程中很可能发现项目范围管理、进度管理、成本管理、采购管理、沟通管理、资源管理和风险管理等过程的问题需要进行修改、补充或完善。因此,一定要将质量计划过程中发现的问题记录下来,提醒有关过程予以注意,建议其采取适当的措施。

可以将这些发现与建议记录在质量管理计划的附录中。

6.3 管理质量

6.3.1 过程特征

管理质量是把组织的质量政策应用于项目,并将质量管理计划转化为可执行的质量活动的过程。本过程的重要作用是提高实现质量目标的可行性,以及识别无效过程和导致质量低劣的原因。本过程需要在整个项目期间开展,需要定期向相关方展示项目的总体质量状态。

1. 过程的输入与输出

本过程工作的依据(输入)主要是:项目管理计划(主要是质量管理计划)、项目文件(包括经验教训登记册、质量控制测量结果、质量测量指标、风险报告)、组织过程资产。

在本过程中将输出各种质量管理文件,如:质量报告、测试与评估文件、变更请求、项目管理计划更新(包括质量管理计划、范围基准、进度基准、成本基准)、项目文件更新(包括问题日志、经验教训登记册、风险登记册)等。

在本过程中常用的工具与技术包括:数据收集(如核对单)、数据分析(如备选方案分析、文献分析、过程分析、本因分析(root cause analysis)等)、决策分析(如多标准决策)、数据表现(如亲和图、因果图、流程图、直方图、矩阵图、散点图等)、审计、面向 X 的设计(DfX,其中 X 可以是交付物的某特定属性,如可靠性、可用性、安全性、成本、服务、制造、装配、调配、质量等)、问题解决(包括定义问题、识别原因、提出解决方案、选择最佳方案、执行解决方案、验证方案有效性等全过程)、质量改进方法。

2. 以质量保证为核心

质量保证是指定期评价项目的全部或部分性能,对项目实施过程进行检查、度量、评价和调整的活动。通过这个活动和过程,保证项目交付物能够满足计划要求的等级和质量标准,同时提供项目满足质量标准的证明。

质量保证可分为内部质量保证和外部质量保证两个方面。内部质量保证可视为项目经理确认项目产品质量或服务质量满足规定要求,其中所包括对项目质量管理体系的评价与审核以及对质量成绩的评定。它是项目质量管理职能的一个组成部分,其目的是使项目组织对项目质量放心。外部质量保证是向顾客或第三方认证机构提供信任,这种信任表明企业能够按规定的要求,保证持续稳定地向顾客提供合格产品,同时也向认证机构表明企业的质量保证体系符合 ISO9000 标准的要求,并且能有效运行。项目经理为了使顾客确信项目的质量符合规定要求,必须进行一系列有计划、有组织的活动,向顾客提供质量保证。另一方面,项目经理也必须要求供应商和协作单位提供可靠的证据,证明他们的产品符合规定的质量要求,以保证项目的质量。

质量保证活动在计划编制阶段就已经展开,它通过识别目标与标准,以预防为导向,收集数据、编制计划,为建立和维持绩效评估体系和质量审核机制而编制计划,以供项目在实施阶段的连续改进循环中使用。

总之，质量保证是正式活动和管理过程的集合性术语。质量保证表明项目交付物能够满足质量要求，并在质量体系中实施需要进行的全部有计划的系统活动。它是为获得符合相关质量标准的交付物而提前采取的预防性措施，预防的目的是为了防止缺陷的发生，以确保项目一次性成功。

6.3.2 创造有利于质量管理的环境

项目发起人和项目团队应相互合作，共同创建优质的质量环境。创建这种环境的方式方法应包括：

(1) 提供一种组织结构和工作机制，并给予支持，以满足项目目标。
(2) 依据数据和有关事实根据的信息作决策。
(3) 为项目进展评定提供保证，并将其结果用于质量管理。
(4) 使项目团队所有人员参与质量活动，提高项目过程和项目产品的质量。
(5) 与承包商和其他相关方建立互利关系。

指定有能力的人员并采用恰当的工具、技术、方法(包括参照合适的案例)，去实施、检测及控制质量活动过程，实施预防措施，纠正偏差和改进过程。

6.3.3 质量的改进与审计

1. 质量改进

质量改进是在整个组织内采取的旨在提高活动和过程的效益和效率的各种措施。质量改进的目的是：提高本组织收益；向顾客提供更多收益；提高活动和过程的效益和效率。

质量改进需要全员参与，通过改进进程和采取预防、纠正措施来完成。

项目经理的责任是从经验中学习，不断地探索，改进项目全过程的质量。为了学习经验，应把项目质量管理看作一个过程而不是一个孤立的活动，应建立一个系统来收集和分析项目实施期间产生的信息，以持续地改进项目管理过程。

2. 项目质量审计

项目质量审计是对项目质量活动的结构性审查。质量审计的目的：一是识别出已经取得的可提高本项目或执行组织内的其他项目实施水平的经验；二是识别所有违规做法、差距及不足；三是分享在组织(或行业)中类似项目的经验；四是帮助改进过程的执行，提高项目团队工作效率；五是增加组织的经验教训知识库的积累。质量审计的时点，可以是有计划的，也可以是随机的。审计执行主体，可以由经过适当培训的内部审计员担任，也可以请外部组织(诸如在质量管理系统注册的合法组织)担任。项目质量审计的要点是：

(1) 集中于某些特定的目标(一个流程、程序和产出物)。
(2) 审计依据的标准必须事先明确。
(3) 审计主体必须接收适当的情况介绍，有权接触所有相关文件和人员。
(4) 审计主体必须有足够的时间和资源来开展工作，并能在预定时间内完成正确的报告。
(5) 管理层不应事先暗示他们希望的结果。

(6) 审计主体提交的报告应该由相关经理审阅(项目经理、质量经理、总经理)。

(7) 任何不一致之处都应记录在报告之中。若判断有误,应该修正报告。

项目审计一般分 6 个阶段展开:

第一阶段,开始和计划——商定目标、限制和参考术语;

第二阶段,确定基准线——以合同和计划考虑的变更为基准;

第三阶段,调查——收集数据、了解事实并记录数据来源;

第四阶段,分析——从数据分析中发现问题,追溯原因,得出结论;

第五阶段,结论与报告——向要求审计方和审计开始时商定的其他相关方报告审计结果,反馈与沟通;

第六阶段,结束——完成评估,提交正式审计报告。

6.3.4 全面质量管理

全面质量管理又称"三全管理",就是全过程质量管理、全员质量管理、全项目质量管理。其基本要点如下。

(1) 注重全面质量

全面质量指全方位质量,既注重项目产品本身的质量特性,又要注重数量、工期、费用和服务的质量以及项目期间各流程各环节的工作质量。

(2) 为用户服务

全面质量管理认为,领导和员工应时时刻刻把注意力放在顾客的需要、期望和改进上,并努力加以满足。为用户服务应贯穿于项目实施的全过程。

(3) 预防为主

项目质量是做出来的而不是检查出来的。全过程质量管理强调各道工序、各个环节都必须采取预防性控制,对质量产生影响的因素要重点控制,将各种可能产生质量隐患的因素消灭在萌芽状态前或萌芽状态中。

(4) 用数据增加说服力

数据是质量管理的基础,是科学管理的依据。用数据来判别质量标准,寻找导致质量问题的原因。要求收集的数据能反映客观事实,有助于分析质量问题;通过指标和数据,推进定量化管理工作,针对问题采取相应对策,从而动态地控制质量。

全面质量管理重视组织文化对人的态度、行为、目的、信仰和追求的影响,要求努力塑造有利于实施质量计划的文化,还要求减少浪费与增加收益等。采用全面质量管理,可以大大减少人员、财力、材料、时间等诸多浪费。

6.4 控制质量

6.4.1 过程特征

控制质量是监督和记录质量管理活动执行结果的过程。其目的是为了评估绩效,确保项目完整、正确且满足客户期望。本过程的主要作用是核实项目可交付成果,确认项目工作是否已经达到相关方的质量要求,确认项目输出是否能满足所有适用标准、要求、法规和规范,是否可以通过最终验收。控制质量的过程需要在整个项目期间开展。

(1) 过程输入

控制质量的主要依据(输入)是:项目管理计划(主要是质量管理计划)、项目文件(包括经验教训登记册、质量测量指标、测试与评估文件)、批准的变更请求、可交付成果、工作绩效数据、事业环境因素、组织过程资产。

(2) 过程输出

本过程输出内容是:质量控制测量结果、核实的可交付成果、工作绩效信息、变更要求、项目管理计划更新(主要是更新的质量管理计划)、项目文件更新(包括问题日志、经验教训登记册、风险登记册、测试与评估文件)。

(3) 使用的工具与技术

在控制质量过程中,数据收集、数据分析、检查、测试/产品评估、数据表现、会议等工具与技术常常使用。其中,数据收集技术主要有核对单、核查表、统计抽样、问卷调查等;数据分析技术主要是绩效审查、本因分析(RCA);检查、测试/产品评估是将交付物与标准进行对照;数据表现主要使用因果图、控制图、直方图、散点图;会议主要用于审查已经批准的变更请求,并总结回顾经验教训。

6.4.2 如何分析影响项目质量的因素

项目质量要求有明示的、隐含的和必须履行的需求或期望。明示的要求一般是指在合同环境中,用户明确提出的需要或要求,通常是通过合同、标准、规范、图纸、技术文件等所做出的明文规定。隐含的要求一般是指非合同环境(市场环境)中,用户未提出要求或未提出明确要求,而由项目组织通过市场调研进行识别的要求或需要。

项目质量必须通过一定的质量标准来体现。具备具体的质量标准才能对项目质量进行控制。项目质量要求包括项目最终交付物必须符合质量标准,也包括项目中间交付物必须符合质量标准。对于项目中间交付物的质量标准应该是尽可能详细和具体。如果实际测量的项目质量偏离了质量标准,并且超过或即将超过允许范围,就应该及时分析原因,并采取措施进行纠正。

在一般情况下,影响项目质量偏差的原因可归纳为以下五个方面:

(1) 人员

人的思想素质、责任心、质量观、业务能力、技术水平等均直接影响项目质量。因此,要注重人的工作质量,充分调动其积极性,发挥人的主导作用,才能更好地保证项目的质量。要避免因某些人的责任心不强、工作马虎、不按操作规程作业等原因,使质量产生偏差。

(2) 机械设备

所采用的机械设备应该具备生产上适用、性能可靠、使用安全、操作和维修方便等特点。保证项目质量的重要环节之一就是合理使用设备,正确地进行操作。设备维修和保养不良,也会造成质量偏差。

(3) 材料、零部件、构配件

材料、零部件、构配件的质量,要符合有关标准和设计要求。对材料、零部件、构配件要加强检查、验收,严把质量关。不同批次、不同厂家的材料、零部件、构配件在质量上会存在差异,这一点需要引起注意。

(4) 流程和工艺方法

有可能影响项目目标实现的还有流程、技术方案、检测手段、操作方法等,因此在质量控制时应运用一定的标准、规范和规程来约束这些因素。

(5) 环境

很多环境因素会影响项目质量,这些环境因素有技术环境、劳动环境和自然环境等。环境的突然变化会影响项目质量,如温度、湿度的突然变化和噪音的干扰,均可能造成项目施工质量的偏差。因此,应对可能造成质量偏差的环境因素进行分析,采取有效的控制,来应对环境的不利影响。

6.4.3 质量控制的原理

1. 反馈控制原理

质量控制是质量管理的一部分,致力于满足质量要求。可以说,项目质量控制的目标就是确保项目交付物的质量能满足相关方要求和法律法规的要求。项目质量控制要贯穿于项目质量管理的全过程。项目质量控制的工作内容包括了专业技术和管理技术两个方面。质量控制必须对项目活动的对象、原因、方式、干系人、时间、地点都给出规定。

在进行质量控制时,要明确预防与检查、偶然因素与系统因素等概念之间的区别。将错误排除在过程之外是预防,将错误排除在送达客户之前是检查。对产品质量经常起作用但是对产品质量影响并不大的因素是偶然因素,不会因为偶然因素造成废品。原材料的微小差异,机械设备的正常磨损,还有工人操作的微小变化,温度、湿度微小的变动等都属于偶然因素。偶然因素既不易识别,也难以消除,或者是在经济上不值得消除。对质量影响较大,可以造成废品和次品的因素是系统因素,就像原材料规格、品种有误,机具设备发生故障,操作不按规程等都是系统因素。这种因素较易识别,要加以避免。

反馈控制原理是根据项目目标和质量要求,对项目实施过程的质量进行监督、检查,发现偏差及时反馈,采取纠正措施,使工作按既定目标和计划进行。也就是说:反馈控制的原理就是确立标准、衡量绩效、纠正偏差。

(1) 确立标准或目标

设置标准或目标是将其作为衡量实际工作情况的根据来实施控制工作。标准可多种多样,定量的或定性的都可以。控制是以实现标准或目标为中心的。

(2) 衡量绩效

即进行绩效测量和评价。通常在某些项目工作完成之后或告一段落后进行。在此项工作进程中,必须加强监督、检查,及时获得有关信息。

(3) 纠正偏差

将测量出来的项目的实际情况与质量标准或目标进行比较,识别项目存在的质量问题和偏差,分析项目质量问题产生的原因,采取纠偏措施予以消除。

2. 循环控制原理

即 PDCA 循环控制。美国质量管理专家戴明博士在阐述质量管理方法时提出 PDCA 循环(人称"戴明循环")。全面质量管理活动的全部过程,就是质量计划的制订和组织实现的过程,这个过程就是按照 PDCA 循环,不停顿地周而复始地运转的。

PDCA 是英语单词 plan(计划)、do(执行)、check(检查)和 action(处理)的第一个字母,PDCA 循环就是按照这样的顺序进行质量管理,并且循环往复地持续进行下去的科学程序。

全面质量管理活动的运转,离不开管理循环的转动,改进与解决质量问题,赶超先进水平的各项工作,都要运用 PDCA 循环的科学程序。提高产品质量、减少不合格品,都要先提出目标,即质量提高到什么程度,不合格品率降低多少。这就要有个计划。这个计划不仅包括目标,而且也包括实现这个目标需要采取的措施;计划制定之后,就要按照计划进行检查,看是否达实现了预期效果,有没有达到预期的目标,通过检查找出问题和原因;最后就要进行处理,将经验和教训制订成标准、形成制度。PDCA 循环周而复始,每转动一周提高一步。每次循环都有新的目标和内容,产品质量水平不断有新的提高。

PDCA 循环作为全面质量管理体系运转的基本方法,其实施需要搜集大量数据资料,并综合运用各种管理技术和方法。

6.4.4 数据分析与表现的技巧

质量控制需要通过数据来说话。数据分析与表现方法对质量体系的有效运行十分有效。数据分析与表现方法可以用于数据收集与比照、市场分析、产品设计、可靠性规范、寿命和耐用性预测、过程控制和过程能力研究、确定抽样方法和质量水平、性能评定或不合格分析等多个方面。可以说,数据分析和数据表现是质量管理的重要方法。

项目交付物的质量特性值的变化受材料、工艺方法、操作者、设备、测量和环境这六个因素的影响,每个因素通常又可分为偶然性和系统性两方面。质量特性值的波动可能具有某种规律性,而这种规律性可以通过数据分析来认识和表现。

在质量控制中常用的数据分析与表现方法有:亲和图(分组、分类)、排列图、因果图、柱状图(直方图)、控制图、散点图、核查表等。

1. 亲和图

亲和图即分组示意图。对应于分层法、分类法、分组法,是分析影响质量因素的基本方法,也是加工整理数据的重要方法。此法常用于归纳整理搜集到的统计数据或由"头脑风暴法"产生的意见和想法。把收集到的数据按不同目的加以分类,把性质相同的放在一起,从而使杂乱无章、错综复杂的数据和质量问题系统化、条理化,便于区分。这样有助于找出反映产品质量问题的变化规律,采取有效措施。亲和图经常同质量管理中的其他方法一起使用,如分层排列图、分层直方图、调查表等。

2. 排列图

排列图又称帕累托(Pareto)图,是一种按发生频率进行等级排序的直方图,可以用来帮助寻找影响质量主次因素。这种方法简明易懂,形象具体。排列图由两个纵坐标、一个横坐标、若干个矩形和一条曲线构成。一般左侧纵坐标表示频数,就是各种影响质量的因素发生或出现的次数;右侧的纵坐标表示频率,也就是各种影响质量的因素在全部因素中的百分比;横坐标表示影响质量的各种因素,按其影响程度大小从左向右依次排列,每个影响因素都用一个矩形表示,矩形高度表示影响质量因素的大小。除此以外,排列图上还有一条曲线,即帕累特曲线,它表示影响质量因素的累计百分数。

排列图有两个作用:一是按重要顺序显示每个质量改进项目对整个质量问题的作用;二是识别质量改进机会。

3. 因果图

即因果分析图,又称鱼刺图(图6-1),是一种逐步深入研究和讨论质量原因的图示方法,表示质量特性波动与其潜在原因的关系。运用因果图有利于找出问题的症结,从而针对性地提出解决方案。因果图在质量管理活动中,尤其是质量分析和质量改进等活动中有广泛应用。

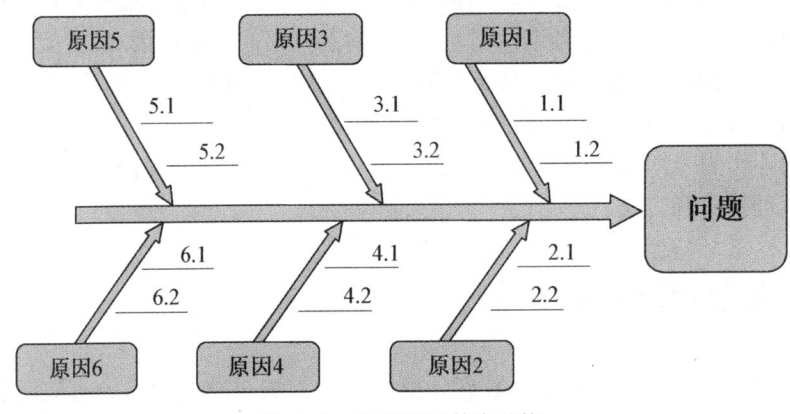

图6-1 因果图的基本结构

应用此方法时可召开会议,由组织者、管理者和操作者共同参加,根据质量问题存在的主要因素一步一步地寻找产生的原因,然后制定相应对策予以改进。

4. 柱状图

柱状图用于描述数据频度分布,能用来评价数据属性(对/错)和变量。要快速浏览某一时点的数据柱状图是非常有用的,但柱状图也存在只展示数据累积的状况,没有给出方差或随时间变化的趋势的缺点。不过,柱状图在理解数据的相对频率(百分比)或频度(数字)以及数据分布时非常有用。

如图6-2所示,柱状图可以直观地传递有关过程质量状况的信息,有利于迅速发现过程的短板,从而确定需要进行改进的着力点。

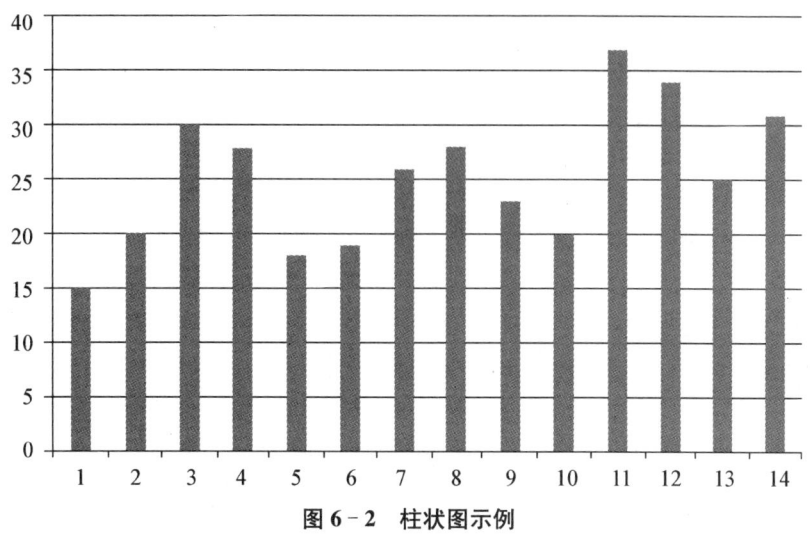

图 6-2 柱状图示例

5. 控制图

控制图又称管理图(图 6-3),就是将过程的结果对照时间而绘制的图形,它是画有控制界限的一种图表,用来分析质量波动究竟由正常原因引起还是由异常原因引起,从而判明生产或服务过程是否处于控制状态。控制图上一般有三条线,上面一条虚线叫控制上线,用 UCL 表示;下面一条虚线叫控制下线,用 LCL 表示;中间一条实线叫中心线,用 CL 表示。在测试过程中定期抽样,将测得的数据用点子描在图上,如果点子全部落在控制界限内,且点子的排列没有异常状况,表明生产或服务过程正常。如果点子越出控制界限或点子排列有缺陷,表明生产或服务过程中存在异常因素,必须查明原因,采取措施,使生产或服务过程恢复正常。

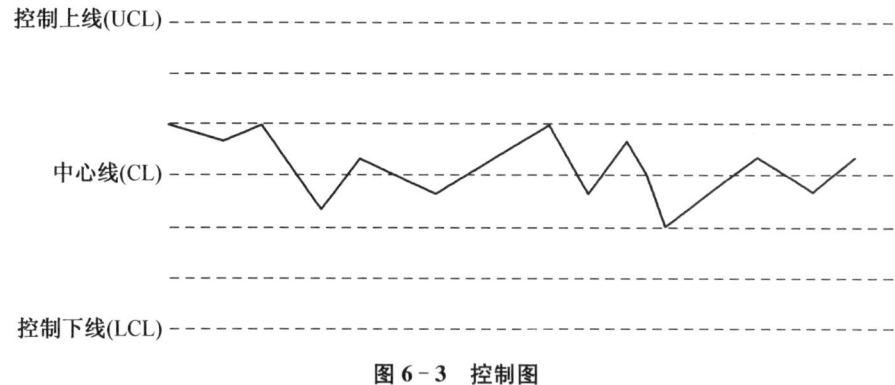

图 6-3 控制图

控制图的应用目的在于研究正在进行的过程,防止错误,使过程保持满意的控制状态,后期监测的目的则是为了找出错误。控制图的最大优势是告诉我们什么时候不需要人为干预。

6. 散点图

即散布图,又称相关图(图 6-4),是分析、判断、研究两个相对应的变量之间,是否存在相关关系并明确相关程度的方法。散布图由横坐标 X 和纵坐标 Y 构成,根据测得数据画出坐标点,进行相关性分析。

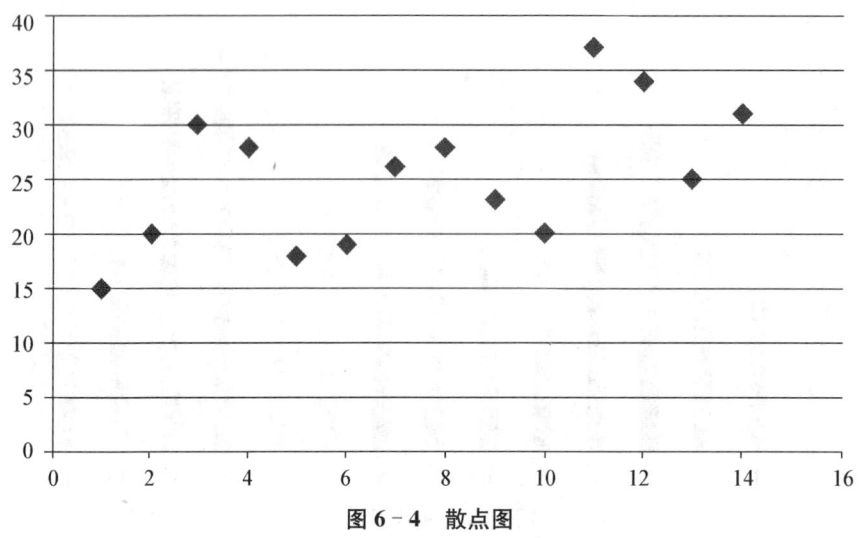

图 6-4 散点图

7. 核查表

核查表又称计数表,用于合理排列各种事项,以便有效地收集有关潜在质量问题的有用数据。表 6-3 是某规划设计研究院(项目组织)对该院编制的农业发展规划文本和图册进行质量测评的核查表。该组织为保证规划质量,实行内部三审制度。其中日期1、日期2、日期3分别是规划成果的初稿、内审稿、送外审稿的核查日期。表中空格填写发现缺陷的位置数(多少处)。

表 6-3 某地农业规划项目质量问题核查表

缺陷/日期	日期1	日期2	日期3	合计
现状分析不到位				
现状数据混乱				
与相关规划对接不好				
发展定位不明确				
规划方案不合理				
投资测算不科学				
文本与图不对应				
规划图设计有问题				
文本逻辑欠缺,前后矛盾				
文本语言不通顺				
文本中有错别字				
规划内容不完整				
规划依据不当				

参考答案

课后练习
Exercise Six

一、选择题

（一）单项选择题

1. 编制质量计划的一般要求有（　　）。
   (A) 坚持三全管理　　　　　　　(B) 坚持 PDCA 循环
   (C) 满足顾客期望　　　　　　　(D) 注重过程管理

2. 将错误排除在过程之外，称（　　）。
   (A) 检查　　　(B) 预防　　　(C) 控制　　　(D) 实施

3. 站在当今的质量角度，质量的定义应该由（　　）来确定。
   (A) 上层管理干部　　　　　　　(B) 项目管理部门
   (C) 职能管理部门　　　　　　　(D) 顾客

4. PDCA 循环的四个步骤顺序是（　　）。
   (A) 计划、实施、检查、处理
   (B) 实施、计划、纠正、检查
   (C) 检查、实施、纠正、计划
   (D) 纠正、检查、实施、计划

5. 隐含的质量要求是（　　）。
   (A) 通过合同规定的　　　　　　(B) 标准中规定的
   (C) 技术文件中规定的　　　　　(D) 用户对实体的期望

6. （　　）不是项目质量管理的原则。
   (A) 满足项目利益相关者的需求
   (B) 注重过程质量和项目交付成果质量
   (C) 管理者对持续改进负责
   (D) 考虑质量管理体系

7. 质量保证的关键词是（　　）。
   (A) 保证　　　(B) 满足　　　(C) 信任　　　(D) 质量

8. 将错误排除在送达客户之前称（　　）。
   (A) 检查　　　(B) 预防　　　(C) 控制　　　(D) 实施

9. 质量成本一般分为（　　）。
   (A) 内部损失与外部损失成本

(B) 预防成本与鉴定成本

(C) 运行质量成本与外部质量保证成本

(D) 最佳质量成本与最适宜质量成本

10. 质量保证的依据包括( )。

　　(A) 质量审核　　(B) 质量控制　　(C) 质量管理计划　　(D) 质量策划

11. 质量控制三部曲是( )。

　　(A) 计划、实施、控制　　　　　　(B) 实施、检查、纠偏

　　(C) 计划、实施、检查　　　　　　(D) 确立标准、衡量绩效、纠偏

12. 全面质量管理要求以( )为主来提高质量。

　　(A) 预防　　(B) 检验　　(C) 节支　　(D) 提高生产率

13. 规定质量管理体系术语的标准是( )。

　　(A) GB/T19000　　(B) GB/T19001　　(C) GB/T19004　　(D) GB/T19011

14. ( )是八项质量管理原则之一。

　　(A) 坚持"三全"管理　　　　　　(B) 坚持 PDCA 循环

　　(C) 超越顾客期望　　　　　　　　(D) 注重过程管理

15. 在项目进行过程中,对新材料、新工艺进行评审的费用是质量成本中的( )。

　　(A) 预防成本　　(B) 鉴定成本　　(C) 内部损失成本　　(D) 外部损失成本

16. 有关质量管理的正确说法是( )。

　　(A) 所有项目团队成员是否满意是检验和衡量质量优劣的尺度

　　(B) 质量管理针对的是"事后"的管理

　　(C) 质量管理要遵循计划—处理—检查—实施的环节

　　(D) 项目质量管理应以检查为重点

17. 中国的房屋抗震性的要求比俄罗斯高,这体现了( )。

　　(A) 质量的动态性　　(B) 质量的主体　　(C) 质量的相对性　　(D) 质量的客体

18. 测得的质量数据为 8、10、12,其标准差为( )。

　　(A) 1.15　　(B) 2　　(C) 2.83　　(D) 3.16

19. 当废品损失大时( )。

　　(A) 鉴定成本高　　　　　　　　　(B) 预防成本高

　　(C) 内部损失成本高　　　　　　　(D) 外部损失成本高

20. 为了有效地利用统计质量控制,项目团队应当了解( )之间的差异。

　　(A) 系统因素与偶然因素　　　　　(B) 定期抽样与不定期抽样

　　(C) 属性抽样与统计抽样　　　　　(D) 控制界限与操作定义

（二）多项选择题

1. ( )属于造成质量问题的偶然因素。

　　(A) 机具设备的正常磨损　　　　　(B) 操作不按规程

　　(C) 工人操作的微小变化　　　　　(D) 机具设备发生故障

　　(E) 温度的微小波动

2. 明示的质量要求,一般通过( )方式做出明确规定。

　　(A) 合同　　(B) 标准　　(C) 计划　　(D) 规范

　　(E) 技术文件

3. 质量控制的工具包括( )。
   (A) 甘特图　　(B) 排列图　　(C) 因果分析图　　(D) 质量改进
   (E) 分层图
4. ( )会影响质量。
   (A) 人　　(B) 工艺方法　　(C) 原材料　　(D) 机械设备
   (E) 项目经理的技术背景
5. 关于项目的质量,( )是正确的。
   (A) 质量的客体是产品、项目体系或过程,质量的主体是顾客和其他相关方
   (B) 质量是相对的
   (C) 质量的关注点是赋予的特性,而不是一组固有的特性
   (D) 质量是一组固有特性满足客户要求的程度
   (E) 质量是动态的

二、思考题

1. 试阐述项目质量管理的主要过程。
2. 质量计划编制可采用的方法有哪些?
3. 什么是质量保证?质量保证一般包括哪些内容?
4. 质量控制的三部曲是什么?
5. 项目质量控制的方法和工具包括哪些?

第 7 章　项目资源管理

项目资源管理包括识别、获取和管理所需资源以成功完成项目的各个过程。项目资源包括人力资源(团队资源)和实物资源(包括设备、材料、设施和基础设施等),二者在管理上对项目经理提出了不同的要求。本章详细介绍两类资源的管理要求和操作技巧。

7.1　资源管理概述

7.1.1　资源管理的核心理念

1. 团队资源管理

项目团队是由承担特定角色和职责的个人组成,他们为实现项目目标而共同努力。项目团队资源管理是根据项目目标,采用科学的方法,对项目组成员进行合理的选拔、培训、考核、激励,使其融入组织之中,充分发挥其潜能,从而保证高效实现项目目标的过程。

项目经理是项目团队的领导者,根据 PMI 的研究,随着项目组织的商业环境日益复杂和多变,对项目经理的要求越来越高。最新要求可以通过人才三角识别模型(见图 7-1)予以说明。

在图 7-1 中,领导力包括谈判、激励、组织变革管理、沟通、解决问题的能力;项目管理专业技能包括项目与项目集管理、产品知识、行业知识;战略和商业管理包括战略思考、创新、财务、营销与运营智能。

项目团队资源管理包括两个方面,一是量的方面(外在的因素),二是质的方面(内在因素)。外在因素的管理是数量的匹配,以与项目任务量相适应为佳;内在因素管理是对项目人员进行思想、心理、行为等质的方面的训练和开发。

图 7-1　PMI 最新人才三角识别模型

2. 实物资源管理

项目实物资源管理着眼于以有效和高效的方式,分配和使用项目所需要的材料、设备、用品等实物资源。为此,组织应当拥有关于资源需求(当前和未来需要多少?),资源配置(是否能满足资源需求?),资源供应(如何供应?)方面的充分数据。

3. 项目资源管理的发展趋势

PMI 研究表明:项目管理的风格正在从管理项目的命令和控制结构,转向更加协助和支持性的管理方法,通过将决策权分配给团队成员来提高团队能力。要求项目经理在提升内在和外在能力的同时,提高情商(EI);随着敏捷方法在项目中的应用,自组织团队越来越多;此外,全球化推动了对虚拟团队/分布式团队的需求的增长。

在资源管理方法上致力于寻求优化资源使用。由于关键资源稀缺,一些行业涌现出很多新招,如精益管理、准时制(JIT)生产、持续改善、全面生产维护(TPM)、约束理论等。这要求项目经理应根据所在组织是否采取新的资源管理工具,从而对项目做出相应的调整。

7.1.2 资源管理的工具与技术

资源管理过程主要包括规划资源管理、估算活动资源、获取资源、建设团队、管理团队、控制资源6个过程。在这6个过程中所采用的工具和技术详见表7-1。

表7-1 项目资源管理的主要工具和技术

工具技术名称	规划资源管理	估算活动资源	获取资源	建设团队	管理团队	控制资源
专家判断	▲	▲				
数据分析		▲				▲
人际关系与团队技能			▲	▲	▲	▲
会议	▲	▲		▲		
项目管理信息系统(PMIS)		▲			▲	▲
决策			▲			
数据表现	▲					
类比估算		▲				
参数估算		▲				
自下而上估算		▲				
问题解决						▲
组织理论	▲					
预分派			▲			
虚拟团队			▲	▲		
集中办公				▲		
沟通技术				▲		
认可与奖励				▲		
培训				▲		
个人与团队评估				▲		

从表7-1可以看出,人际关系与团队技能在资源管理中用得最多,就各个过程之间比较而言,建设团队的过程使用的工具及技术种类最多,其次是估算活动资源过程。

7.2 规划资源管理

7.2.1 过程特征

(1) 定义与作用

规划资源管理是定义如何估算、获取、管理和利用团队以及实物资源的过程。本过程的主要作用是根据项目类型和复杂程度确定适用于项目资源的管理方法和管理程度。它是识别项目及其可交付成果的质量要求或标准,并书面描述项目如何证明符合质量要求或标准的过程。这个过程的主要作用是为在整个项目执行和收尾期间如何管理和确认(验收)质量提供指南和方向。本过程仅在项目规划阶段开展一次。

(2) 过程输入与输出

本过程的工作依据(输入)主要包括:项目章程、项目管理计划(包括项目质量管理计划、范围基准)、项目文件(包括项目进度计划、需求文件、风险登记册、相关方登记册)、事业环境因素、组织过程资产。

本过程的工作结果将输出资源管理计划(含人力资源管理计划、实物资源管理计划)、团队章程、项目文件更新(包括假设日志、风险登记册)等。

由表7-1可以看出,本过程使用的主要工具与技术包括(但不限于)专家判断、会议、数据表现、组织理论。

7.2.2 制定资源管理计划的原则

在制定项目资源管理计划时,通常应遵循3项原则:

1. 整体性

制定项目资源管理计划必须以项目总体目标为依据,确保高效地实现项目总体目标。项目人员的招聘、考核、培训等工作和实物资源的数量、等级,都应该与项目总体目标相一致。另外,随着项目执行情况的变化,项目总体目标进行相应调整,项目组织所承担的任务就要相应地发生变化,相应的人员数量、结构、技能要求也会随着变化,实物资源管理的内容也会随之变化。所以资源管理计划必须根据整体性原则以项目总体目标为依据及时进行调整。同时,人力资源管理计划还应该与其他方面的计划如范围计划、成本计划、进度计划等相配合,以保证高效地实现项目总体目标。

2. 灵活性与双赢

由于项目组织的临时性以及未来的不确定性因素,资源规划必须具有一定的灵活性。要充分考虑到在项目执行过程中项目组织内外部环境可能发生的各种变化,并制定出相应对策来应对这些变化,从而保证计划的合理性和有效性。

在编写人力资源管理计划时,应考虑组织和个体双方的利益,努力实现组织与个人双赢。一方面人力资源管理计划要创造良好的工作环境,充分发挥项目组织中每一个团队成员的积极性,以保证项目目标得以实现。另一方面,人力资源管理计划也要切实关心每一个项目团队成员的物质、精神、职业发展的需求,帮助他们实现个人目标。

3. 滚动安排,粗细有序

对于较长周期的项目,要采用近期详细、远期粗略、定期更新的滚动计划法。其基本原理是:用近细远粗的办法制定计划,经过一段固定的时期(滚动期,如图7-2图的滚动期为一年),便根据环境的变化和项目的执行情况对原计划进行修订,依此逐期滚动直至最后一期。

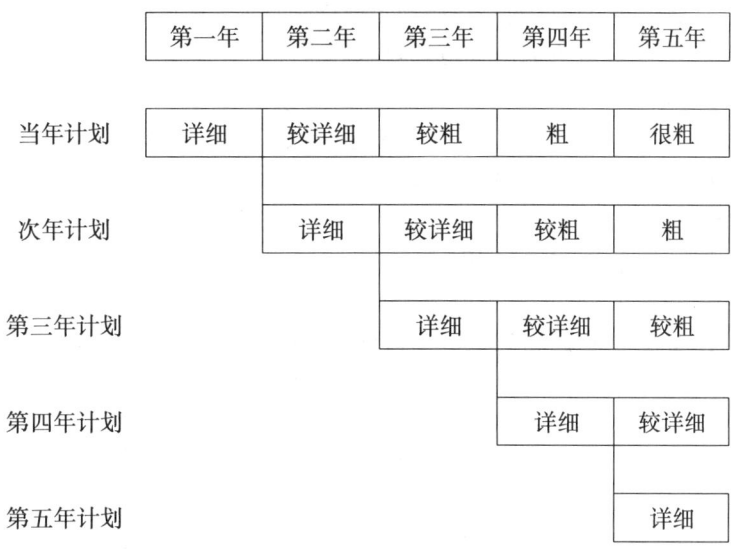

图7-2 滚动计划示例图

由图7-2中可知,该项目规划期为5年,第一年的计划根据当年项目情况和环境条件详细制定,第二年次之(比较详细),第三年较粗,第四年粗,第五年很粗;第二年对当年的计划详细修订,第三年由较粗修订为比较详细,对第四年计划由粗改为比较粗,对第五年由很粗改为比较粗;第三年对当年的计划详细修订,对第四年由较粗修订为比较详细,对第五年由粗改为比较粗;依次类推。

运用滚动计划法制定资源管理规划,可以保证长期计划与短期计划的紧密衔接,从而使项目组织始终有一个切实可行的计划做指导。

7.2.3 团队资源配备规划

团队资源配备对于项目组织而言是一项十分重要的工作。合理的人员配备不仅可以降低人力资源成本,而且有利于充分地挖掘人力资源的潜力,提高项目组织的工作效率;同时选择合适的项目团队成员对项目的成功也是非常关键的。

1. 人员配备计划的内容

一般来说人员配备计划应根据项目总体目标的要求制定出在项目整个执行过程中人力资源配置的规划和安排。人力配备计划应具体说明需要多少个岗位,每个岗位的具体任务和职责,每个岗位需要的能力、技巧和资格,每个岗位所需人员的获得情况及配备的具体安排和打算。

大体来说人员配备计划分为工作分析和人员选配两个步骤。

第一步:工作分析。

人员配备计划的首要工作是工作分析。工作分析是通过分析项目的类型来确定需要的项目成员的数目及担当的职责。工作分析的最后结果是形成工作说明书与工作规范。

工作说明书是工作分析的书面文件之一,是一种说明岗位性质的文件,包括职责定义与说明,即每个工作岗位的内容和权限等。

工作规范主要是根据工作说明书中所规定的岗位职责,说明对担当该岗位工作的人员的特定知识、能力和个性特征等方面的规范化要求。

第二步:选配人员。

工作分析明确了项目组织中需要的人员数量和质量,选配人员工作则是根据工作说明书和工作规范,对每个岗位所需人员的获得及配备做出工作安排。

2. 人员选配计划的原则

人员配备计划一般应遵循以下原则:

(1) 目标性原则

人员配备计划应以实现项目目标为中心,即项目组织的一切人员的配备必须为实现项目目标服务。根据实现项目总体目标所需完成的工作要求,合理配备人力资源,以保证项目目标的实现。

(2) 人尽其才原则

在人员配备计划中,必须充分考虑每一位组织成员的经验、知识、能力、兴趣、爱好和需求,并深刻理解各岗位及工作的性质和要求,使得团队成员能充分地发挥自己的聪明才智。

(3) 专业性原则

进行岗位划分时要充分使工作岗位的内容尽量专业化。

(4) 灵活性原则

由于项目目标的实现过程中会发生许多意想不到的变更,比如项目团队成员的突然撤离,或者材料的延误等不可预测因素的存在,那么运行中的项目也会发生变更。因此,项目团队成员工作的安排要求具有较大的灵活性,有时需要安排一人兼任多个岗位或完成跨组织的工作等。

7.3 估算活动资源

估算活动资源是估算执行项目所需的团队资源,以及材料、设备和用品的类型与数量的过程。本过程的主要作用是明确完成项目所需的资源种类、数量和特性。本过程应根据需要在整个项目期间定期开展。

7.3.1 过程特征

(1) 过程输入与输出

本过程工作的依据(输入)主要包括:项目管理计划(特别是资源管理计划、范围基准)、项目文件(如活动属性、活动清单、假设日志、成本估算、资源日历、风险登记册等)、事业环境因素、组织过程资产。

本过程工作成果(输出)主要包括:资源需求、估算依据、资源分解结构、项目文件更新(包括活动属性、假设日志、经验教训登记册)。

(2) 主要工具与技术

本过程的主要工具与技术包括:专家判断、数据分析、会议、项目管理信息系统(PMIS)、数据表现、类比估算、参数估算、自下而上估算等。在使用专家判断时,要求专家具备团队和实物资源规划和估算知识,或经过专门训练;数据分析包括(但不限于)备选方案分析;会议的参加者一般包括项目经理、发起人、部门经理、选定的项目团队成员、选定的相关方和其他人员;管理信息系统可以包括资源管理软件;数据表现主要是各种图表(下节专门介绍);类比估算、参数估算以历史数据和经验模型为基础;自下而上对资源需求进行估算,先从活动级别上开始,然后汇总成工作包、控制账户和总体项目层级上的估算。

7.3.2 本过程数据呈现的重要形式

本过程数据呈现的重要形式是项目资源说明书。其主要目的是对项目各项活动所需资源的种类和数量进行明确的描述,并主要用各种形式的表格和图形来体现,如资源计划矩阵、资源数据表、资源横道图、资源负荷图、资源累积需求曲线等。

1. 资源规划矩阵

资源规划矩阵以项目工作分解结构(WBS)中工作包为基础,明确表示出工作分解结构,以及每个工作包(总共 m 个)分别需要什么类型的资源(假设资源总共 n 种)及其数量,如表 7-2 所示。

表 7-2 资源规划矩阵

资源类别	资源 1	资源 2	…	资源 n	备注
工作包 1					
工作包 2					
…					
工作包 m					
资源合计					

2. 资源数据表

资源数据表不同于资源规划矩阵,资源数据表主要内容是在项目周期中各个关键时点(假设一共有 k 个时点)上资源使用和安排情况,而不是对项目所需资源的一个统计说明,如表 7-3 所示。

表 7-3 资源数据表

时间节点	节点1	节点2	…	节点k	合计
资源1					
资源2					
…					
资源n					
资源折算成本					

在表 7-3 最后一行中,将各种资源折算成本,它是同列各栏目资源数量与其价格的乘积之和。这一行数据很有意义,它反映资金需求的分布规律。这一行数据从左向右累加,便是构成 S 曲线的基本数据。

3. 资源横道图

资源横道图比较直观地显示资源在各个项目周期各个时间节点上的使用情况,是资源数据表的更加直观的形式。尽管不能显示出资源利用效率方面的问题,但是其直观明了,常被项目管理者使用,如图 7-3 所示。

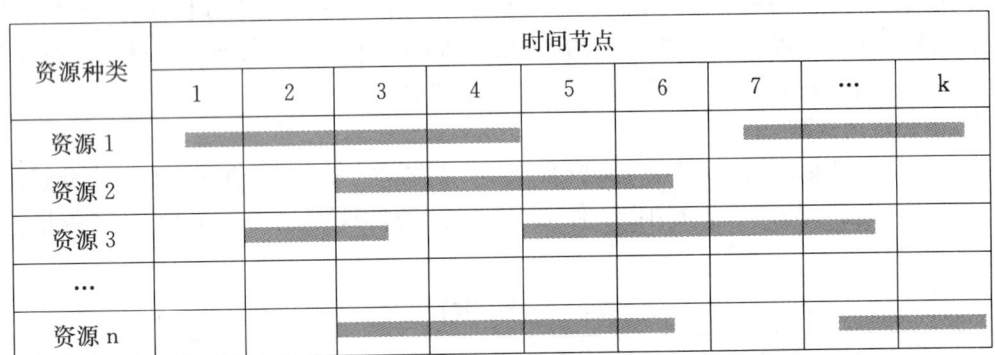

图 7-3 项目资源横道图

4. 资源负荷图或资源负荷曲线

资源负荷图可以用于反映随着项目的进展,资源被消耗或利用的情况,这里的资源包括资金、劳动力、专用设备等。每图用于一种特定资源,因此,有几种资源计划就需要有几幅独立的图形。

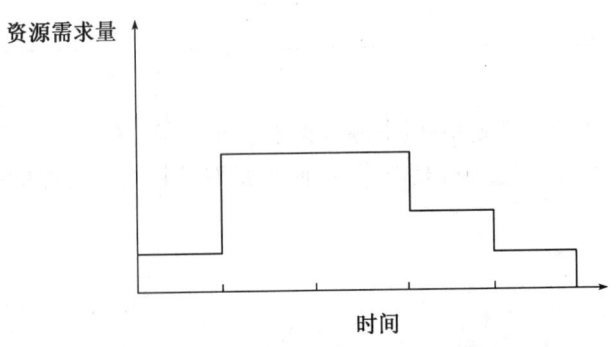

图 7-4 某资源负荷图或需求分布曲线

在实践中,很多项目经理喜欢用柱状图来表示项目对资源到位的时间和数量的需求。这种做法不仅契合实际,而且很有价值。尤其是用柱状图表示资金需求的分布,对于构造 S 曲线(累计成本曲线)非常便捷、客观。

7.4 获取资源

7.4.1 过程特征

获取资源是获取项目所需的团队成员、设施、设备、材料、用品和其他资源的过程。本过程的主要作用是概述和指导资源的选择,并将其分配给相应的活动。本过程应根据需要在整个项目期间定期开展。

(1) 输入与输出

获取资源过程工作依据(输入)主要包括:项目管理计划(包括资源管理计划、采购管理计划、成本基准)、项目文件(包括项目进度计划、资源日历、资源需求、相关方登记册)、事业环境因素、组织过程资产。

本过程工作成果(输出)主要包括:物质资源分配单、项目团队派工单、资源日历、变更请求、项目管理计划(包括资源管理计划、成本基准)、项目文件更新(包括经验教训登记册、项目进度计划、资源分解结构、资源需求、风险登记册、相关方登记册)、事业环境因素更新、组织过程资产更新。

(2) 主要工具与技术

在获取资源过程中,常用的主要工具与技术包括:人际关系与团队技巧(如与职能经理、供应商等进行谈判)、决策(主要是多标准决策分析)、预分派(包括事先承诺分派特定人员从事项目工作,或事先确定项目的实物或团队资源等)、虚拟团队(具有共同目标,在完成角色任务过程中很少或没有时间面对面工作的一群人)。

7.4.2 项目人员的招聘

项目团队成员招聘是项目获取资源的一项重要工作,这项工作的好坏关系到项目的成功或失败。因为项目的各项工作都是由人来完成的,若没有招聘到合适的项目成员,就无法保证项目目标的实现。项目人员招聘的目标就是力求保证项目团队能获得完成项目目标所需的人力资源。

1. 人员招聘的基本途径与内容

项目人员招聘可以在公司组织内部进行招聘,也可以在社会上广纳贤才。人员招聘主要可以分为两方面内容:一是发布招聘信息吸引符合要求的申请者;二是管理者对申请者进行能力、技巧及资格等方面的甄别,以确保招聘到的人员能够胜任该项目的工作。

2. 人员招聘工作的程序

人员招聘的基本程序如下:

(1) 项目组织根据人员配备计划确定的途径和招聘方式发布招聘信息。

(2) 应聘者向项目组织提出应聘申请,并递交有关证明材料,如个人简历、学历证明、技能证明等。

(3) 项目经理对候选人进行辨别和甄选,挑选出能够胜任项目工作的人。

(4) 完成人员选择之后为入选人员办理各种录用手续、组织岗前培训、试用等。

(5) 人事档案归档。

7.4.3 项目人员培训

培训可以弥补招聘工作的不足。有些人员在社会上不一定能招到,或者招聘的成本太高,在这种情况下,对企业内部的人员进行培训,再将他充实到项目团队,也不失为一种可行的选择。即使是招聘来的合适的人员,在上岗前和岗位中也应根据项目进展的具体情况,经常开展培训工作。所以,培训是项目资源管理的重要内容。

由于社会的发展和技术的进步,工作岗位的要求不断提高,几乎所有的成员,即使是高度合格的人,也需要经过培训才能最让人满意地完成项目团队工作。

培训计划是培训工作的行动指南,它应根据人力资源配备计划、项目进度计划、工作说明书及工作规范等文件的要求,做出项目目标实现过程中对项目组织各类人员的培训安排。

编制培训计划一般包括以下步骤:(1) 评估培训的需求;(2) 确定培训的目标;(3) 选择恰当的方法;(4) 安排培训的时间;(5) 评价培训的效果。

7.4.4 资源分配单与派工单

物质资源分配单与项目团队派工单是资源获取过程的重要成果。

物质资源分配单记录何人何地配备何种物质资源(包括材料、设备、用品、空间及其他实物资源)。

项目团队派工单记录团队成员在项目中的角色分工,包括团队名录、项目组织结构图和进度计划中的分工表。责任分配矩阵(RAM),尤其是 RACI 矩阵(R—执行、A—负责、C—咨询、I—知情),可视为派工单的一种特殊形式。参见表 7-4。

表 7-4 某规划设计项目的 RACI 矩阵

RACI 矩阵	人员			
活动名称	团队成员甲	团队成员乙	团队成员丙	项目顾问
规划合同签订	A	R	I	C
顾问团队组建	A	I	I	R
内部资料收集	I	A	I	I
外部资料收集	I	I	A	I
规划方案咨询	I	I	I	A

(续表)

RACI矩阵	人员			
活动名称	团队成员甲	团队成员乙	团队成员丙	项目顾问
立地条件研究	I	A	I	I
产业专项研究	I	I	A	C
规划方案编制	I	A	I	C
专题研究报告	I	I	A	I
规划评审与修正	A	R	R	C
成果整理与提交	I	A	R	I

7.5 建设团队

7.5.1 过程特征

建设团队是提高工作能力、促进团队成员互动、改善团队整体氛围，以提高项目绩效的过程。本过程的主要作用是改进团队协作、增强人际关系技能和胜任力、激励员工、减少摩擦以及提升整体项目绩效。本过程需要在整个项目期间开展。

（1）过程的输入与输出

建设团队过程的工作依据（输入）包括：项目管理计划（主要是资源管理计划）、项目文件（包括经验教训登记册、项目进度计划、项目团队派工单、资源日历、团队章程）、事业环境因素、组织过程资产。

本过程的输出主要是：团队绩效评价、变更请求、项目管理计划更新（主要是资源管理计划）、项目文件更新（包括经验教训登记册、项目进度计划、项目团队派工单、资源日历、团队章程）、事业环境因素更新、组织过程资产更新。

（2）主要工具与技术

在团队建设过程中，除了常用的人际关系与团队技巧（主要是冲突管理、影响力、激励、谈判、团队建设活动等）、会议（如项目说明会、团队建设会议、团队发展会议等）、沟通技术（包括共享门户、视频会议、电子邮件、聊天软件等）等通用工具以外，还有一些团队建设特有的技术，如虚拟团队、集中办公、认可与奖励、培训、个人与团队评估等。

7.5.2 高效项目团队的奥秘

仅把一组人员集合在一个项目中共同工作，并不能形成团队。项目团队不是指仅被分配到某个项目中工作的一组成员，而是指一组互相信赖的人员齐心协力进行工作，以实现项目目标。要使团队成员发展成为一个有效协作的团队，既要项目经理付出努力，也需要项目团队中每位成员的付出。项目团队工作是否有效率,决定项目的成败。怎样才能提高项目团队的工作效率?有人从实践中总结出两个奥秘。

(1) 使每个成员清晰理解项目目标

为使项目团队工作有成效,要高度明确工作范围、质量标准、预算和进度计划。每个团队成员必须对项目目标以及由此带来的益处有共同的理解。

(2) 明确每位成员的角色和职责

有成效的项目团队成员要参与制定项目计划,并明确自己及同事的角色和职责,这样他们就能知道怎样将他们的工作结合起来。团队成员要重视彼此的知识与技能,并能肯定为实现项目目标所付出的劳动。每位成员承担自己职责,完成他(她)在项目中的任务。

【例 7-1】 某规划设计研究院的团队建设

A公司是一家由某大学主办的农业规划设计研究院。该组织对一般农业和农村发展项目的规划流程和分工详见表7-4。该组织在长期实践中已经形成了有效工作团队(主要成员有甲、乙、丙和项目顾问等)。其中团队成员甲是项目经理,具体负责合同签订、顾问团队组建和项目验收等工作,成员乙专门负责对客户内部资源的研究,包括客户拥有的土地、水资源、劳动力资源以及其他立地条件研究;成员丙负责相关产业研究,包括市场、技术、产业经济环境等外部条件的研究。由于团队分工明确,团队主要成员平时都积极、主动地加强自身知识积累与技能训练,团队执行项目的能力不断提高。该组织成立不到5年,就已经创建成全国知名品牌。

7.5.3 项目团队建设方式

如何建设一个有效的项目团队?以下几种方式在实践中得到广泛的检验和认同。这些方式包括团队建设活动、绩效考核与激励、集中在一起工作和培训。

(1) 团队建设活动

团队建设活动包括为提高团队运作水平而进行的管理和采用的专门的、重要的个别措施。例如:在计划过程中有非管理层的团队成员参加,或建立发现和处理冲突的基本准则;尽早明确项目团队的方向、目标和任务,同时为每个人明确其职责和角色;邀请团队成员积极参与解决问题和做出决策;积极放权,使成员进行自我管理和自我激励;增加项目团队成员的非工作沟通和交流的机会,如工作之余的聚会、郊游等,提高团队成员之间的了解和交流。这些措施作为一种间接效应,可能会提高团队的运作水平。团队建设活动没有一个确定的定式,主要是根据实际情况进行具体的分析和组织。

(2) 绩效考核与激励

绩效考核与激励是人力资源管理中最常用的方法。绩效考核是通过对项目团队成员工作业绩的评价,来反映成员的实际能力以及对某种工作职位的适应程度。激励则是运用有关行为科学的理论和方法,对成员的需要予以满足或限制,从而激发成员的行为动机,激发成员充分发挥自己的潜能,为实现项目目标服务。

(3) 集中在一起工作

集中安排是把项目团队集中在同一地点,以提高其团队运作能力。由于沟通在项目中的作用非常大,如果团队成员不在相同的地点办公,势必会影响沟通的有效进展,影响团队目标的实现。因此,集中安排被广泛用于项目管理中。例如,设立一个"作战室",队伍可在其中集合,并在墙上张贴进度计划及新信息。在一些项目中,集中安排可能无法实现,这时可以采用安排频繁的面对面的会议形式作为替代,以鼓励相互之间的交流。

(4) 培训

培训包括旨在提高项目团队技能的所有活动。培训可以是正式的(如教室培训、利用计算机培训)或非正式的(如其他队伍成员的反馈)。如果项目团队缺乏必要的管理技能或技术技能,那么这些技能必须作为项目的一部分被开发,或必须采取适当的措施为项目重新分配人员。培训的直接和间接成本通常由执行组织支付。

在项目资源管理中,团队建设的效果会对项目的成败起到很大的作用,特别是某些较小的项目,项目经理可能是由技术骨干转换过来的,对于团队建设和一般管理技能掌握得不够,易造成团队成员之间的关系紧张,最终影响项目的绩效。这就更加需要掌握更多的管理知识以适应项目管理的需要。

7.6 管理团队

7.6.1 过程特征

管理团队是跟踪团队工作表现、提供反馈、解决问题并管理团队的变更,以优化项目绩效的过程。本过程的主要作用是影响团队行为、管理冲突,以及解决问题。本过程需要在整个项目期间开展。

(1) 过程的输入与输出

管理团队过程是执行资源管理计划的过程。本过程的输入包括:项目管理计划(主要是资源管理计划)、项目文件(包括问题日志、经验教训登记册、项目团队派工单、团队章程)、工作绩效报告、团队绩效评价、事业环境因素、组织过程资产。

过程输出文件一般是:变更请求、项目管理计划更新(包括资源管理计划、进度基准、成本基准)、项目文件更新(包括问题日志、经验教训登记册、项目团队派工单)、事业环境因素更新。

(2) 工具与技术

由表 7-1 可以看出,本过程使用的主要工具与技术包括(但不限于)人际关系与团队技能和项目管理信息系统(PMIS)。其中项目经理的人际关系与团队管理技能的高低是决定本过程绩效的关键因素。项目经理需要学习、掌握项目团队在不同发展阶段的不同特点,有针对性地采用不同的领导策略和方法。

7.6.2 项目团队管理的主要内容

项目团队管理的主要内容是人员配备、人员的甄选和人力资源开发。

(1) 人员配备

人员配备计划是根据项目资源规划的要求,制定出在整个实施过程中人力资源配备的规划和安排。一般而言,人员配备计划应具体说明需要的人员数目、岗位的职责及岗位需要的工作能力和资格等。

(2) 人员的甄选

人员的甄选是根据项目计划的要求,确定整个项目周期各阶段所需要的各类人员的数量和技能,并通过招聘或其他方式,获得项目所需要的人力资源,从而构建项目团队的过程。

(3) 人力资源开发

人力资源开发包括培训、考核和激励等内容。培训包括项目团队成员的岗前培训和在岗培训,以保证项目团队成员能胜任所担任的工作,并在实现项目目标的过程中不断提高个人素质;考核是对团队成员的绩效进行评价,以实现公正客观的人事决策过程;人员激励则是通过采取恰当的措施,调动团队的积极性,从而使大家努力工作的过程。项目中的团队成员对项目的成功起到非常关键的作用。大多数项目经理都认为有效地管理人力资源是他们所面临的最为艰巨的挑战。

7.6.3 项目团队成长的一般规律

要管理好项目团队,必须理解项目团队的发展规律。项目团队发展一般会先后历经4个阶段:形成(forming)、震荡(storming)、规范(standardizing)和表现(performing)。

1. 形成阶段

形成阶段是团队发展进程中的起始阶段,该阶段中个体成员转变为团队成员,类似于交友中初期的约会。这时,团队中的人员开始相互认识。在这个阶段中,团队成员总体上有一个积极的愿望,急于开始工作。团队要建立起形象,并试图对要完成的工作明确划分并制定计划。然而,这时由于个人对工作本身和他们相互关系的高度焦虑,几乎没有进行实际工作。团队成员不了解他们自己的职责及其他项目团队成员的角色。在形成阶段,团队需要明确方向,要靠项目经理来指导和构建团队。

这一阶段团队的士气一般比较高,情绪特点包括激励、希望、怀疑、焦急和犹豫。每个人在这一阶段都有许多疑问:我们的目的是什么?其他团队成员是谁?他们怎么样?每个人急于知道他们能否与其他成员合得来,能否被接受。由于无法确定其他成员的反应,他们会犹豫不决。成员会怀疑他们的付出是否会得到承认,担心他们在项目中的角色是否会与他们的个人及职业兴趣相一致。

2. 震荡阶段

团队发展的第二个阶段是震荡阶段。如同青少年时期通常对每个人都是紧要的时期一样,你必须经历,不得马虎,也不能逃避。

这一阶段,项目目标更加明确。成员们开始运用技能着手执行分配到的任务,开始缓慢推进工作。现实也许会与个人当初的设想不一致。例如,任务比预计的更繁重或更困难,成本或进度计划的限制可能比预计的更紧张。成员开始着手工作后,他们越来越不满意依靠项目,对项目经理的指导或命令可能也有些反感。例如,他们可能会消极对待项目以及项目经理在形成阶段建立的一套操作规程。团队成员这时会利用一些基本原则来考验项目经理的缺点及灵活性。在震荡阶段,冲突发生、气氛紧张,需要为应付及解决矛盾达成一致意见。这一阶段士气很低,成员们可能会抵制形成团队,因为他们要表达与团队联合相对立的个性。

震荡阶段的特点是人们有挫折、愤怒或者对立的情绪。工作中,每个成员根据其他成员的情况,对自己的角色及职责产生更多的疑问。当开始遵循操作规程时,他们会怀疑这类规程的实用性和必要性。成员们希望知道他们的控制程度和权力大小。

3. 规范阶段

经受了震荡阶段的考验后,项目团队就进入了发展的规范阶段。团队成员之间、团队与项目经理之间的关系已确立好了。绝大部分个人矛盾已得到解决。总的说来,随着个人期望与现实情形——要做的工作、可用的资源、限制条件、其他参与人员——相统一,人们的不满意情绪也就减少了。项目团队接受了这个工作环境,项目规程得以改进和规范化。控制及决策权从项目经理移交给了项目团队,凝聚力开始形成,有了团队的感觉,每个人觉得他是团队的一员,他们也接受其他成员作为团队的一部分。每个成员为取得项目目标所做的贡献得到认同和赞赏。

这一阶段,随着成员之间开始相互信任,团队的信任得以发展。大量地交流信息、观点和感情,合作意识增强,团队成员互相交换看法,并感觉到他们可以自由地、建设性地表达他们的情绪及评论意见。

4. 表现阶段

表现阶段是团队发展成长的第4个阶段,也是最辉煌的阶段。项目团队积极工作,急于实现项目目标。这一阶段的工作绩效很高,团队有集体感和荣誉感,信心十足。项目团队能开放、坦诚、及时地进行沟通。在这一阶段,团队根据实际需要,以团队、个人或临时小组的方式进行工作,团队相互依赖性高。他们经常合作,并在自己的工作任务外尽力相互帮助。团队能感觉到高度授权,如果出现问题,就由适当的团队成员组成临时小组,解决问题,并决定如何实施方案。随着工作的进展并得到表扬,团队获得满足感。个体成员会意识到为项目工作的结果是,他们正获得职业上的发展。

上述4个阶段团队精神状态(士气)和工作绩效的变化曲线如图7-5所示。

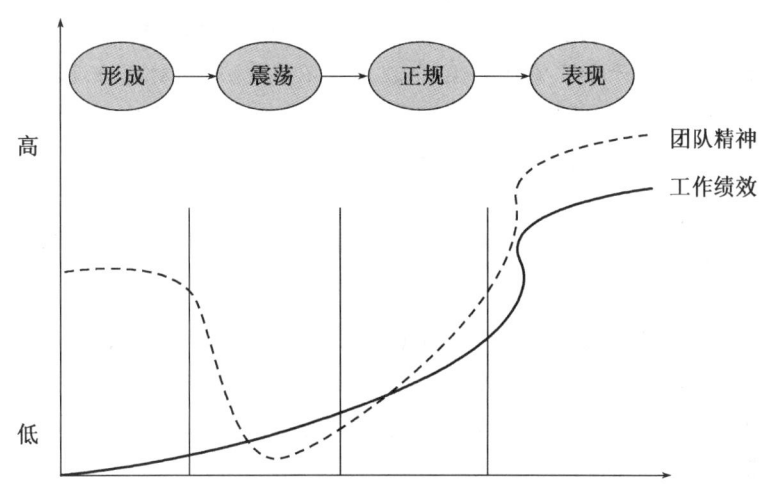

图7-5 团队发展不同阶段的士气与工作绩效

图7-5说明团队士气与工作绩效在前期的不一致性和后期的一致性。在项目初期团队刚刚形成阶段,士气很高但工作绩效增长缓慢。当团队发展进入震荡期,团队精神急剧下落,

此时应采取适当措施，使团队精神掉头向上；工作绩效在这一阶段仍是缓慢上行。团队经过震荡阶段的磨合，进入规范阶段后，其团队精神和工作绩效方向一致，都是常速上行。在团队发展的第四阶段（表现阶段），团队精神和工作绩效方向保持一致，加速上行，在接近某一极限附近才趋于平缓。

根据 B. W. 塔克曼（B. W. Tuckman）的研究，团队经历每一阶段所需要的时间和付出的努力受人数多少、有无共同工作经历、项目的复杂程度以及团队成员的工作能力和个人素质等因素影响。所以，项目经理要根据项目团队和项目任务的具体情况，领悟团队发展一般规律的作用机理，准确判断本项目的特殊性和团队所处的发展阶段，及时采取相适应的措施。

【例 7-2】 项目经理 Y 的故事

T 公司是一个软件开发公司，由于项目管理混乱出现了诸多问题，特招聘了一名从大公司来的项目经理 Y。

Y 到 T 公司后，制定了很多的措施，如：与每一个项目成员当面交流了解项目状况，建立交流的统一平台，制定了通用和专用的工作文档模板，建立了配置管理服务器，制定了项目制度，加强了项目的制度和定期交流，开展了以前从来没有的项目培训及 CMM 推广。

三个月就起到了很好的效果，推卸责任的事少了，工作效率提高了、工作成果和会议有了文档记录，项目有了计划和控制，员工积极性高涨，合作伙伴、客户对项目问题的解决速度和质量予以认可，对公司的回款起到了很大的帮助。

正在大家对项目充满信心时，公司部门经理 Z（原项目经理）以项目经理 Y 对项目业务不能很好地理解为理由，提出 Y 没有能力带领项目团队，应延长他的试用期。而且人事经理 B，认为团队的绩效是 Y 以前公司的成果，不属于 Y 的工作成绩。

Y 于是想提出离开公司。项目组员工知道了这件事后，一致要求 Y 不要离开公司，坚持下来，因为大家有信心一起把项目做好。Y 就没离开公司。但事后，公司进行了二个月封闭式开发，没有让 Y 的参与，项目组留下 Y 一个人待在公司。团队所有的其他成员都有工作，就是没有 Y 的工作，但项目开发的进度和交流进展很顺利，项目初期成果得到了客户的认可。这时公司应部门经理的要求开除了项目经理 Y，理由是不热爱公司，对项目没有兴趣。

在这四个多月的时间内，项目经理 Y 在 T 公司是失败，还是成功？项目经理 Y 离开后，部门经理 Z 利用现有环境，有能力把项目带好吗？

7.5.4 项目团队的考核和激励

项目团队合理的考核和激励制度是高效项目团队建设的必要保障。一位项目经理应承担多大的责任，如何进行考评，应获得多大的利益，如何对其进行有效的激励？对项目团队成员又如何进行有效的激励？对于一个项目组织，这些问题都需要得到正确的答案。

1. 团队绩效考核制度的内容

团队绩效考核制度主要包括团队成员个体工作绩效的考核、项目团队整体的考评、团队对总公司的影响三个方面。

（1）团队成员工作绩效考核

团队成员工作绩效的考核主要是通过团队成员的自我考评和外部考评两个方面来进行。

外部考评主要由客户的评价、其他部门人员的评价和领导的评价构成。由于时间、成本等因素,外部评价不可能频繁进行,也难以做到全面、公正。因此,对团队成员个体的评价,在很大的程度上靠团队内部队员的相互评价和自我评价。

(2) 项目团队整体考评

项目团队的考评也要由内部考评与外部考评相结合。首先,团队成员对本团队的工作进行一个全面系统的评价,这是一个总结经验的过程;其次,要考虑外部对团队成员成绩的评价,例如,客户的评价、总公司的评价等。对团队总体成绩的考评之后,需确立一个个人成果与团队成果挂钩的激励机制。

(3) 团队业绩对总公司的影响

项目团队是总公司(项目组织)的一部分,团队业绩对总公司业务或战略的影响作用可由组织中其他主体进行考评。

2. 团队绩效考评制度设计与执行的要点

在团队绩效考评制度设计与执行中,要把握4个要点:

(1) 在团队建立之初,就应建立绩效考评制度,并且将其贯穿于团队运行的全过程。

(2) 团队个体成员的考评指标设计,应做到定性与定量相结合,最终可进行量化处理。指标的构成和测算方法事先应让每个成员知晓,以指导其自觉地提高个人业绩水平。

(3) 团队整体考评是全方位、全过程的,而且考评过程需要全体团队成员及其他相关者的共同参与,在评估的全过程中都要求每个成员充分了解规范和流程,进行全面的评价。

(4) 考评制度的实施不得讨价还价。在实施过程中要严格执行考核制度,不能随意更改,不恰当的问题应由专门机构负责调整。

3. 项目团队的激励机制

项目团队的激励机制,包括方式的选择、制度的设计和激励机制运行3个方面。

激励方式的选择,要充分考虑项目团队队员的需求、项目团队的整体要求和社会环境等外部因素;激励制度的设计,要将个人因素和诱导因素相结合,着重考虑团队目标体系和行为规范,还要包括分配制度和信息沟通制度;激励机制的运行,首先要重视团队与队员间的双向沟通,其次要让团队成员有选择各自行为的机会,第三是坚持阶段性评价,第四是搞好年终考评与奖酬设计,最后要加强信息的再沟通。

【例7-3】 同声软件公司的考评项目团队

同声公司是一家著名的软件公司,自创业以来已经闻名于省内外。他们主要开发生产办公自动化软件,并承接网络的设置和维护工作。因为他们工作积极、热情,并拥有先进的技术人员,所以,许多大型的企事业单位都与同声签订了长期的合作协议。当然,在项目任务不是很紧的时期也为一些新的用户服务。省内虽然有大大小小近千家的软件公司,但50%的市场份额都由同声公司控制着,省内的银行、大型企业集团以及高新开发区中的部分外资企业都是它的老客户。

成绩是显著的,创业是艰苦的,每位员工都珍惜着今天得之不易的好局面。在回忆公司走过的历程时,李总经理说:"每位员工都很优秀,我和管理层的干部很少干涉项目成员的具体工作,他们都是自我管理,知道应该做什么,该怎样干。同声成功的法宝是我们的团队精神。"

的确,同声公司自创业以来便积极推行团队精神。在生活上,公司领导关心每位成员的生活状况,并积极为公司员工提供力所能及的帮助,这使得这批年轻的公司职员颇为感动,从而产生强烈的一体感和归属感,公司就是他们的家。在企业的文化建设方面,同声更是不惜本金。在企业艰苦创业的时期,公司也要挤出一定的经费为员工举办一些活动,比如周末举行小舞会或小比赛等。在公司取得了较好的营业利润时,又经常组织员工们集体旅游等。

一天,总经理叫来了财务部小王说:"年关已到,我准备让你和另外两位员工(市场部的小陈和秘书处的小马)组成一个考评小组,为公司的每位成员做评估,评估结果将与他们的薪水和奖金挂钩。"

一支考评小组很快就组建起来了,小王是项目经理,小陈和小马是该项目团队的两位队员。准备工作很简单,项目组马上进入执行期,开始为公司的每位员工做评估资料。

"我看这是一个很好的机会,我们应该为自己做一份好的评估材料,你知道这将与我们的薪水和奖金挂钩。"年轻的小马简直有点欣喜。"是的,这真是一个好机会,我们的市场部经理对我的工作要求近乎残忍,在去年的工作考评中,我分明已完成既定的50万元的业务量,但是他硬是说我回款不及时少给了我20%的奖金。这次我一定要给他的考评资料做得稍微差一点。"新来的小陈仿佛积压着满腹的怨水。

项目经理小王对总经理配备的两位"精兵强将"感到无可奈何,说:"嘿,我说同志们,你以为我们这是损人利己的项目吗?"

案例问题:
(1) 同声软件开发公司成功的法宝是什么?公司在此方面都做了哪些工作?结合实践,谈谈它的重要性。
(2) 三人的考评小组是否是真正意义上的项目团队?为什么?
(3) 如果考评小组是项目团队,那么它可能经历发展周期的哪个阶段?
(4) 该项目团队是否是一支有效的项目团队?为什么?
(5) 该项目团队的主要目标是什么?
(6) 你认为该项目小组在任务结束后还会继续存在吗?

7.7 控制资源

7.7.1 过程特征

控制资源是确保按计划为项目分配实物资源,以及根据资源使用计划监督资源实际使用情况,并采取必要纠正措施的过程。本过程的主要作用是确保分配的资源适时适地可用于项目,且在不再需要时被释放。本过程需要在整个项目期间开展。

1. 过程输入与输出

分配和监督实物资源使用的依据(过程输入)是:项目管理计划(主要是资源管理计划)、项目文件(包括问题日志、经验教训登记册、物质资源分配单、项目进度计划、资源分解结构、资源需求、风险登记册)、工作绩效数据、协议、组织过程资产。

本过程的输出主要是:工作绩效信息、变更请求、项目管理计划更新(包括资源管理计划、进度基准、成本基准)、项目文件更新(包括假设日志、问题日志、经验教训登记册、物质资源分配单、资源分解结构、风险登记册)。

2. 工具与技术

控制实物资源分配和使用的主要工具与技术是:数据分析(包括备选方案分析、成本效益分析、绩效测量与比较分析、趋势分析等)、人际关系与团队技能、项目管理信息系统(PMIS)、问题解决。

其中问题解决是综合性的多种技术应用,包括(但不限于)以下5个步骤:

(1) 识别问题,可以利用专家判断、会议、收集反馈意见等多种方法识别问题。

(2) 定义问题,即把问题分解为易于处理的更小的单元,可以利用资源工作分解结构(WBS)、成本分解结构(CBS)来帮助定义。

(3) 调查与分析问题的原因,观察、访谈、问卷都是可以利用的调查方法,因果图、流程图、本因分析法等都可以用来分析寻找问题的根本原因。

(4) 提出并筛选解决方案,先从不同的角度提出不同的备选方案,然后应用多目标决策方法来帮助优选。

(5) 检查问题是否解决,即跟踪调查,分析评价上一步优选出来的解决方案的实施效果。

7.7.2 资源控制的常用图表

1. 资源累计需求曲线

任何一种资源的总量,都可以用资源累计需求曲线来表达。资源累计需求曲线就是资源需求分布在时间节点序列上的代数和。在实践中,不一定表现为平滑的 S 型,但有三个显著的特点不会变:一是单调上升;二是开始时数值为零;三是终点的数值是项目需求总量。参见图 7-6。

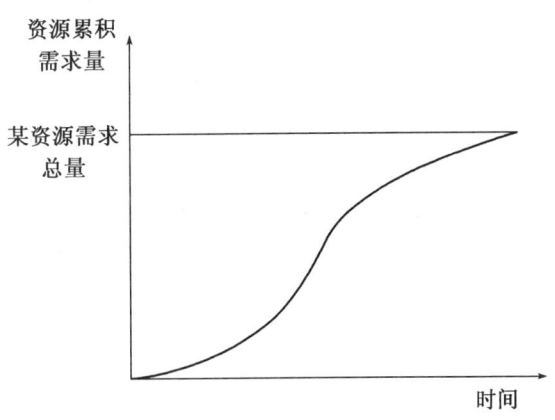

图 7-6　资源累计需求曲线

2. 资源分解结构图

资源分解结构图(RBS)是资源依类别和类型的层次展现。资源类别一般分人力、材料、设备和用品,类型包括技能水平、等级水平、是否持有证书等。从形式上看,资源分解结构与工作分解结构(WBS)相似,是一张树形结构图。从作用上看,资源分解结构是一份独立的完整的文件,用于指导项目的分类活动,获取和监督资源。

课后练习
Exercise Seven

一、选择题

（一）单项选择题

1. 团队建设的必要先决条件是（　　）。
   (A) 高层管理的支持　　　　　　(B) 团队成员的配置
   (C) 个人表现的公开讨论　　　　(D) 员工发展活动的资金支持

2. 当各团队成员对职能经理和项目经理负有双重责任的时候，团队建设经常会显得比较复杂。对这种双重负责关系的有效管理通常是（　　）的职责。
   (A) 有关团队成员　(B) 项目经理　(C) 项目所有权人　(D) 职能经理

3. 项目团队组建工作一般属于（　　）。
   (A) 启动阶段　(B) 规划阶段　(C) 实施阶段　(D) 收尾阶段

4. 项目人力资源管理比一般人力资源管理更强调（　　）。
   (A) 协作性　　　　　　　　(B) 团队建设与灵活性
   (C) 有效性与效率　　　　　(D) 采用科学的方法

5. （　　）不是人力资源管理计划编写的原则。
   (A) 灵活性　(B) 协调性　(C) 整体性　(D) 双赢

6. 团队在疑问阶段，项目经理应采取的领导风格是（　　）。
   (A) 指导型　(B) 影响型　(C) 参与型　(D) 授权型

7. 由于项目的（　　），使得项目人力资源管理比一般的人力资源管理具有更大的灵活性。
   (A) 一次性　(B) 目标的特定性　(C) 不确定性　(D) 组织的临时性

8. 有效团队协作的首要原则是（　　）。
   (A) 统一性　(B) 协调性　(C) 有效性和效率　(D) 设定共同目标

9. 项目团队的发展阶段包括（　　）。
   (A) 形成阶段、组建阶段、规范阶段、执行阶段
   (B) 准备阶段、组建阶段、执行阶段、控制阶段
   (C) 形成阶段、震荡阶段、规范阶段、表现阶段
   (D) 准备阶段、疑问阶段、规范阶段、执行阶段

10. 项目人力资源管理计划中的滚动计划编写方法是（　　）。
    (A) 里程碑　(B) 横道图　(C) 近细远粗　(D) 资源平衡图

11. 编写人力资源管理计划时，同时包含有项目组织和员工个人的发展方向，这符合人力资源

计划编写的( )。

(A) 灵活性原则　　(B) 整体性原则　　(C) 双赢原则　　(D) 实用性原则

12. 确定项目经理、项目班子及项目成员的责任,以及通报和报告关系,称为( )。

(A) 团队建设　　(B) 人员甄选　　(C) 人员配备　　(D) 项目组织规划

(二) 多项选择题

1. 项目人力资源管理计划的方法有( )。

(A) 时间序列法　　(B) 判断分析法　　(C) 运筹法　　(D) 滚动计划法

(E) 追加计划法

2. 项目人力资源管理的主要工作包括( )。

(A) 团队融合　　(B) 人员甄选　　(C) 人员配备　　(D) 人力资源开发

(E) 责任分配

3. 有效团队协作的基本原则有( )。

(A) 团队共享奖励　　　　　　　(B) 正确的授权

(C) 设定共同目标　　　　　　　(D) 共同的行为准则

(E) 合理的分工

4. 一个项目经理想要努力争取最好的人员来配备他的项目,这样做的风险有( )。

(A) 人员可能被重复分配到优先级较高的项目上去

(B) 人员可能被提升而离开你的项目

(C) 人员可能被调离你的项目去解决其他项目的燃眉之急

(D) 没有什么风险

(E) 增加项目人力成本

5. 制定团队成员开发计划的主要依据有( )。

(A) 人员配备计划　　　　　　　(B) 工作规范

(C) 绩效考核结果　　　　　　　(D) 项目外部的反馈意见

(E) 工作分解结构

二、思考题

1. 如何理解人力资源管理对项目管理的重要性?
2. 项目团队发展各阶段的士气和工作绩效各有什么特征?
3. 项目团队建设可采用哪些方法?
4. 编写项目人员配备计划时应遵循哪几点原则?
5. 以你的实际项目工作经验谈谈如何提高项目团队的效率。

第 8 章 项目沟通管理

8.1 沟通管理概述

项目沟通管理是贯穿项目全过程的一项工作,这项工作的好坏关系到项目的成功或失败。因为项目的各项工作都需要项目成员间的相互沟通及信息的共享。若没有建立完善的沟通渠道,没有完备的项目沟通管理计划,就无法保证项目目标的实现。

8.1.1 项目沟通的概念

沟通是指有意和无意的信息交换。项目沟通包括人际沟通和组织沟通两方面的内容。

人际沟通强调的是人与人之间沟通的技巧性,主要包括如何认识和把握沟通中的受体,了解各种人际沟通的形式和媒介的优劣势,从而能做到熟练运用人与人之间沟通的技能,如倾听、非言语沟通、口头表达等。

组织沟通则是人际沟通这些技巧在组织结构之间的综合体现。组织沟通则主要讨论特定的组织环境下沟通形式,包括纵向沟通、横向沟通、团队沟通、会议沟通、会见和面试、冲突处理、谈判技巧、跨文化沟通等。

人际沟通是沟通的基石,人际沟通所采用的一切沟通形式,本身就为沟通提供了广泛的媒介。组织沟通是对人际沟通的应用和发展,它既研究了组织沟通的规范性、程序性等科学的内容,又结合个体和情景考察了管理沟通的风格和模式。它还包括项目沟通中项目干系人所需信息的内容,因此该信息可通过对项目干系人的信息需求的调查来获得,主要是指下行命令和上行反馈两个方向的内容,还包括沟通结果的分析和响应。

为了保证项目沟通计划能满足项目组织各个方面的信息需求,项目沟通内容的调查收集要全面,既要考虑项目组织内部纵向流动的信息和横向流动的信息,也要考虑在项目组织与外部环境及其他项目干系人之间流动的信息。

8.1.2 沟通管理工具与技术

沟通管理过程主要包括规划沟通管理、管理沟通、监督沟通 3 个过程。在这 3 个过程中所采用的工具与技术详见表 8-1。

表 8-1 项目沟通管理工具与技术

工具技术名称	规划沟通管理	管理沟通	监督沟通
专家判断	▲		▲
人际关系与团队技能	▲	▲	▲
会议	▲	▲	▲
项目管理信息系统(PMIS)		▲	▲
数据表现	▲		▲
沟通技术	▲	▲	
沟通需求分析	▲		
沟通模型	▲		
沟通方法	▲	▲	
沟通技能		▲	
项目汇报		▲	

由表 8-1 可以看出：会议、人际关系与团队技能，通用于沟通管理的各个过程。而在规划沟通管理过程中，使用的工具及技术种类最多。

8.2 规划沟通管理

8.2.1 过程特征

规划沟通管理是基于每个相关方或相关方群体的信息需求、可用的组织资产，以及具体项目的需求，为项目沟通活动指定恰当的方法和计划的过程。本过程的主要作用是为及时向相关方提供相关信息，引导相关方有效参与项目，而编制书面沟通计划。本过程应根据需要在整个项目期间定期开展。

（1）输入与输出

规划沟通管理主要依据（输入）是：项目章程（含相关方清单及主要人员的角色、职责等）、项目管理计划（包括资源管理计划、相关方参与计划）、项目文件（包括需求文件、相关方登记册）、事业环境因素（如组织文化、人事管理政策、已经确立的沟通渠道、资源与设施的地理分布等）、组织过程资产（如组织的社交媒体、政策及程序、对沟通的要求、有关信息制作和存储的标准、知识库、数据库等）。

沟通过程的输出包括：沟通管理计划、项目管理计划更新（主要是相关方参与计划）、项目文件更新（包括项目进度计划、相关方登记册）。

（2）工具及技术

在规划沟通管理过程中，常用的工具及技术包括（但不限于）专家判断、人际关系与团队技能、会议、数据表现、沟通技术、沟通需求分析、沟通模型、沟通方法等。

8.2.2 沟通管理计划编制要点

本过程主要任务是编制项目沟通管理计划（简称沟通计划）。编制工作涉及对于项目全过程的沟通工作、沟通方法、沟通渠道等各个方面的计划和安排，通过该过程可以确定项目干系人的信息需求和沟通需求，即确定何人在何时需要何种信息，以及如何将信息提供给他们。

虽然任何项目都需要进行项目信息沟通，但对于不同的项目，信息需求差别很大。因此对于一个特定的项目，识别项目相关方的信息需求，并选择一套合适的方法满足这些需求是使项目成功的重要保证。

需要注意的是，大多数项目的沟通计划编制的大部分工作是在项目的早期阶段完成的，为了保证计划的持续适用性，在计划的实施过程中应根据计划实施的结果进行定期审查，必要时还要对计划加以修正。这样看来，项目沟通计划编制是贯穿于项目全过程的一项工作，因为只有这样才能保证项目沟通计划适应项目沟通的实际需要。

项目沟通计划编制工作大致要点如下。

(1) 确定项目沟通的任务

根据项目沟通的目标确定项目沟通的各项任务。先根据项目沟通的时间和频率要求安排项目沟通的任务，然后进一步确定保障项目沟通的资源需求和预算。需要说明的是，尽管项目沟通计划与一般计划有许多相同之处，但也有许多不同之处，例如项目沟通的资源和预算很难确定和控制等。

(2) 根据沟通需求确定计划内容

项目的沟通需求是项目相关方的信息需求的总和，通常可以通过综合所需的信息内容、形式和类型以及信息价值的分析来确定沟通计划内容。一般需要如下内容的信息：① 项目组织和项目相关方责任关系；② 项目中涉及的规定、部门和行业；③ 项目在何地涉及多少人的后勤工作；④ 外部信息需求，如与外界媒体进行沟通的需求。

(3) 确定项目沟通的技术

沟通技术各种各样。如：正式沟通和非正式沟通、单向沟通和双向沟通、书面沟通和口头沟通、横向交叉沟通和纵向沟通等。这些技术，在项目沟通计划编制中都可以考虑选用，但应比较哪一种最有效。在一个特定的项目中，选用何种沟通技术才能获得有效的沟通，主要取决于下列因素。

① 项目对信息及时性的要求

有些项目需要及时获得不断更新的信息，而有些项目只需要定期发布的书面报告。项目对信息及时性的要求不一样，所选用的沟通技术就会有较大的差别。

② 项目沟通的性质

不同性质的沟通的有效进行所依赖的沟通技术往往不同，因此沟通的性质会影响沟通技术的选择。例如集体决策的沟通需要采用会议沟通方式，而规章制度的发布则采用公告的方式更合适一些。

③ 预期的项目人员配置

沟通技术的选择还应考虑项目参与人员的经历、知识水平、接受与理解的能力以及在沟通方面的习惯做法等,使所选用的沟通技术与项目参与人员的经验和专长等相匹配,否则就应该采用其他匹配的沟通技术,或者对项目参与人员进行培训。

④ 项目本身的规模

对于工作量不大、生命周期很短的项目一般可以选用现有的、人们习惯的和便于实施的沟通技术,但如果项目的规模大、生命周期长,则需要采用一些先进有效的沟通技术。

(4) 确定信息收集渠道和归档格式

项目沟通计划要详细说明用何种方法从何处收集信息,即信息的收集渠道,同时也要说明采用何种方法存贮不同类型的信息,也就是信息的归档格式。

(5) 确定信息分发渠道以及信息的分发与使用权限

项目沟通计划要详细说明各种信息(状态报告、数据、进度计划、技术文件等)将流向何人,采用何种方法(书面报告、会议等)传送各种类型的信息,同时也要说明各种信息的分发权限以及最终用户的使用权限。需要说明的是,这种结构必须和项目组织结构图中描述的责任和报告关系相一致。

(6) 准备发布信息的描述

项目沟通计划要对准备发布的信息进行必要的描述,包括信息的格式、内容、详细程度、信息的来源、获得信息的方法、信息的存贮要求(如存贮的格式、存贮的时间等)等方面的描述。

(7) 提供信息发生的日程表

项目沟通计划还需要给出信息发生的日程表,也就是要说明何时进行何种沟通。

(8) 说明约束条件和假设前提

约束条件和假设前提是项目沟通计划编制的重要依据,因此需要在沟通计划中予以说明,以便在这些条件发生变化时对沟通计划进行修订。如费用、风险、时间、人员等。

(9) 注明更新和修订沟通计划的方法

项目沟通计划编制工作是贯穿于项目全过程的一项工作,为了保证项目沟通计划适应项目沟通的实际需要,随着项目的进展需要对沟通计划进行更新和修订。例如,如果在项目早期阶段编制的沟通计划是粗线条的,那么在项目的进展中就要对其进行细化。因此,项目沟通计划还需要注明对计划进行更新和修订的方法。

8.2.3 关于沟通方式选择的讨论

1. 会议

会议是促进项目团队建设和强化团队成员的期望、角色以及对项目目标投入的工具。在项目执行期间召开各种类型的会议,是项目沟通的主要渠道之一。3种最常用的项目会议的类型是:情况评审会议,解决问题会议,技术设计评审会议。

客户和项目承担人通常会在签订的合同中明确对定期的情况评审会议和特定的技术评审会议的要求。

从组织形式上看,会议一般是面对面的交流,也可以采用虚拟(网络)形式。

2. 书面沟通

人员的书面沟通一般是在项目团队中使用内部备忘录。在确认决策和行动时,一张备忘录或一封信件,面对面会谈或电话交流的笔录,可能比个人的记忆力更合适一些。当以备忘录来确认口头沟通时,应该给其他不包括在这次沟通中但又需知道这条信息的人一份副本。另外,如果一个项目团队成员离开项目,则候补人员需对有关以前行动和决策的沟通记录有所了解,这时书面沟通就更重要了。

书面沟通大多用来进行通知、确认和要求等活动。例如,通知项目团队:客户将在某日来访,或者要求团队成员向客户提供有关季度项目进度报告的书面情况。

备忘录和信件必须清楚、简洁,不能包含长篇大论或冗长的、与主题无关的附带内容。项目参与人员忙于分内的工作任务,他们把处理文书工作或处理电子邮件当成负担。

3. 口头沟通

人员的口头沟通可以是面对面的,也可以通过电话进行。它还可以通过有声邮件或电视会议等方式实现。通过口头沟通,我们可以以一种更准确、便捷的方式获得信息。这种沟通为讨论、澄清问题,理解和即刻反馈信息提供了手段。面对面的沟通同时提供了一种在沟通时观察身体语言的机会,即使是电话沟通也能让听者听出语调、声音的抑扬变化和声音的感情色彩。身体语言与语调变化是丰富口头沟通的重要因素。与电话沟通相比,面对面的沟通可以更好地加强人员之间的信息传递和互动。

身体语言不仅被讲话人使用,同时也被听者作为向讲话人提供反馈的一种方式而应用。肯定的身体语言包括直接的眼神接触、微笑、手势和表示致谢或同意的点头。否定的身体语言可能是皱眉、两臂交叉、没精打采、坐立不安、出神或东张西望、胡写乱画或打哈欠。在人员沟通中,不管是其他团队成员还是客户,人们需对反映参与者文化差异的身体语言保持敏感。当与来自其他文化和国家的人沟通时,你需了解他们有关问候、手势、礼物赠予和礼仪等习俗,例如对于手势,与你所沟通的人接近和接触,不同的文化有不同的意义。

在口头沟通时,人们必须谨慎,不要使用可能被理解成是性别歧视、种族歧视、偏见或攻击性的评述、言辞或短语。不应直接对某人做出批评,使之不快。在群体环境下做出的评论对其中的某些人来说可能是攻击性的,他们可能发现某些言辞对他们自己或他们的一个熟人具有伤害性。有关民族习惯、姓氏、方言、宗教信仰、身体特征或仪表、特殊习惯等的评论可能是令人不悦的,即使这种攻击不是有意的或这种评论只是开玩笑而已。

4. 聆听

交流沟通的核心不是语言,而是理解;不仅需要被理解,而且还需理解他人。使沟通有效的另一半是聆听,忽略聆听将会使沟通失败。假装聆听、偏见和固执、缺乏耐心、急于得出结论等习惯都是聆听之大敌。聆听不仅仅是给他人讲话的机会,也是一个主动而非被动的过程,主动去听可以增进理解并减少矛盾。如果项目团队成员想使相互沟通以及与客户的沟通有效,学习良好的聆听技巧是非常重要的。

5. 利用软件辅助沟通

尽管信息技术公司通常使用许多类型的硬件和软件来改善沟通,但他们仍需要调整已存在的系统来适应一个项目环境的特定的沟通需要。许多公司开发自己的系统,市场上也有这样的产品供项目团队使用。21世纪以来,许多与沟通相关的产品被开发出来或被改进,用来解决提供快速、便利、连贯和最新的项目信息这一问题。Microsoft Project 也有许多改善项目沟通管理的功能。

【例 8-1】 利用软件进行沟通

一个在欧洲从事兼并和收购的新公司需要一种快速有效的沟通方式,以便为几个来自不同公司的参与者提供沟通途径。他们调查了几种可能的方法,然后决定使用基于预定的互联网产品,这种产品有他们需要的各种特点,并且不需要很多的技术执行工作。使用该产品的用户每人每月要花费 1 美元。它允许指定的项目经理和工作人员建立一个项目任务列表,其他人有看计划和其他文件的权利,及在他们自己的任务栏书写的权利。该产品还提供一种项目成员之间进行小组讨论的方法,不受时间和地点的约束。当完成任务分配之后,系统创建自动的电子邮件消息通知项目组成员,项目组成员可以以电子化信息的形式更新任务。这个软件与 Microsoft Project 兼容,从而可以进行所有的计划和报告。该系统可以让项目组成员在任何时候、任何地方得到项目过去的和将来的任务信息。因为全部项目组都参与了该产品的选择,所以明确地讨论项目沟通是必要的。当对沟通什么、如何沟通、什么时候沟通、与谁沟通存在不同看法时,就会产生许多问题,对项目沟通进行这样的明确讨论可让项目组避免这些问题。

8.2.4 如何提高沟通绩效

在项目实践中,经常出现以下这样的情况:客户在检查项目阶段成果时,指出曾经要求的某个产品特性没有包含在其中,并且抱怨说早就以口头的方式反映给了项目组的成员。但项目经理却一无所知,而那位成员解释说把这点忘记了;或者,某程序员在设计评审时描述了他所负责的模块架构,然而软件开发出来后,你发现这和你所理解的结构大相径庭。这些问题都是由于沟通不当引起的,沟通途径不当导致信息没有到达目的地。

为了提高项目沟通的绩效,人们总结出以下几条经验。

(1) 项目经理高度重视

有人认为,项目经理最重要的工作之一就是沟通,通常花在这方面的时间应该占到全部工作的 75%~90%。只有通过良好的交流才能获取足够的信息、发现潜在的问题、控制好项目的各个方面。

(2) 建立沟通管理体系

一个完整的沟通管理体系应该包含(但不限于)沟通计划编制、信息分发、绩效报告和管理收尾等几方面的内容。沟通计划明确了项目相关方的信息沟通需求:谁需要什么信息,什么时候需要,怎样获得?信息发布使需要的信息及时发送给项目干系人。绩效报告收集和传播执行信息,包括状况报告、进度报告和预测。项目或项目阶段在达到目标或因故终止后,需要进行收尾工作,管理收尾包含项目结果文档的形成,主要有项目记录收集、对符合最终规范的保证、对项目的效果(成功或教训)进行的分析以及这些信息的存档(以备将来利用)。

项目沟通计划是项目整体计划中的一部分,它的作用非常重要,但也常常被忽视。很多项目中没有完整的沟通计划,导致沟通非常混乱。有的项目沟通虽然有效,但完全依靠客户关系或以前的项目经验,或者说完全靠项目经理个人能力的高低。然而,严格说来,一种高效的体系不应该只在大脑中存在,也不应该仅仅依靠口头传授,而应该落实到规范的沟通计划编制中去。

(3) 牢记两条关键原则

尽早沟通、主动沟通,是项目沟通的两条原则,实践证明它们非常关键。

尽早沟通要求项目经理要有前瞻性,定期和项目成员建立沟通,不仅容易发现当前存在的问题,很多潜在问题也能暴露出来。在项目中出现问题并不可怕,可怕的是问题没被发现。沟通得越晚,暴露得越迟,带来的损失越大。有一个项目经理,检查团队成员的工作时松时紧,工期快到了和大家一沟通才发现进度比想象慢得多,以后的工作自然就很被动。

主动沟通说到底是对沟通的一种态度。在项目管理中,应极力提倡主动沟通,尤其是当已经明确了必须要去沟通的时候。当沟通是项目经理面对用户或上级、团队成员面对项目经理时,主动沟通不仅能建立紧密的联系,更能表明你对项目的重视和参与,会使沟通的另一方满意度大大提高,对整个项目非常有利。

(4) 保持畅通的沟通渠道

沟通看似简单,实际很复杂。这种复杂性表现在很多方面,比如说,当沟通的人数增加时,沟通渠道急剧增加,给相互沟通带来困难。典型的问题是"过滤",也就是信息丢失。产生过滤的原因很多,比如语言、文化、语义、知识、信息内容、道德规范、名誉、权利、组织状态等,经常碰到由于工作背景不同而在沟通过程中对某一问题的理解产生差异。因此项目经理必须保持沟通渠道的畅通,尽量采用直接沟通的方式,以免信息在传递中出现堵塞和偏差。

(5) 数据提供前要先做适当处理

所收集到的数据如果不进行加工处理,往往不能直接用于确定项目的沟通需求和编制项目沟通计划。对所收集的数据进行的加工处理工作通常包括归纳、整理、汇总和其他必要工作。另外,在数据的加工处理中,如果发现所收集数据不全或数据之间有矛盾,则要进一步调查和收集数据。

8.3 管理沟通

8.3.1 过程特征

管理沟通是确保项目信息及时地收集,并且恰当地加工处理、发布、存储、检索、管理、监督和最终处置的过程。本过程的主要作用是促成项目团队与相关方之间的有效信息流动。本过程需要在整个项目期间开展。

(1) 输入与输出

本过程的工作依据是项目管理计划(包括资源管理计划、沟通管理计划、相关方参与计划),项目文件(包括变更日志、问题日志、经验教训登记册、质量报告、风险报告、相关方登记册),工作绩效报告,事业环境因素,组织过程资产。

管理沟通过程的输出主要是:项目沟通记录,项目管理计划更新(包括沟通管理计划、相关方参与计划),项目文件更新(包括问题日志、经验教训登记册、项目进度计划、风险登记册、相关方登记册)。

(2) 主要工具与技术

在管理沟通过程中,常用的工具与技术有:人际关系与团队技能、会议、项目管理信息系统(PMIS)、沟通技术、沟通方法、沟通技能、项目汇报。

其中,沟通技术要根据团队工作条件来灵活选择。如根据团队是否在一起办公的情况,决定是否采取对话、会议,还是采取书面文件、数据库、社交媒体(如 QQ 群、微信群等)和网站等沟通技术。

沟通方法选择要考虑相关方社区成员的变化,以及成员的需求和期望,在互动沟通(双方或多方之间面对面会议、电话、社交媒体会议等)、推式沟通(如微信群发)、拉式沟通(如要求对方访问网站)、人际沟通(个人之间,面对面)、小组沟通(3~6 名成员内部)、公众沟通(如单个演讲者对一群人)、大众传播(小组对大众,彼此之间联系程度最低)、网络和社交工具沟通(一般多对多)等方式中选择。

8.3.2 沟通管理的意义和内容

1. 项目沟通管理的意义与要求

项目沟通管理是现代项目管理知识体系中的十大知识领域之一。项目沟通管理把成功所必需的因素——人、组织、想法和信息之间提供了一个关键连接。涉及项目的任何人都应准备以"项目语言"发送和接收信息,并且必须理解他们以个人身份参与的沟通怎样影响整个项目。在项目管理中,沟通是一个软指标,所起的作用难以量化,对项目的影响往往也是隐形的。然而,在项目的整个生命周期中,项目的沟通与协调起着不可估量的作用。项目团队与客户的沟通,项目团队与主管单位的沟通,团队与供应商之间的沟通,团队成员内部的沟通,所有这些沟通贯穿着项目生命周期的始终。当项目发生变化和变更时需要沟通,当项目发生冲突时也需要沟通,在项目的生命周期中,所有信息输入输出的过程,都是项目的沟通与协调过程,没有项目的沟通与协调就没有项目的成功。

项目沟通计划已经提供了项目相关方之间的联络方式。项目沟通管理,就是要确保执行项目沟通计划,通过正式的结构和步骤,及时和适当地对项目信息进行收集、储存和处理,并对非正式的沟通网络进行必要的控制,以利于项目目标的实现。

执行沟通计划,需要对在项目过程中产生的信息进行合理地收集、储存、检索、分析和分发,还要在此基础上,为改善项目生命周期内的有效决策和沟通,对始料不及的信息需求及时采取应对措施。

卓越的项目沟通管理,将建立和保持项目相关方之间正式或非正式的沟通网络,保证项目生命期内各层次成员之间的有效沟通,使客户对项目需求和目标有清晰的理解和共同的认识,使有关矛盾和冲突能及时地得到有效解决或缓解,并能明确潜在的和实际存在的问题并采取补救措施。

2. 沟通管理的常规报告

正常发布"执行情况报告"是沟通管理的重要内容。

项目执行情况信息是重要的项目管理信息,它显示项目进展的各方面情况。执行情况报告就是及时将项目执行情况信息以正式的方式向项目干系人发布。执行情况报告包括项目状态报告、进度报告和预测报告 3 种:① 项目状态报告——描述项目目前在进展中所处的位置;② 项目进度报告——描述项目进度实施情况和已经完成了计划中的哪些活动;③ 项目预测报告——预报项目未来的发展和进度、费用等。

执行情况报告应涉及项目范围、资源、费用、进度、质量、采购、风险等多个方面,可以是综合的,也可以是专门强调某一方面。

【例 8-2】 著名企业总裁对沟通的态度

有关研究表明：管理中 70% 的错误是由于不善于沟通造成的。管理离不开沟通，沟通渗透于管理的各个方面。现代的企业决策者，绝不是高高在上、不可一世的管理者，要激发团队的工作热情，并使管理卓有成效，离开了沟通别无他途。

通用电气公司伊梅尔特在谈怎样支配自己的有效工作时间时说：我差不多有 30% 到 40% 的时间跟人打交道，进行交流、沟通，这是 CEO 非常重要的一个工作。

在惠普公司，总裁的办公室从来没有门，员工受到顶头上司的不公正待遇或看到公司发生问题时，可以直接提出，还可越级反映。这种企业文化使得人与人之间相处时，彼此之间都能做到互相尊重，消除了对抗和内讧。

在摩托罗拉，沟通是建立在平等交流的基础之上。摩托罗拉的每一个高级管理人员都被要求千方百计地与普通操作工在人格上保持平等。所有的员工——甚至包括总裁、副总裁——都在同一座餐厅排队，等候同样饭菜。更能表现摩托罗拉尊重个性的政策是它的"open door"。所有管理者办公室的门都是绝对敞开的，任何职工在任何时候都可以直接推门进来，与任何级别的上司平等交流。

培洛的沟通理念和做法更显特别。美国著名企业家培洛曾是 IBM 公司排名第一的推销员，曾用 17 天完成了全年度的销售任务。后来他决定自己创业，创立了 EDS 公司。当该公司发展到几万员工时，他把这个公司以 30 亿美金的价格，卖给了美国通用汽车公司。卖之前，美国通用汽车公司的总裁到了培洛的 EDS 总部，他看了之后觉得很满意。

这位总裁对培洛说："你公司管理得不错，我们应该有很多合作的空间和机会。"

到了午餐时间，他问培洛："你公司的主席用餐的餐厅在哪里？"

培洛说："我们公司没有啊！"

总裁问："那你公司有没有高级主管用餐区？"

培洛说："对不起，总裁，我们公司也没有。"

总裁问："那我们今天中午怎么吃饭啊？"

培洛说："就排队跟员工一起吃自助餐好了。"

排队取餐之后，他问培洛："我们坐在哪里？"培洛说："就跟员工一起坐呀。"

于是，那位总裁一边吃一边与员工聊天。吃完之后，这个通用汽车的总裁说："培洛呀，虽然你这个公司没有什么高级主管餐厅，但你公司的菜是我吃过的自助餐里最好的。"

培洛天天排队吃自助餐，其实就是一种沟通员工、沟通厨房的方式。他每餐中换一桌跟基层的员工聊天，为了了解公司的营业状况。培洛之所以成功，得益于他的沟通理念和做法。

（本例取材于《21 世纪人才报》，根据胡慧平的作品改编）

8.3.3 有效沟通的三要素

为了提高沟通的效率，需要事先明确 3 大要素。

(1) 确定沟通需求

项目沟通需求是整个项目所有利益相关者在项目实现过程中对信息需求的总和，涉及项目业主或客户、项目经理、项目的供应商、项目实施组织、项目所在社区等各方面干系人所需了解的项目工期、进度、成本造价、预算控制等多方面信息。项目沟通需求是项目沟通计划编制的重要依据。

(2) 明确沟通内容

项目沟通的内容就是项目利益相关者所关心的信息内容。主要包括:有关项目团队组织及利益相关者方面的组织信息,有关项目团队内部管理等方面的信息,有关项目技术工作及产品方面的信息,有关项目实施方面的信息等。项目沟通的内容可以通过对项目利益相关者的信息需求的调查来获得,为了保证项目沟通管理能满足项目组织及相关方各方面的信息需求,项目沟通内容的调查收集要客观、全面,不能有所遗漏。

(3) 把握沟通的时间和频率

项目沟通的时间是指一次沟通需要持续时间的长短,如一次会议需要开多长时间。项目沟通的频率则是指同一种沟通需要间隔多长时间进行一次,如某种报表是一月一次还是一周一次。沟通的时间和频率在项目开始就应该明确,在管理过程中可以根据需要灵活予以变更,但每次沟通的时间要适当把握,不要太长,沟通频率的变更也不宜过于频繁。

8.3.4 如何提高沟通绩效

沟通的本质是信息的交流。发送者应当保证发送的信息清晰、准确,并且完整,以确保接收者能正确接收。接收者确保信息被完整地接收并被正确地理解。这是提高沟通绩效的出发点,也是衡量沟通绩效的重要判据。

1. 项目执行情况的定期检查

主要是定期检查项目进展,将项目进展的实际结果与计划或预期结果进行对比。最常进行检查分析的是费用和进度。实际上,对范围、质量和风险方面的检查和对比分析也是同样重要的。从沟通管理的角度,采用会议的检查方式比较有效。

2. 随时进行个别谈话与谈判

个别谈话和谈判是解决问题的一种常见的有效方法。当涉及个人的问题,个别谈话的方式比会议沟通更好。有时在会议之前,先进行个别谈话,有利于会议顺利进行。

3. 使用现代信息技术工具

利用计算机、互联网、内部网和管理软件,就项目有关的信息和问题在项目组织的内部进行沟通,以及在外部与客户和其他项目相关方进行沟通。为此要设定系统使用的授权,规定什么人可以且应当发布和获取什么样的信息。利用现代信息技术工具可以大大提高信息沟通的效率。

4. 经常评估沟通的有效性

项目沟通是门艺术,掌握了这门艺术,就等于掌握了项目成功的航向。沟通不只是简单地传递信息,有效的沟通能使团队成员积极地投入到项目中,既能传递信息又能起到激励作用。成功的项目管理者总是知道在何种情况下采取何种方式进行沟通才能调动项目成员的行为,并经常评估他的沟通管理的效果。评估沟通是否有效,可以检查如下一些问题:

(1) 团队成员是否都清楚项目的目标?

(2) 项目正在使用的沟通媒介(或沟通方式)是否最好?

(3) 团队成员的积极性与兴趣如何?

(4) 当其他人想与你沟通时,你是否给予大力的支持和鼓励?

(5) 你是否每次都力争信息接受者对你的认同和支持?

(6) 你的沟通工作效果和沟通能力是否在不断提高？

当然，并非每一次沟通都能带来理想的效果。有时沟通并不能到达所期望的目标。沟通之所以失败，原因可能很多，但如果坚持学习沟通技巧和方法，不断总结经验和改进，沟通的有效性将会逐步提高。

5. 努力消除沟通的障碍因素

一些障碍因素的存在会导致沟通的努力无效。所以，沟通管理必须努力消除影响沟通的障碍因素。这些障碍因素包括（但不限于）：

(1) 信息的发送者和信息的接受者对同一信息源有着不同的理解；
(2) 信息的接受者在大多数情况下只接受他想接受、喜欢接受的信息；
(3) 在信息沟通之前，接受者已评价了沟通的内容；
(4) 沟通者忽视了非口头的信息和暗示；
(5) 接受者正处于情绪低落时期，对于接收到的信息反应消极。

下面是一些沟通的技巧，它可以帮助克服某些障碍，增加沟通的效果。这些技巧是：

(1) 建立多种沟通渠道，当信息在某一渠道中发生扭曲时，其他渠道仍然可以正确传递信息。对于一些重要的项目信息，采取此方法有较高的保障性。
(2) 收集反馈。沟通管理也是一个信息传递的控制过程，反馈可以在很大程度上消除信息传递中的蒙蔽性。当信息发生扭曲时，可以及时进行纠正。
(3) 尽可能使用面对面的交流方式。
(4) 选择适当的时间，适当的场合进行沟通。
(5) 使用简单的沟通语言，它可以避免信息的扭曲。
(6) 在发送信息之前判断接受者的态度，选择适当的媒介和语言可以激发接受者的认同感和积极性。
(7) 避免情绪化行为。情绪不但会影响接收者对信息的理解，甚至使沟通双方无法进行客观的理性的思维活动，而代之以情绪化的判断。因此，项目经理在与团队成员进行沟通时，应该尽量保持理性和克制，如果情绪出现失控，则应当暂停进一步沟通，直至恢复平静。

当然，可能还有其他的沟通方法和技巧。在项目管理中，不同的项目需要不同的沟通方法和技巧，当你准备选择某种媒介发送某种信息时，首先要清楚沟通的对象、时间和场合，还要清楚要到达什么样的效果，如何进行监控。所以说，项目沟通既是一门科学，也是一门艺术。

8.4 监督沟通

8.4.1 过程特征

监督沟通是确保满足项目及相关方的信息需求的过程。本过程的主要作用是按沟通管理计划和相关方参与计划的要求，优化信息传递流程。本过程需要在整个项目期间开展。

(1) 输入与输出

本过程的工作依据（输入）是：项目管理计划（包括资源管理计划、沟通管理计划、相关方参与计划)、项目文件(包括问题日志、经验教训登记册、项目沟通记录)、工作绩效数据、事业环境因素、组织过程资产。

监督沟通过程的输出主要是：工作绩效信息、变更请求、项目管理计划更新(包括沟通管理计划、相关方参与计划)、项目文件更新(包括问题日志、经验教训登记册、相关方登记册)。

(2) 主要工具与技术

由表8-1可以看出，在监督沟通过程中，常用的工具与技术包括：专家判断、人际关系与团队技能、会议、项目管理信息系统(PMIS)、数据表现。这五种工具往往交互使用。如专家判断一般也可参考管理信息系统，也会以数据表现技术来说明其判断，会议也可是专家形成判断的一种手段。人际关系与团队技能在会议上也有用武之地。

8.4.2 影响项目沟通的因素

在项目实施过程中，如果由于某种原因需要传递的信息不能如预期的那样顺畅地传递，就表明沟通过程中存在着障碍。

1. 沟通障碍问题的分类

监控沟通，需要合理理解、准确定位沟通障碍的问题所在。为了便于分析理解障碍因素，有必要对沟通障碍进行分类。在项目实施过程中，根据信息沟通产生障碍对象的不同，信息沟通的障碍可以分为个人障碍和组织障碍两种。

(1) 个人障碍

指个人因受情绪、注意力、憎恶、过去的经验、不善表达、定势、身体状况、防御意识以及负荷过多的信息等因素的影响，而不能正确传达信息的正确意思或者不能准确理解信息的含义所造成的沟通障碍。

(2) 组织障碍

指组织之间因结构不同、信息超载、不完全信息或错误信息等所造成的沟通障碍。

2. 个体沟通障碍更需要关注

以往项目管理的经验表明：导致项目相关方之间出现沟通障碍的原因，大体上有以下10种。

(1) 语义上的障碍(个体因素表现突出)；

(2) 知觉的选择性造成的障碍(往往因人而异)；

(3) 知识和经验上的障碍(因人而异)；

(4) 心理因素造成的障碍(因人而异)；

(5) 信息量过大造成的障碍(个体与组织都存在)；

(6) 沟通渠道造成的障碍(个体与组织都存在)；

(7) 信息过滤造成的障碍(个体与组织都存在)；

(8) 沟通对象和时间选择不当造成的障碍(个体更为突出)；

(9) 干扰因素造成的障碍(个体更为突出)；

(10) 非语言提示错误造成的障碍(个体更为突出)。

分析上述妨碍项目沟通的原因，个体的因素占重要地位。实际上，组织的障碍在很大程度上也与项目经理个人的素质有关。项目经理可以规范项目沟通的渠道和方式，从而使项目有关人员的沟通障碍降到最低程度。

8.4.3 如何增进个体沟通技巧

尽管沟通过程存在着上述障碍,但有效沟通并非不可实现。为了使沟通有效进行,沟通双方必须努力克服沟通障碍。克服沟通障碍首先必须认识到沟通障碍的存在,然后还需要采用适当的方法。从个人的角度,可以从以下 8 个方面增进沟通的技巧,克服沟通障碍。

(1) 充分运用反馈

许多沟通问题的产生是由于沟通双方的信息反馈机制不通畅造成的。反馈是完整的沟通过程中关键的一环,如果信息发送者能充分利用信息反馈及时了解信息接收者的接收效果,就可以及时发现并排除沟通中的障碍,使信息最终能按预期要求传递出去。信息发送者不仅要善于从接收者的言语中获得反馈信息,还应善于从接收者的表情中获得反馈信息。

(2) 选择合适的语言与文字

语言和文字是沟通中信息传递的重要手段,语言和文字使用不当将不利于信息的有效传递,从而造成沟通障碍。因此,信息发送者应注意充分考虑接收者的特点,选择恰当的语言和文字,尽量使用通俗易懂的语言,避免使用艰深晦涩、模棱两可的、容易产生歧义的语言,以使对方更易于接收和理解;对可能产生误解的语言应进行必要的解释说明,澄清误解。

(3) 积极主动地倾听

倾听就是接受信息。正确地倾听,是克服沟通障碍的前提。如果在倾听时注意力分散,或根据自己的好恶选择性地倾听,或缺乏耐心,不能静下心来倾听全部内容等,就会带来沟通障碍。克服这一障碍的办法就是在倾听的过程中,对对方信息进行积极主动的搜索,即积极主动地倾听。

(4) 抑制不良情绪

沟通双方保持良好的情绪,以便保持正常的理性思维对有效沟通是非常重要的。当沟通一方的情绪出现问题时,应该注意控制情绪,必要时应该暂停沟通,直至情绪恢复平静。

(5) 积极使用非言语性沟通

沟通过程中人们很注意信息发送者的行动和表情,如说话的声调、语气、节奏、面部表情、身体姿势和轻微动作等。因此,沟通者在沟通过程中要注意给予接收者合适的表情、动作和态度等,以提高沟通的有效性,但要注意使采用的非言语沟通和言语沟通相匹配。

(6) 选择适当的时间和场合

不适当的时间和场合将不利于信息的正确传递和交流,因此,为克服沟通障碍应注意选择适当的沟通时间和场合。

(7) 通过多种沟通渠道沟通

对于一些重要的信息应注意采用多种沟通渠道传递,这样当某些渠道出现障碍时,仍有其他渠道可能正确传递信息,有助于克服沟通障碍。

(8) 重视双向沟通

双向沟通伴随着反馈过程,使发送者可以及时了解到接收者对信息的理解程度以及存在的问题,从而可以尽快地对存在的问题加以解决。

8.4.4 如何监督组织沟通

从组织的角度,有效的沟通监督,除了洞察组织结构和沟通渠道是否存在问题之外,还要从项目信息的收集、加工、传递等流程方面加以关注。

1. 要认识项目信息的特点

项目信息是与项目实施有直接或间接关系的各种报表、文字、数值、图像等的总和,是项目沟通过程的核心内容。

项目信息具有真实性、等级性、价值性、延迟性以及不完全性这样一些共同的特点:(1) 真实性,是信息的存在价值所在。不符合客观实际的信息将给决策造成失误,不仅毫无价值,而且有害。(2) 等级性,是指不同级别的项目信息可以满足组织中不同层次的人员对信息的需求,例如企业高层领导、项目经理、项目团队一般成员,对信息的需求是不同的。(3) 价值性,是因为信息是通过对各种数据进行加工处理后得到的,而加工处理是要消耗人力、物力和时间的;另一方面,正确及时的信息,是项目管理必需的资源。(4) 延迟性,是因为信息是经过加工处理后的数据,因此总是滞后于原始资料。(5) 不完全性,是指收集某一事物的全部信息是不可能的。

另外,项目信息还具有信息量大、系统性强等特殊性。由于一个项目所涉及的部门、环节、渠道、形式、专业以及用途等多方面信息,信息的总量很大;又因为项目具有明确的目标并且是一次性的,所以这些信息都集中于明确的项目对象中,比较容易系统化。

2. 关注项目信息的流向

项目信息在项目沟通中不断流动,从而形成信息流。根据信息流的流向可以将项目信息分为自上而下的项目信息、自下而上的项目信息、横向流动的项目信息、与顾问室相关的信息以及来自外界的项目信息等。

(1) 自上而下的项目信息

产生于某一上级层次并向其下级逐级流动的信息,包括管理目标、命令、工作条例、办法、规定和业务指导意见等。

(2) 自下而上的项目信息

产生于项目组织某一下级层次并向其上级逐级(也可能越级)传递的信息,包括项目在实施中的进度、成本、质量、安全、消耗、效率等方面情况的信息,也包括一些值得引起上级注意的情况或意见信息,以及上级因决策需要下级提供的信息等。

(3) 横向流动的项目信息

在项目组织中同一层次的部门之间或人员之间传递的信息。

(4) 顾问信息

在项目管理中,为了帮助项目经理决策,有时会设置顾问室。顾问室的主要职能包括汇总、分析和传播信息,并帮助工作部门进行规划、任务检查以及对有关问题进行咨询。顾问信息从顾问室流向项目团队。

(5) 外界信息

为了满足自身管理的需要以及了解外界事件对项目的影响情况,项目成员必须收集与本项目有关的外界信息。这里的外界并不仅仅指企业外部,包括企业内部与项目管理相关的部门,例如企业领导、设计部门、财务部门、人力资源管理部门、销售部门。企业外的银行、咨询单位、质量监督部门、物资供应部门、科研单位、信息管理部门等有关信息当然是外界信息。外界信息从发出者流向项目团队。

3. 熟悉项目信息的表现形式

项目信息可以多种形式表现,主要的表现形式有书面材料、个别谈话、集体口头形式、技术形式等。书面材料是项目信息的一种重要表现形式,例如项目进展报告、图纸、工作条例、合同条款、谈话记录、各种报表等都是表现项目信息的重要书面材料。在某些情况下,项目信息也以个别谈话的形式表现出来。个别谈话包括口头分配任务、汇报、工作检查、批评、介绍情况、谈判交涉等。集体口头形式如工作讨论、会议等。此外项目信息也可以通过电话、电报、电传、传真、录像、广播、电子邮件等形式表现出来,这些形式可称之为表现项目信息的技术形式。

4. 加强对项目信息收集、传递与分析环节的管理

项目信息的收集是项目信息管理的前提。监控沟通,应从项目信息的收集入手。信息收集主要有以下几种方式:

(1) 通过专门信息人员进行收集;

(2) 通过各方面的查询进行收集,包括查询图书情报部门、往来信函、报刊、互联网、数据库、传真等;

(3) 通过向专家咨询进行收集;

(4) 通过参加国内外会议、国外考察以及专项调研来进行收集。

在项目产生和实施过程中,需要收集大量的信息资料,项目团队要善于在项目的不同阶段运用各种信息收集方式及时收集有用的信息。

项目信息的传递就是通过一定的方式将项目信息及时地传递到信息需求者手中。项目信息的传递方式主要有:通过专人负责的方式传递信息,这种方式一般用于传递项目组织各部门、各科室之间的日常资料等;通过信函、电话、电报、Email 等通讯方式传递信息;通过会议方式传递信息,包括关键会议、例会、特别会议,一般在项目的关键时刻要召开关键会议,在项目全过程中可以定期召开例会,还可以在必要时不定期地召开一些特别会议。

项目信息的分析是对收集到的项目数据进行整理、鉴别、分析、汇总和归类,做出推测、判断、决策,并注意剔除一些无关的数据,避免数据量过大使得接收者厌烦而导致重要的信息被遗漏。只有通过科学的分析,去粗取精、去伪存真,才能取得有效的项目信息,作为监督项目的依据。

课后练习
Exercise Eight

一、选择题

(一) 单项选择题

1. 自下而上的项目信息包括( )。
   - (A) 部门之间的信息传递
   - (B) 管理目标、工作条例、业务指导
   - (C) 项目实施中的进度、成本、消耗、效率等方面的信息
   - (D) 外部向内部传递的信息

2. 为达到有效沟通,信息应该面向( )。
   - (A) 媒介　　(B) 提供者　　(C) 接收者　　(D) 领导

3. ( )是解释信息的过程。
   - (A) 解码　　(B) 接收　　(C) 编码　　(D) 反馈

4. 沟通的基本要素包括( )。
   - (A) 听、说、身体语言
   - (B) 交流者、编码、信息、媒介、解码、接收者和反馈
   - (C) 清楚地表达和良好地聆听习惯
   - (D) 读、写、听

5. 在项目沟通中起主要作用的角色是( )。
   - (A) 职能经理　　(B) 项目经理　　(C) 职能团队　　(D) 项目办公室

6. ( )不是项目书面报告。
   - (A) 任务完成报告　　(B) 重大突发事件报告
   - (C) 变更报告　　(D) 可行性报告

7. 有效沟通的前提包括( )。
   - (A) 共同的语言和沟通的愿望　　(B) 平等的关系和沟通的愿望
   - (C) 共同的语言和正确的沟通方式　　(D) 平等的关系和正确的沟通方式

8. 在口头沟通中,( )提供的信息最多。
   - (A) 词汇　　(B) 项目经理　　(C) 体语　　(D) 外貌

9. 当前谈论到的"信息爆炸",指的是在( )的沟通方式下,会使得沟通信息呈超负荷状态。
   - (A) 会议　　(B) 电话　　(C) 网络　　(D) 演讲

10. 非正式沟通的优点之一是( )。

(A) 沟通效果好　　(B) 形式多种多样　　(C) 增进感情　　(D) 反馈迅速

11. 在沟通过程中,信息流与其他过程反向进行的是(　　)。
    (A) 编码　　　　(B) 解码　　　　(C) 接收　　　　(D) 反馈

12. 信息传递准确性高,且有助于接受者反馈意见的沟通方式是(　　)。
    (A) 平行交叉沟通　(B) 双向沟通　　(C) 正式沟通　　(D) 口头沟通

13. 在解决复杂问题时(　　)沟通最为有效。
    (A) 链式　　　　(B) 全通道　　　(C) 轮式　　　　(D) Y式

14. 一个项目团队的成员就如何改进公司采购过程提交了一份建议,这是一个(　　)的例子。
    (A) 上行沟通　　(B) 下行沟通　　(C) 水平沟通　　(D) 交叉沟通

15. 在一个有15 000名员工的组织中重组一个项目,项目队伍由每个组织中的一名代表组成,识别利益相关者对项目信息需求的最好方式是(　　)。
    (A) 人员分配和资源管理计划　　　　(B) 沟通和责任矩阵
    (C) 沟通计划　　　　　　　　　　　(D) 组织分解结构

(二)多项选择题

1. 在组织中采用的文字化信息沟通的方式包括(　　)。
   (A) 图标　　　　(B) 指南　　　　(C) 宣传册　　　(D) 合同
   (E) 电话录音

2. 沟通网络包括(　　)。
   (A) X式　　　　(B) Y式　　　　(C) 环式　　　　(D) 矩阵式
   (E) 全通道式

3. (　　)是双向沟通的优点。
   (A) 信息传递速度快
   (B) 沟通者心理压力较小
   (C) 信息传递准确性高
   (D) 有助于增强接受者的责任心
   (E) 有助于沟通双方建立感情

4. 全通道式沟通网络的优点主要有(　　)。
   (A) 信息传递速度快　　　　　　　(B) 民主气氛浓厚
   (C) 解决简单问题时效率较高　　　(D) 信息可以自上而下传递
   (E) 成员合作精神较强

5. 根据信息流的流向可以将项目信息分为(　　)。
   (A) 自上而下的项目信息　　　　　(B) 自下而上的项目信息
   (C) 不同文档之间的信息　　　　　(D) 来自外界的项目信息
   (E) 与顾问室相关的信息

二、思考题

1. 项目沟通管理主要包括哪几个过程?
2. 试描述项目沟通过程的一般模式。
3. 项目沟通计划编制的依据主要有哪些?什么是项目执行情况报告?它包括哪几种?
4. 谈谈如何提高沟通绩效。

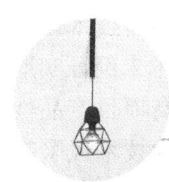

第 9 章 项目风险管理

项目风险是指未来的不确定性因素对项目目标的正面或负面影响。项目风险管理包括规划风险管理、风险识别、分析风险、监测应对风险等过程,其目的在于提高正面风险的概率或(和)影响,降低负面风险的概率或(和)影响。

9.1 风险管理概述

9.1.1 项目风险管理的概念

项目风险管理是指通过风险识别、风险分析和风险评价等手段去认识项目的风险,并以此为基础合理地使用各种风险应对措施和管理办法,对风险实行有效控制,妥善处理风险事件造成的后果,以最小的成本保证项目总体目标实现的管理工作。

每个项目都在两个层面上存在风险:一是单个项目风险,一是整体项目风险。所谓单个项目风险,是指未来的不确定事件或条件对一个或多个项目目标产生正面或负面影响;所谓整体项目风险,是指由单个项目风险和不确定性的其他来源联合导致的对整体项目的影响。

单个项目风险和整体项目风险都存在正面(有利影响)或负面(不利影响)之分。正面风险也叫机会,负面风险也叫威胁。把握机会则能获得众多好处,如工期缩短、成本节约、绩效改善、声誉提升。未能妥善管理的威胁可能会引发各种问题,如工期延误、成本超支、绩效不佳、声誉受损。所以风险管理是十分重要的。

9.1.2 项目风险的种类

项目所在的环境存在很多不确定性。这种不确定性可能是项目的资金问题、技术问题或者资源供应问题等,将它们完全列举出来几乎是不可能的事情。这些不确定性就是项目风险的基础。风险的概念涉及两个方面:一是不确定事件发生的可能性,二是事件发生后带来的影响。在项目决策之前,对项目的风险进行识别与评估是非常重要的,它可以帮助项目的客户减少决策失误,并做好应对准备;也可以帮助项目管理者对项目的性质、困难等相关问题有一个更为清晰的认识,以制定合适的操作方案。

不同类型的项目有不同的风险,相同类型的项目根据其所处的环境、项目客户与项目团队以及所采用的技术与工具的不同,其项目风险也是各不相同的。项目风险基本可分为以下4类。

(1) 项目技术、性能、质量风险

项目采用的技术与工具是项目风险的重要来源之一。一般说来,项目中采用新技术或技术创新无疑是提高项目绩效的重要手段,但这样也会带来一些问题,许多新的技术未经证实或并未被充分掌握,则会影响项目的成功。还有,当人们出于竞争的需要,就会提高项目产品性能、质量方面的要求,而不切实际的要求也是项目风险的来源。一般而言,项目的技术风险越大,那么该项目无法满足特定需求的可能性就越大。

(2) 项目管理风险

项目管理风险包括项目管理过程的方方面面,如:项目时间进度安排、资源分配(包括人员、设备、材料)、项目质量管理、项目管理技术(流程、规范、工具等)的采用以及分包商的管理等。

(3) 项目组织风险

项目组织风险的一个重要来源,就是项目决策时所确定的项目范围、时间与费用之间的矛盾。项目范围、时间与费用是项目的三个要素,它们之间相互制约。不合理的匹配必然导致项目执行困难,从而产生风险。项目资源不足或资源冲突方面的风险同样不容忽视,如人员到岗时间、人员知识与技能不足等。组织中的文化氛围也会导致一些风险的产生,如团队合作和人员激励不当导致人员离职等。

(4) 项目外部风险

项目外部风险主要是指项目的政治、经济环境的变化,包括与项目相关的规章或标准的变化,组织中雇佣关系的变化,如公司并购等。这类风险对项目的影响,以及与项目性质的关系较大。对于商务电子化项目来说,社会上技术进步的加速可能也是项目风险的一个来源。

9.1.3 项目风险管理的发展趋势

最新研究表明,项目风险管理的发展有3大趋势。

一是关注面正在扩大:新兴实践倾向于不仅关注事件类风险,而且关注非事件类风险。非事件类风险包括变异性风险(如已规划事件、活动和决策的某些方面存在不确定性)和模糊性风险(如不确定未来可能发生什么)。

二是通过加强项目韧性来应对突发风险。

三是强调整合式风险管理,即采用协调式企业级风险管理方法来确保不同层面的风险管理工作的一致性和连贯性。使项目集和项目组合的结构具有风险效率,有利于在给定的风险敞口水平下创造最大的整体价值。

9.1.4 项目风险管理的主要内容与常用工具

项目风险管理主要体现在规划风险管理、风险识别、实施定性风险分析、实施定量风险分析、规划风险应对、实施风险应对、监督风险等7个管理过程中,每个过程对应的主要工具与技术详见表9-1。

表 9-1 项目风险管理过程的工具与技术一览表

工具技术名称	规划风险管理	识别风险	实施定性风险分析	实施定量风险分析	规划风险应对	实施风险应对	监督风险
专家判断	▲	▲	▲	▲	▲	▲	
数据收集		▲	▲	▲	▲		
数据分析	▲	▲	▲	▲	▲		▲
人际关系与团队技能		▲	▲	▲	▲	▲	
会议	▲	▲	▲				▲
项目管理信息系统(PMIS)						▲	
决策					▲		
数据表现			▲				
审计							▲
提示清单		▲					
风险分类			▲				
不确定性表达方式				▲			
威胁应对策略					▲		
机会应对策略					▲		
应急应对策略					▲		
整体项目风险应对策略					▲		

从表 9-1 可以看出：专家判断和数据分析在风险管理过程中应用普遍；而在 7 个过程中，规划风险应对需要的工具与技术种类最多。

9.2 规划风险管理

9.2.1 过程特征

规划风险管理是定义如何实施项目风险管理活动的过程。本过程的主要作用是确保风险管理的水平、方法和可见度与项目风险程度相匹配，以及与项目对组织和其他相关方的重要程度相匹配。本过程仅在项目规划阶段开展一次。

(1) 过程的输入或输出

规划风险管理就是制定风险管理计划的过程。本过程的工作依据（输入）是项目章程、项目管理计划(所有组件)、项目文件(相关方登记册)、事业环境因素、组织过程资产。

本过程的结果就是输出风险管理计划。包括风险管理战略,管理风险的具体方法、工具及数据来源,参与者的角色与职责(确定每项风险管理活动的领导者、支持者、团队成员,确定他们的职责),资金(制定应急储备与管理储备的使用方案),时间安排(将风险管理活动纳入进度计划,确定实施风险管理过程的时间和频率),风险类别(确定对单个项目风险进行分类的方式,通常借助于风险分解结构(RBS)),相关方风险偏好(在计划中记录关键相关方的风险偏好),风险概率和影响定义,概率和影响矩阵,报告格式(确定如何记录、分析和沟通风险管理过程的结果),跟踪(确定如何记录风险活动,以及如何审计风险的管理过程。)

(2) 常用工具与技术

制定风险管理计划,常常需要专家判断、数据分析和召开专门会议。

专家应熟悉组织所采取的风险管理方法,包括组织的风险管理体系;善于剪裁风险管理以适应项目的具体需求;还要了解相同领域的项目可能遇到的风险类型。

数据分析的重点是考虑相关方的兴趣、合法权利和道德权利、所有权、知识、贡献,以往同类项目风险管理的经验教训,分析相关方的风险偏好。

举办规划会议来编制风险管理计划,是一个行之有效的方法。参会者包括项目经理、指定团队成员、关键相关方代表;如果需要也可以请外部人员参加,如客户、卖方、监督机构等。通过会议可以达成共识,识别和克服偏见,解决相关各方之间可能出现的分歧。

9.2.2 项目风险管理计划的编制

风险管理计划主要说明如何把风险分析和管理步骤应用于项目管理之中。风险管理计划应详细说明如何进行单个项目的风险识别、风险分析、风险评价和风险控制过程,如何解决所涉及的方方面面问题,以及如何评价项目整体风险。

表9-2是某项目风险管理计划的编写提纲,该提纲可以进一步帮助我们理解项目风险管理计划的含义。

需要说明的是:编制项目风险管理计划的过程,是一个建立在深入研究基础之上的项目风险识别、风险分析、风险评价的工作过程,也是在此基础上进一步提出风险应对方案的过程。过程的第一步,应是识别风险是否存在,风险可能出现在什么时段、什么地方? 风险的性质是事件性的还是非事件性的? 第二步是对风险进行分析和评价,包括分析风险发生的原因、风险发生的概率高低,评估风险发生后的影响大小。第三步是提出应对方案,包括风险能否回避? 风险能否分散? 万一风险发生,如何可以降低不利影响?

注意表9-2提纲中引言部分的组织一节的安排,事先明确领导人和团队成员的责任范围很有意义,它将使风险管理计划易于执行,有利于风险监督和控制,防患于未然。关键相关方的纳入,有利于尽早识别风险,争取主动。

表 9-2　××项目风险管理计划书提纲示例

××项目风险管理计划

1　引言
1-1　项目的范围和目的
1-2　项目文件概述
　　1-2-1　目标
　　1-2-2　要优先考虑规避的风险
1-3　组织
　　1-3-1　领导人员
　　1-3-2　项目团队成员责任
　　1-3-3　任务
　　1-3-4　关键相关方
1-4　风险规避策略的内容说明
　　1-4-1　进度安排
　　1-4-2　主要里程碑和审查行为
　　1-4-3　预算
2　风险识别、分析与评价
2-1　风险识别
　　2-1-1　风险情况调查、风险来源等
　　2-1-2　风险分类
2-2　风险分析
　　2-2-1　风险发生概率的估计
　　2-2-2　风险后果的估计
　　2-2-3　估计准则
　　2-2-4　估计误差的可能来源
2-3　风险评价
　　2-3-1　风险评价使用的方法
　　2-3-2　评价方法的假设前提和局限性
　　2-3-3　风险评价使用的评价标准
　　2-3-4　风险评价结果
3　风险应对方案
3-1　根据风险评价结果提出的建议
3-2　可用于规避风险的备选方案
3-3　规避风险的建议方案
3-4　风险监督程序
4　附录
4-1　项目风险形势估计
4-2　减轻风险的计划
4-3　相关方风险偏好

9.3 风险识别

9.3.1 过程特征

风险识别是指项目管理人员在收集资料和调查研究的基础上，运用各种方法对尚未发生的潜在风险以及客观存在的各种风险进行系统归类和全面识别的过程。风险识别的主要内容是：识别引起风险的主要因素、识别风险的性质、识别风险可能引起的后果。

（1）过程输入与输出

风险识别过程的工作依据（输入）文件有：项目管理计划（包括需求管理计划、进度管理计划、成本管理计划、质量管理计划、资源管理计划、风险管理计划、范围基准、进度基准、成本基准）、项目文件（包括假设日志、成本估算、持续时间估算、问题日志、经验教训登记册、需求文件、资源需求、相关方登记册）、协议、采购文档、事业环境因素、组织过程资产。

本过程结果将产生（输出）：风险登记册、风险报告、项目文件更新（假设日志、问题日志、经验教训登记册）。

（2）主要工具与技术

在识别风险过程中，经常用到一些通用工具与技术，如专家判断、数据收集、数据分析、人际关系团队技能、会议等。从表9-1可以看出，本过程特有的工具是风险提示清单。在采用风险识别技术时，风险提示清单可作为框架用于协助团队形成想法。

9.3.2 风险提示清单如何形成

风险提示清单是风险识别过程的重要文件。风险提示清单的形成过程就是风险识别过程。其具体方法包括（但不限于）以下几种。

（1）文件资料审核

从项目整体和详细的范围层次两个方面对项目计划、项目假设条件和约束因素、以往项目文件资料进行审核，从中识别可能导致风险的因素。

（2）应用头脑风暴法

头脑风暴法是常见的一种用以获得集思广益效果的信息收集方法。其实质是通过若干人组成的小组会议，通过相互启发，引导与会者对风险因素提出自己的想法，引起思想的共鸣，产生组合效应。头脑风暴法的目的就是希望与会人员创造性地提出各种风险因素，风险因素提得越多越好。采用此法的要点是尽力营造融洽轻松的会议气氛，要求所有人员不得对别人的观点发表评价性尤其是批评性意见，以免影响会议的自由气氛。这样与会者可以自由提出尽可能多的信息。

（3）应用德尔菲法

德尔菲法本质上是一种反馈匿名咨询法。其做法是在对所有要预测的问题征得专家的意见后，进行整理、归纳、统计，再匿名反馈给各专家，再次征求意见，再集中、反馈，直至得到基本一致的意见。德尔菲法的三个显著特点是：匿名性、多次反馈和小组统计。德尔菲法有助于减少数据中的偏倚，并防止任何个人对结果产生不适当的影响。

（4）应用访谈法

通过访问有经验的项目参与者、关键相关方或某项问题的专家，可以识别风险。访谈是收集风险识别数据的主要方法之一。

（5）SWOT 技术

SWOT 分析即优势、劣势、机会与威胁分析。它作为一种系统分析工具，其主要目的是对项目的优势与劣势、机会与威胁各方面，从多角度对项目风险进行识别，以扩大风险考虑的广度。

（6）利用检查表

检查表是有关人员利用他们所掌握的丰富知识设计而成的。使用检查表的优点是它使风险识别能按照系统化、规范化的要求去识别风险，且简单易行。但它的不足之处是专业人员不可能编制一个包罗万象的检查表，因而检查表具有一定的局限性。应用检查表时，应该尽可能详细列举项目所有的风险类别。

（7）利用流程图

流程图是将项目全过程，按其内在的逻辑关系制成流程图。针对流程中的关键环节和薄弱环节进行调查和分析，找出风险存在的原因，从中发现潜在风险的威胁，分析风险发生后可能对单个项目造成的影响和对整体项目造成的影响。

（8）利用因果分析图

利用因果分析图将风险问题与风险因素之间的关系表示出来。一般风险因素包括人、机器设备、材料、方法（工艺）和环境等 6 个方面。

（9）风险分解结构（RBS）

风险分解结构（RBS）是将项目风险来源从分类层次上的一种呈现。RBS 从形式上类似于工作分解结构（WBS）。两者之间的不同之处是 WBS 的分解依据是按工作的属性关系，而 RBS 的分解依据是按风险来源的类别，如人、材料、设备等。利用风险分解结构，有利于系统地分析项目风险的来源。风险分解结构底层的风险类别可以作为提示清单。

9.4 风险分析

9.4.1 定性风险分析

定性风险分析是通过评估单个项目风险发生的概率和影响以及其他特征，对风险进行优先级排序，从而为后续分析或行动提供基础的过程。本过程的主要作用是重点关注高优先级的风险。本过程需要在整个项目期间开展。

1. 过程输入与输出

定性风险分析的依据是项目管理计划（主要是风险管理计划）、项目文件（假设日志、风险登记册、相关方登记册）、事业环境因素、组织过程资产。

本过程的输出文件包括:项目文件更新(假设日志、问题日志、风险登记册、风险报告)。

2. 定性分析工具

在定性风险分析过程中,常用工具与技术包括:专家判断、数据收集、数据分析、人际关系团队技能、会议、数据表现、风险分类等。

3. 对风险发生概率的估计

对事件性风险和非事件性风险的不确定性,一般都用概率和概率分布来描述。风险分析的首要工作是确定风险的概率分布。一般讲来,风险事件的概率分布应当根据历史资料来确定。数理统计学家们把根据大量重复的观察结果总结出来的统计规律性用各种各样的理论概率分布来表示。在没有足够的历史资料来确定风险的概率分布的情况下,可以利用理论概率分布进行风险估计。

(1) 根据历史资料确定风险事件概率分布

依据以前的历史资料,可以确定某些风险的概率分布。比如,建设项目实际用的时间是一个随机变量,服从统计规律。如果项目管理人员做过比较多的相类似的项目,为了估计今后承包工程时工期拖延的风险,项目管理人员将这些工程工期拖延的情况整理了出来,可以得到工期拖延的概率分布,这种由样本比较少得到的分布叫作样本分布或经验分布。样本个数越多,样本分布的规律性越强。当样本个数达到一定数目时,样本分布的规律性就稳定下来,这种稳定的概率分布叫作理论分布。项目管理人员可以依据这个经验分布去估计下一个工期拖延的风险。

(2) 利用理论概率分布或主观概率

随机变量不同,其概率分布也不同。不同的理论概率分布要求用不同的参数来确定。理论正态分布由数学期望和方差两个参数就能确定。

由于项目活动独特性很强,项目风险来源彼此相差很远。所以,项目管理团队在许多情况下不得不根据样本个数不多的小样本对风险发生的概率、风险影响程度的数学期望和方差进行估计。有时由于项目活动是前所未有的,根本就没有以前的数据可以比照利用。遇到这种情况,项目管理人员就不得不根据自己的经验猜测风险事件发生的概率或概率分布。这样得到的概率是主观概率。

所谓主观概率,就是在一定条件下,对未来风险事件发生可能性大小的一种主观相信程度的度量。主观概率与客观概率的主要区别是,主观概率无法用试验或统计的方法来检验其正确性。

主观概率和根据历史数据确定的客观概率一样,满足概率的各种运算规则。主观概率的大小常常根据人们长期积累的经验以及对项目活动及其有关风险事件的了解来估计。人们的实践和大量的研究成果说明,这种估计是有效的。

9.4.2 定量风险分析

定量风险分析是就已识别的单个项目风险和不确定性的其他来源对整体项目目标的影响进行定量分析的过程。本过程的主要作用是量化整体项目的风险敞口,并提供额外的定量风险信息,以支持风险应对规划。本过程并非每个项目必需,但如果采用,它会在整个项目期间持续开展。

(1) 输入与输出

定量风险分析的依据是：项目管理计划（包括风险管理计划、范围基准、进度基准、成本基准）、项目文件（包括假设日志、估算依据、成本估算、成本预测、持续时间估算、里程碑清单、资源需求、风险登记册、风险报告、进度预测）、事业环境因素、组织过程资产。

本过程输出：项目文件更新（尤其是风险报告）。

(2) 定量分析工具

在定量风险分析过程中，常用的工具与技术有专家判断、数据收集、数据分析、人际关系与团队技能、不确定性表达方式等。

定量分析一般在定性分析的基础上进行，是定性分析的深化与细化。

9.4.3 风险评价的重要指标

1. 盈亏平衡点

项目盈亏平衡点即保本点。在一定市场、生产能力及经营管理条件下，通过对产品产量、成本、利润相互关系的分析，可以测定出盈亏平衡点。项目的设计产量超出平衡点越多，抗风险能力就越强。

一项投资项目的盈亏主要取决于销售收入和成本。当总收入大于总成本时将盈利，否则将亏损。用关系式可表示为：

$$I = C + R$$

式中：I 为销售收入，C 为总成本，R 为利润。

销售总收入由产品的市场价格和销售量决定。总成本 C 可以分为固定成本和可变成本。固定成本是指在一定时期内不随产品数量的增减而变化的那部分费用。可变成本是指随产品数量增减而变化的那部分费用，即单位可变成本乘以数量。总成本构成可表示为：

$$C = F + V \times Q$$

式中：F 为固定成本，V 为单位可变成本，Q 为产品销售量。

盈亏分析分为线性和非线性两类，下面以线性盈亏分析举例说明其原理。产品销售总收入 I 可表示为：

$$I = P \times Q$$

式中：P 为单位产品销售价格。

当总收入＝总成本（利润为零）时，整理可得：

$$Q = F/(P - V)$$

这就是盈亏平衡点计算公式。所对应的产量或销量 Q_0 成为盈亏平衡点产量，即：

$$Q_0 = F/(P - V)$$

Q_0 是掌握盈亏界限的重要参量，一般说来 Q_0 的值越小，表明经营状况越好。下面介绍一下线性盈亏分析方法的图解法。

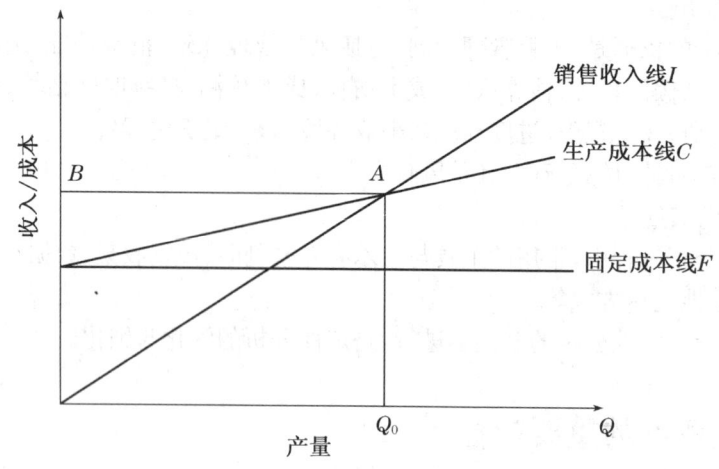

图 9-1　线性盈亏平衡分析图

图解法是采用盈亏平衡图直观反映产量、成本和盈利间的关系,确定盈亏平衡点的一种分析方法。盈亏平衡图的绘制方法是:以横轴表示产量 Q,以纵轴表示成本 C 和收入 I,在直角坐标系上先绘出固定成本线 F,再绘出销售收入线 I 和生产总成本线 C,销售收入线与生产成本线相交于 A 点,即盈亏平衡点,在此点销售收入等于生产总成本。以 A 点作垂直于横轴的直线并与之相交于 Q_0 点,此点即为以产量表示的盈亏平衡点;以 A 点作垂直于纵轴的直线并与之相交于 B 点,此点即为以销售收入表示的盈亏平衡点。

盈亏平衡分析方法是经常使用的定量分析方法,十分简便和有效。下面举例说明这种方法的应用。

【例 9-1】　某工厂生产一种产品,单位成本为 60 元/件,售价为 120 元/件,每年固定费用为 120 万元。试计算盈亏平衡点的产量。

由盈亏平衡点公式,可计算出盈亏平衡点的产量为:
$$Q_0 = F/(P-V) = 120/(120-60) = 2(万件)$$

2. 期望值

期望值指标是风险决策的判据。为了说明这一点,我们来剖析决策树分析法。

决策树是描述决策过程的一种图形,因为这种图形形似一棵树,故而得名。在决策树中,符号的含义如下:

□——决策点。由决策点引出若干条线,每一条线表示一个方案。这些线叫作方案分支。决策者从方案分支中选取一个。

○——状态点。它画在方案分支的末端。由它引出的线表示不同的客观状态,叫作概率分支。各客观状态的概率标在上面,方案的期望值标在"○"上方或下方。

△——结果点。它画在概率分支的末端,各个方案不同状态下的损益值写在它的后面。

应用决策树进行决策的过程是从右向左逐步展开分析。根据右端的损益值和概率,计算各状态点的期望值大小,然后比较期望值进行剪枝。最后在决策点得到最优方案。

【例 9-2】　某公司有三个投资方案,分别是 A、B、C 三个方案,在未来三种经济形势下,所获得的收益不同。三种经济形势分别是经济高涨,概率为 0.3,经济平稳,概率为 0.6,经济下滑,概率为 0.1,三种经济形势下各个方案的收益如下表。

表 9-3 不同经济形势下不同方案收益表

经济状态	经济高涨	经济平稳	经济下滑
概率	0.3	0.6	0.1
A方案	23	12	7
B方案	15	17	9
C方案	13	13	13

某一方案的期望损益值的计算等于在不同经济状态下的损益值与相应的概率乘积的累加之和。例如,A 方案所对应的期望值计算如下:

$$23×0.3+12×0.6+7×0.1=14.8$$

其他方案的期望值计算依此类推。然后把计算所得的期望值添在该方案的状态点上。接下来将机会点上的 3 个期望值加以比较,其中方案 B 的期望值最大,于是将此最大期望值添到决策点上方。而后在方案 A、C 的决策枝上画"//",代表把这两种方案去掉,选择 B 方案作为最优方案。

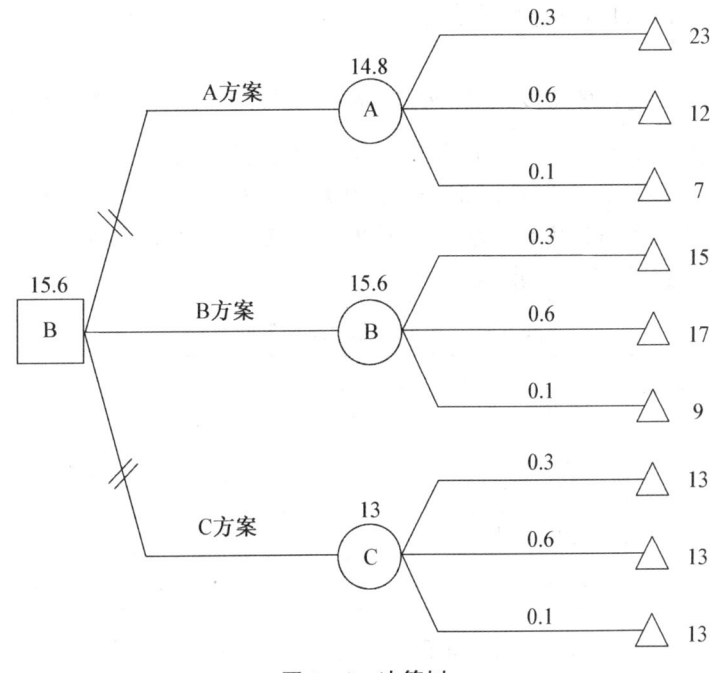

图 9-2 决策树

3. 敏感度

敏感度即敏感度系数(S_{AF}),是对影响项目绩效的不确定因素的重要性进行排序的重要判据。计算这一判据的过程叫作项目敏感性分析。它是在影响一个项目投资效益的许多不确定因素中,测定其中一个或几个不确定性因素变化时对项目投资效益影响程度的分析方法。它可预测项目主要不确定因素的变化对项目内部收益率、净现值等各种评价指标的影响,从中找出最敏感因素,从而确定评价指标对该因素的敏感程度以及对其变化的承受能力。

敏感性分析的基本步骤如下。

第一,确定分析指标。分析指标一般可分为静态指标和动态指标两种。其中常用的静态指标包括投资收益率、静态投资回收期;常用的动态指标一般包括动态投资回收期、净现值、内部收益率等。

第二,基于不确定性因素,计算敏感度系数和临界值。

敏感度系数(S_{AF})系指项目评价指标变化率与不确定性因素变化率之比,可按下式计算:

$$S_{AF}=\frac{\Delta A/A}{\Delta F/F}$$

式中:$\Delta F/F$ 为不确定性因素 F 的变化率,$\Delta A/A$ 为不确定性因素 F 发生 ΔF 变化时,评价指标 A 的相应变化率。

临界值系指不确定因素的变化使项目由可行变为不可行的临界数值,一般采用不确定性因素相对基本方案的变化率或其对应的具体数值表示。临界点可通过敏感性分析图得到近似值,也可采用试算法求解。

第三,绘制敏感性分析图和分析表。通常将敏感度分析的结果汇总成敏感性分析表,也可通过绘制敏感性分析图显示各种因素的敏感程度并求得临界点。

敏感性分析表所列的不确定因素是可能对评价指标产生影响的因素,分析时可选用一个或多个因素。

第四,做出分析结论。敏感度越高,该因素越需要关注,可以此对不同因素进行排序。

【例 9-3】 某企业计划投资生产自行车,项目生命期 8 年,初始投资 80 万元,建设期 1 年,第 2 年到第 8 年每年销售收入为 50 万元,经营成本为 30 万元,第 8 年末资产残值 10 万元。在投资额、经营成本和销售收入在 20% 范围内变动,基准折现率为 10%。试对上述 3 个不确定因素做净现值的单因素敏感性分析。

表 9-4 因素变化对净现值的影响

变化率 不确定性因素	−20%	−10%	基本方案	10%	20%
销售收入	121.65	143.78	165.91	188.04	210.17
经营成本	192.46	179.19	165.91	152.63	139.35
建设投资	151.36	158.64	165.91	173.18	180.45

解 计算方案对各因素的敏感度如下。由式(9-6)可知,平均敏感度计算公式为:

$$平均敏感度=\frac{评价指标变化的幅度}{不确定因素变化的幅度}$$

$$年销售收入平均敏感度=\frac{|210.17-121.65|}{40}=2.21$$

$$年经营成本平均敏感度=\frac{|139.35-192.46|}{40}=1.33$$

$$建设投资平均敏感度=\frac{|180.45-151.36|}{40}=0.73$$

可见年销售收入的平均敏感度最大,最需要关注;年经营成本的平均敏感度次之;建设投资平均敏感度最小。

9.5 风险应对

9.5.1 规划风险应对

规划风险应对是为处理整体项目风险敞口,以及应对单个项目风险,而制定可选方案、选择应对策略、商定应对行动的过程。本过程的主要作用是制定应对整体项目风险和单个项目风险的适当方法;本过程还将分配资源,并根据需要将相关活动添加进项目文件和项目管理计划。本过程需要在整个项目期间开展。

(1) 过程输入与输出

规划风险应对过程的工作依据(输入)包括:项目管理计划(包括资源管理计划、风险管理计划、成本基准)、项目文件(包括经验教训登记册、项目进度计划、项目团队派工单、资源日历、风险登记册、风险报告、相关方登记册)、事业环境因素、组织过程资产。

本过程的输出包括:变更请求、项目管理计划更新(包括进度管理计划、成本管理计划、质量管理计划、资源管理计划、采购管理计划、范围基准、进度基准、成本基准)、项目文件更新(包括假设日志、成本预测、经验教训登记册、项目进度计划、项目团队派工单、风险登记册、风险报告)。

(2) 工具与技术

在规划风险应对过程中,适用的工具与技术很多,主要包括:专家判断、数据收集、数据分析、人际关系与团队技能、决策、威胁应对策略、机会应对策略、应急应对策略、整体项目风险应对策略。其中威胁应对策略、机会应对策略、应急应对策略、整体项目风险应对策略等是本过程的特色。

9.5.2 实施风险应对

实施风险应对是执行商定的风险应对计划的过程。本过程的主要作用是确保按计划执行商定的风险应对措施,来管理整体项目风险敞口、最小化单个项目威胁,以及最大化单个项目机会。本过程需要在整个项目期间开展。

(1) 输入与输出

实施风险应对过程的输入是:项目管理计划(风险管理计划)、项目文件(经验教训登记册、风险登记册、风险报告)、组织过程资产。

本过程输出是:变更请求、项目文件更新(包括问题日志、经验教训登记册、项目团队派工单、风险登记册、风险报告)。

(2) 工具与技术

在实施风险应对计划的过程中,适用的工具与技术主要包括:专家判断、人际关系与团队技能、项目管理信息系统(PMIS)。

9.5.3 针对负面风险的应对策略

同一组织对不同的项目、不同的组织对同类的项目,其应对风险的态度可以是不同的。积极应对风险,可以从改变风险的性质、风险发生的概率或者风险产生的后果大小等方面提出应对策略。采取风险应对策略应坚持全面性、可行性和经济性原则。下面介绍回避风险、转移风险、损失控制和自留风险四个针对负面风险的应对策略。在实际情况中,每个项目性质不同,风险也各异,具体采用何种风险应对策略取决于项目的具体情况。

1. 回避风险

考虑到风险事件的存在和发生的可能性,主动放弃或拒绝实施可能导致负面风险的方案。通过回避风险,可以在风险事件发生之前完全彻底地消除某一特定风险可能造成的种种损失,而不仅仅是减少损失的影响程度。回避风险是对所有可能发生的负面风险尽可能地规避,这样可以直接消除风险损失。

回避风险具有简单、易行、全面、彻底的优点,能将负面风险发生的概率减少到零,从而保证项目的正常运行。

回避风险避免了可能产生的损失或者不确定性,但同时也失去了从风险中获得收益的机会,何况还有些风险根本就无法简单地避免。所以,当采取回避风险这个策略时需要考虑以下3个方面的问题:

第一,某些风险的不可回避性。如经济形势的下滑趋势、自然气候的变化等。

第二,各种风险之间的相关性。有时候回避了一种风险,却产生了要面对另一种风险的可能性。

第三,风险和收益的关系。风险和收益之间存在一定的正向关系,组织决策者必须在收益和风险中做出权衡,为追求高收益而承担较大的负面风险,或者为减少负面风险而接受较低的收益水平。当回避一个风险时也就意味着放弃了该风险所带来的收益。

2. 转移风险

转移风险是指一些组织和个人为避免承担风险损失,而有意识地将损失或与损失有关的财务后果转嫁给其他组织或个人去承担。

转移风险有控制型非保险转移、财务型非保险转移、保险和担保三种形式。

控制型处理风险的方法是指避免、消除风险或减少风险发生频率及控制风险损失扩大的方法。由于以下3个因素存在,这种方法作用有限:一是人们对风险的认识,受种种因素的制约,因而对风险的预测和估计不可能达到绝对精确的地步;二是各种控制型风险处理方法,都有一定的缺陷;三是有些风险根本就不可能避免、消除。因此,任何组织和个人都不可能不承受风险成本。为此,就有必要在财务上预先做出安排,提留各种风险准备金,以消除风险事故发生所造成的经济困难和精神忧虑。这种事前所做的财务安排就是财务型风险处理方法。

非保险转移指通过经济合同将自己可能承受的风险成本转移给其他组织或个人承担的方法。组织在从事经济活动过程中,可以利用合同条款等将有关活动潜在风险损失转移给他人承担。如在建筑合同中,业主可以要求承包人必须购买保险,这样便降低了承担处理风险的费用和风险成本。非保险转移的优点在于应用范围很广,费用低廉,灵活性强。特别是经济活动过程中出现的各种风险，往往保险公司不予承保，因此，非保险转移方法有着广泛的空间。然而，非保险转移常常受到法律的限制，而且，有些风险根本无法通过非保险转移方法来处理。

保险转移就是组织或个人，以缴纳保险费为条件，将自己可能遭受的风险成本转嫁给保险公司承担全部或部分风险成本的方法。由于保险转移是以保险费为条件的，因此，转移之前就发生了风险处理成本，所以，考虑保险转移时，应充分考虑保险转移的成本问题。因为有些风险，保险转移成本可能比自留的成本高得多。而且，还可能发生因采用保险转移而泄漏技术秘密从而导致更大的经济损失。但是，保险转移对经济承受能力有限的组织或个人来讲，可能是最为有效的方法。

担保在项目管理上是指保险公司、银行或者其他非银行金融机构为项目风险负间接责任的一种承诺。例如，建设项目施工承包商请保险公司、银行或者其他非银行金融机构向项目业主承诺对在投标、履行合同、归还预付款、工程维修中的责任、违约或者失误负间接责任。当然，为了取得这种承诺，承包商要付出一定的担保费。在得到这种承诺之后，项目业主就把由于承包商有可能带来的风险转移给了保险公司、银行或者其他非银行金融机构。

3. 损失控制

损失控制是指损失发生前消除损失可能发生的根源，并减少损失事件的频率；在风险事件发生后减少损失的程度。故损失控制的基本点在于消除风险因素和减少风险损失。

比如波音公司在开发诸如大型客机时需要数以百万计的零部件，其中绝大多数都需要供应商供货。波音面临的供应商风险是巨大的，因为它可能导致整个项目的失败。所以选择高质量高效率的供应商对波音公司非常重要。波音公司为使供应商风险降到最低而采取的方法是：坚持让所有的重要供应商与波音公司的质量检测部门保持持续的直接联系。同时，考虑到新的潜在供应商，波音公司坚持对供应商的生产流程进行控制和干预，从而保证所有供应商生产的零部件都符合既定的标准。配置一架飞机所需的零部件不计其数，而波音公司不可能自己生产所有的部件，所以它必须通过对供应商生产过程直接控制的策略来减少负面风险发生的概率，确保损失最小。

4. 自留风险

自留风险又称承担风险，它是一种由项目组织自己承担风险事故所致损失的措施，或者表明组织未能找到任何其他恰当的应对策略的一种风险应对计划技术。当采取其他风险规避方法的费用超过风险事件造成的损失数额时，可采用自留风险的方法。自留风险是最省事的风险规避方法。自留风险可以是主动的，也可以是被动的。

主动的自留风险是指项目管理者在识别和衡量风险的基础上，对各种可能的风险处理方式进行比较，权衡利弊，从而决定将风险留置内部。由于在风险管理规划阶段已对一些风险有了准备，所以当风险事件发生时可以马上执行应急计划。主动的风险自留是一种周密计划、有充分准备的风险处理方式。

被动的风险自留是指项目管理者没有意识到风险的存在性和严重性，进而没有采取风险计划，而最终自己承担风险损失。一般是在风险事件造成的损失数额不大，不影响整个项目进程时，项目管理者将损失列为项目的一种费用。在实际情况中，存在大量的被动的自留风险，难以避免。

在制定风险管理计划时，首先需要确定项目团队应该采用哪种风险应对策略，然后才进一步研究具体的风险管理方案。下面的例 9-4 是一个专门做项目的公司之遭遇，该公司风险何在,应采用如何的应对策略呢?

【例 9-4】 关注项目风险,提高项目绩效

克里夫·布朗思(Cliff Branch)是一个小的信息技术咨询公司的总经理,该公司专门从事网络应用程序开发和提供全方位的服务支持。员工由程序员、商务分析师、数据库专家、网页设计者、项目经理等组成。公司总共有50人,并计划在下一年至少再雇佣10人。公司在过去的几年中绩效非常好,但近来在赢得合同方面遇到了困难。花时间与资源对潜在客户的各种建议邀请书做出反应,正变得越来越昂贵。许多客户开始要求,在签订合同之前做些展示,甚至开发一些原型。

克里夫知道,在对待风险的事情上,他采取的是一个积极进取的方法,喜欢投标赢利最高的项目。在投标这些项目之前,他没有使用系统化的方法来评价各种项目所涉及的风险,而是集中于获利的潜力和项目具有多大的挑战性。他的战略如今给公司带来了许多问题,因为他们在准备建议书方面投了大量的钱,却没有赢得几个合同。许多咨询师目前并没有承担项目中的工作,但工资单上却还有他们的名字。为了更好地理解项目风险,克里夫和他的公司应该做些什么?克里夫是否应该调整其项目投标决策战略?如何调整?

9.6　风险监督

9.6.1　过程特征

监督风险是在整个项目期间,监督商定的风险应对计划的实施,跟踪已识别风险,识别和分析新风险,以及评估风险管理有效性的过程。本过程的主要作用是使项目决策都基于关于整体项目风险敞口和单个项目风险的当前信息。本过程需要在整个项目期间开展。

风险监督过程就是项目风险控制过程。当风险事件发生时,实施风险管理计划中预定的应对措施。另外,当项目情况发生变化时,关注风险的变化,风险是否由潜在转变为现实,一旦发现不利情况,重新进行风险识别、评估,并制定新的应对措施。

(1) 过程输入与输出

风险监督过程的工作依据(输入)包括:项目管理计划(主要是风险管理计划),项目文件(如问题日志、经验教训登记册、风险登记册、风险报告等),工作绩效数据,工作绩效报告。

过程的输出内容有:工作绩效信息,变更请求,项目管理计划更新(任何组件的更新),项目文件更新(包括假设日志、问题日志、经验教训登记册、风险登记册、风险报告),组织过程资产更新。

(2) 工具与技术

在风险监督过程中,主要工具与技术一般采用数据分析(如技术绩效分析、储备分析等),会议(包括但不限于风险审查会,定期安排风险审查,讨论风险发生引发的问题),审计(评估风险管理过程的有效性,可以在项目审查会上开展)。

9.6.2 负面风险缓解计划

项目风险控制,首先就是跟踪已识别的风险,监视剩余风险和识别新的风险,保证风险计划的执行,并评估消减风险和缓解风险的有效性。

项目团队对于已经识别的风险采取主动的缓解方法,永远是最好的策略。这可以通过建立一个负面风险缓解计划来达到。

【例 9-5】 A 公司软件开发项目的风险缓解项目

人员流动过于频繁被认为是 A 公司软件开发项目最大的风险。基于以往的历史信息和管理经验,软件人员流动的概率为 70%。人员流动的影响被预测为对于某项目成本及进度有严重的影响。为了缓解这个风险,项目经理需建立一个策略来降低人员流动。采取的策略如下:

(1) 与现有人员一起探讨人员流动的原因(是工作条件问题,还是低报酬,竞争激烈);
(2) 在项目开始之前,采取行动以缓解那些在管理控制之下的原因;
(3) 一旦项目启动,假设会发生人员流动并采取一些技术措施以保证当人员离开时的工作连续性;
(4) 对项目进行良好组织,使得每一个开发活动的信息得以恰当传播和交流;
(5) 定义文档的标准,并建立相应的机制,以确保文档能及时建立;
(6) 对所有工作进行详细复审,使得不止一个人熟悉该项工作;
(7) 对于每一个关键的技术人员都指定一个后备人员。

9.6.3 开展风险监控活动

风险监控是建立在项目风险的阶段性、渐进性和可控性基础上的一种管理工作。通过对项目风险的识别和分析,以及对风险信息的收集,就可以采取正确的风险应对措施,从而实现对项目风险的有效控制。

一般来说,随着项目的进展,风险监控活动开始进行。项目管理者监控某些因素,这些因素可以提供风险是否正在变高或变低的指示。在例 9-5 中,项目经理可能监控下列因素:
(1) 项目组成员对项目压力的一般态度;
(2) 项目组的凝聚力;
(3) 项目组成员彼此之间的关系;
(4) 与报酬和利益相关的潜在问题;
(5) 项目组成员在公司内及公司外工作的可能性。

除了监控上述因素之外,项目经理还应该监控风险缓解步骤的效力。例如:在风险缓解策略中要求定义"文档的标准,并建立相应的机制,以确保文档能被及时建立"。这是保证工作连续性的机制。项目经理应该仔细地监控这些文档,以保证文档内容正确。如果有关键的人物离开了项目组而补充新成员加入该项目时,这些文档能为他们提供必要的信息。

9.6.4 应急计划和应急行动

应急计划是假设在风险缓解工作已经失败、风险变成了现实的情况之下的应急行动计划。应急行动可作为事后的补救活动补偿风险造成的不利影响。

继续讨论例9-5。假定该软件开发项目正在进行中,有一些人宣布将要离开。如果按照缓解策略行事,则有后备人员可用,因为信息已经文档化,有关知识已经在项目组中广泛进行了交流。此外,项目管理者还可以暂时重新将资源调整到那些需要人的地方去,并调整项目进度,从而使新加入的成员能够"赶上进度"。同时,要求那些要离开的人员停止工作,进入"知识交接模式"。

9.6.5 风险监控的权变措施

在一般情况下,项目风险控制应以风险管理计划、实际发生了的风险事件和随时进行的风险识别结果为依据,在控制手段上,除了风险管理计划中的应急措施外,还应根据实际情况确定权变措施。

权变措施一般包括建立项目风险监控体系、项目风险审核、挣值分析、附加风险应对计划、项目风险评价等。

(1) 建立项目风险监控体系

对于大型的或影响重大的商务电子化项目,应当建立项目风险监控体系。该体系应包括制订项目风险监控的方针、项目风险控制的程序、项目风险责任制度、项目风险信息报告制度、项目风险预警制度和项目风险监控的沟通程序等。

(2) 项目风险审核

项目风险审核是确定项目风险监控活动和有关结果是否符合项目风险管理计划和项目风险应对计划的安排,以及这些安排是否有效地实施并适合于达到预定目标的、有系统的检查。项目风险审核是开展项目风险监控的有效手段,也是作为改进项目风险监控活动的一种有效机制。

(3) 挣值分析

挣值分析就是将计划工作与实际完成的工作进行比较,从而确定项目运行的实际情况是否符合计划费用和进度的要求。如果产生的偏差较大,就需要进一步对项目风险进行识别、评估和量化。

(4) 附加风险应对计划

项目实施过程中,如果出现了事前未预料到的风险,或者该风险对项目目标的影响较大,而且原有的风险应对措施又不足以应付时,为了控制风险,有必要编制附加风险应对计划。

(5) 项目风险评价

项目风险评价是对风险控制的必要性和效果进行评价,目前有多种称谓和分类。

按评价阶段不同可分为:事前评价、事中评价、事后评价和跟踪评价。

按风险内容不同可分为:设计风险评价、风险管理有效性评价、设备安全可靠性评价、行为风险评价、作业环境风险评价、项目筹资风险评价等。

按评价方法不同可分为:定性评价、定量评价和综合评价等。

风险评价一般在风险识别和风险分析的基础上进行。一般通过风险识别,可以揭示出项目所面临的风险;通过风险分析,可以从量上确定风险发生的概率和损失的严重程度。在此基础上,项目是否要采取监控措施? 采取什么样的监控措施? 监控到什么程度? 采取监控措施后,原来的风险发生了什么变化? 是否产生了新的风险? 如此等等,都需要通过风险评价来解决。

课后练习 Exercise Nine

一、选择题

（一）单项选择题

1. 在项目中应用风险管理准则的目的是（   ）。
   (A) 消除所有项目风险
   (B) 大大降低项目风险
   (C) 大大降低完成项目的成本
   (D) 总是能减少完成项目的事件

2. （   ）是确定风险事件的概率及对其发生后果进行分析的过程。
   (A) 风险识别   (B) 风险应对   (C) 风险量化   (D) 风险控制

3. 如果一个项目经理对风险的容忍度很低，通常说他是（   ）。
   (A) 风险偏好的   (B) 风险中性的   (C) 风险厌恶的   (D) 机会主义的

4. 减少并控制风险的技术和方法称作（   ）。
   (A) 风险识别   (B) 风险量化   (C) 风险应对   (D) 风险控制

5. （   ）是风险评估的内容。
   (A) 风险识别   (B) 风险控制   (C) 风险发生概率   (D) 风险应对措施

6. 风险识别的方法不包括（   ）。
   (A) 访谈法   (B) 头脑风暴法   (C) 德尔菲法   (D) 矩阵图分析法

7. 风险后果是指风险事件发生后（   ）。
   (A) 损失的大小
   (B) 对项目目标产生的影响
   (C) 风险的性质
   (D) 损失发生的概率

8. 风险识别的内容有（   ）。
   (A) 风险的大小
   (B) 风险可能引起的后果
   (C) 风险引起的变化
   (D) 风险的承受能力

9. 风险控制的依据有（   ）。
   (A) 风险识别   (B) 风险应对   (C) 风险偏好   (D) 风险损失

10. 风险管理的过程是（   ）。
    (A) 风险评估、风险识别、风险应对计划、风险控制
    (B) 风险应对计划、风险评估、风险识别、风险控制
    (C) 风险应对计划、风险识别、风险评估、风险控制
    (D) 风险识别、风险评估、风险应对计划、风险控制

（二）多项选择题

1. 风险管理计划应详细说明（　　）。
   （A）风险识别　　（B）风险评价　　（C）风险损失　　（D）风险转移
   （E）风险控制
2. 引起动态风险的原因包括（　　）。
   （A）自然力不规则变化　　　　　（B）需求改变
   （C）制度改进　　　　　　　　　（D）环境变迁
   （E）人的行为失误
3. 风险的可变性包括（　　）。
   （A）性质的变化　（B）损失的变化　（C）风险量的变化　（D）主体的变化
   （E）新的风险产生

二、思考题

1. 项目风险管理包括哪些主要工作过程？
2. 风险有哪些分类？风险的基本性质是什么？
3. 风险识别的主要依据文件包括哪些？
4. 风险评估方法中，定性的评估方法有哪些？定量评估方法又有哪几个？并简要描述决策树方法的应用原理。
5. 项目风险应对可采用哪几种方法？

第10章 项目采购管理

项目采购管理包括从项目团队外部采购或获取所需产品、服务或成果的各个过程。包括规划采购管理、实施采购、控制采购。

10.1 采购管理概述

采购在项目实施中占有特别重要的地位。从某种意义上讲,采购工作是项目的基础,是项目成败的关键。这不仅仅是因为在一个项目中包括货物和服务的采购,采购费用占整个项目费用的绝大部分,而且更重要的是项目的设计和规划也必须体现在采购之中。如采购的设备、货物,或接受的服务不符合项目设计和规划的要求,必然就会降低项目的质量甚至会导致项目的失败。

10.1.1 项目采购管理的核心概念

项目管理中的采购含义不同于一般概念上的商品购买,它包含着以不同方式通过努力从系统外部获得货物、工程和服务的整个采办过程。因此,采购不仅包括购买货物,而且还包括雇佣承包商来实施工程和聘用咨询专家来从事咨询服务。

采购的重要性具体体现在以下三方面:一是采购费用占项目投资的比重很大,一般要占到50%以上(不同项目差异较大)。二是采购物资和服务的质量、成本对项目目标完成有重要的影响。三是采购过程在整个项目管理中占有较大的工作量,是一个项目中与外部交往的过程,不确定因素较多。

项目采购管理涉及利用协议(或合同、谅解备忘录、协议备忘录、订购单)来描述买卖双方之间的关系。协议中未规定的任何事项则不具备法律强制力。卖方可以是承包商、供货商、服务提供商或供应商;买方可能为最终产品的所有人、收购机构、服务需求方或购买方。

通常情况下,项目经理无权签署对组织有约束力的法律协议,这项工作仅由具备有关职权的人执行,但项目经理必须对采购过程有足够的了解,才能做出与合同及合同关系相关的明智决定。

10.1.2 采购类型

1. 有形采购与无形采购

项目采购按其内容可分为有形采购和无形采购两种类型。有形采购是指货物、劳务的采购,无形采购是指咨询服务的采购。它们有以下3种具体方式。

(1) 货物采购

货物采购属于有形采购,是指购买项目建设所需的实体投入物及其相关的服务。

(2) 工程采购

工程采购也属于有形采购,是指通过招投标或其他方式选择工程承包单位,亦即选择合格的承包商承担项目工程施工任务。

(3) 咨询服务采购

咨询服务采购属于无形采购,主要是聘请咨询服务公司或者个人咨询专家。咨询服务的范围主要包括:可行性研究专家咨询、技术专家咨询、监理、培训和设计等。

2. 招标采购与非招标采购

项目采购按照供货的竞争程度划分,可以分为招标采购和非招标采购。

(1) 招标采购

主要包括国际竞争性招标、有限国际招标和国内竞争性招标。特点是按照一定法律程序公平、公正、公开进行采购。一般要求有一定数量的投标者参与。

(2) 非招标采购

主要包括国际、国内询价采购,直接采购,自营工程等。方式一般比较灵活,但也要有合同约定。

10.1.3 工具与技术

项目采购管理主要有三大管理过程:规划采购管理、实施采购、控制采购。在三个管理过程中常用的工具与技术详见表10-1。

表 10-1 项目采购管理的工具与技术

工具技术名称	规划采购管理	实施采购	控制采购
专家判断	▲	▲	▲
数据收集	▲		
数据分析	▲	▲	▲
人际关系与团队技能		▲	
会议	▲		
检查			▲
审计			▲
供方选择分析	▲		
广告		▲	
投标人会议		▲	
索赔管理			▲

由表 10-1 可以看出,专家判断和数据分析在采购管理各过程中皆有应用。而数据收集、会议、供方选择分析则主要用在规划采购管理过程。人际关系与团队技能、广告、投标人会议在实施采购过程专用。检查、审计、索赔管理为控制采购过程所特有的工具。

10.1.4 采购管理的原则

在项目采购管理中要遵循以下 4 项原则:
(1) 成本效益原则
由于采购费用在项目预算中的比例非常大,采购费用直接关系到项目的整体成本,因此,凡是为项目所采购的货物和服务,都应注意节约和效率,充分体现成本效益原则。
(2) 质量符合原则
采购的货物和服务质量要良好,必须适合项目的要求。
(3) 进度适应原则
所采购的货物应及时到达,服务应及时提供,采购时间与整个项目实施进度相适应。
(4) 公平竞争原则
即应给符合条件的承包商提供均等的机会。这不仅符合市场经济运行原则,而且也会进一步提高项目实施质量;同时,公平竞争又会促使报价降低,因而对项目的费用控制更加有利。

10.2 规划采购管理

10.2.1 过程特征

规划采购管理是记录项目采购决策、明确采购方法及识别潜在卖方的过程。本过程的主要作用是确定是否从项目外部获取货物和服务,如果是,还要确定将在什么时间、以什么方式获取什么货物和服务。货物和服务可从执行组织的其他部门采购,或者从外部渠道采购。本过程仅在规划阶段(或启动阶段)开展一次。
(1) 过程输入
规划采购管理过程的依据(输入)是:项目章程、商业文件(包括商业论证、效益管理计划)、项目管理计划(包括范围管理计划、质量管理计划、资源管理计划、范围基准)、项目文件(里程碑清单、项目团队派工单、需求文件、需求跟踪矩阵、资源需求、风险登记册、相关方登记册)、事业环境因素、组织过程资产。
(2) 过程输出
本过程的输出结果是:采购管理计划、采购策略、招标文件、采购工作说明书、供方选择标准、自制或外购决策、独立成本估算、变更请求、项目文件更新(经验教训登记册、里程碑清单、需求文件、需求跟踪矩阵、风险登记册、相关方登记册)、组织过程资产更新。

10.2.2 编制采购管理计划

项目采购计划是确定怎样从项目组织以外采购物资和服务,以最好地满足项目需求的过程。它考虑是否采购、采购什么、采购多少、怎样采购及何时采购。对于大多数项目来说,在采购计划编制过程中,考虑周到并具有创造性是很重要的。在项目采购中,不限于面向供应链的上游去采购。同行之间的任务委托,有时也是满足项目需要的一个重要方式。在即使被视为竞争者的许多公司之间,在一些项目上进行合作常常也是很有意义的。

恰当的采购计划编制也可以给组织节省大量成本。许多公司为了获得特殊价格折扣而联合起来集中购买一些诸如个人电脑、软件、办公设备之类的产品。

编制采购计划的常用方法主要有两种:一是自制或外购分析,二是向专家咨询。以下分别介绍。

(1) 自制或外购分析

自制或外购分析即用于决定是在组织内部制作某些产品或进行某些服务,还是从外部购买这些产品或服务的一种一般管理技术。它包括估算提供产品和服务的内部成本,同时还包括与采购成本估算的比较。

【例 10-1】 假设一个公司有 1 000 个行销人员要求提供笔记本电脑以及对它的维护、培训和用户支持。利用自制-外购决策分析,该公司可以估算出只使用内部资源提供这一产品和服务的成本。该估算成本包括硬件和软件、旅行、运输和技术支持等方面的成本。假设该公司估计出的"自制成本"是初始投资 300 万,每年的支持成本 200 万。在项目的生命周期内,如果外购成本低于自制成本,公司就采取外购的策略。

需要注意的是:在进行自制或外购分析时,所考虑的成本必须覆盖项目的生命周期。

(2) 向专家咨询

向具有专门知识或经过训练的单位和个人、咨询公司、行业团体、有发展前景的承包商以及项目实施组织内部的其他单位咨询,往往是编制采购计划前的必要步骤。这些单位或个人,可能具有与采购有关的专业知识。项目组织可以聘请采购专家作为顾问,甚至邀请他们直接参与采购过程。不管是自制的还是外购的,向专家咨询是制定采购计划的一条捷径。

10.2.3 供应商的选择与管理

无论是否采用招投标采购方式,都牵涉到供应商的选择与管理问题,主要是合作形式与供应商选择。

1. 合作形式的选择

总包和分包是供应商的常见合作形式,选择供应商首先要解决的问题就是在总包和分包之间做出选择。在总包的情况下,完成整个任务的责任被交给供应商。在分包中,任务被分成了几个部分,分别包给不同的供应商。协调工作由委托人负责。

总包和分包各有优缺点,扼要介绍如下:

(1) 总包

总包的优点是：在项目执行过程中受到委托人的干涉比较有限；不要求委托人有相似的项目经验；委托人只需付出有限的努力。

总包的局限在于：委托人对项目成本/价格结构缺乏了解，只对所用的原料存在有限的影响。

（2）分包

分包的优点是：委托人对项目的成本/价格结构有比较深入的了解；项目组织能够更好地对供应商和所用的原料加以控制；通常项目成本较低。

分包的缺点是：要求委托人对相关的知识有深入了解及丰富经验；项目的协调和监控需要付出较多的时间和努力；沟通问题造成的风险可能会对项目活动造成延误。

2. 供应商的评估和选择

选择供应商或承包商可采用招标方式或协议方式，有各种不同的商业技术和计算机软件可用来对供应商或承包商进行评估和选择。

（1）加权选择体系

在选择供应商时，通常需要综合考虑价格之外的因素，如供应商的经验、物资的性能、服务的质量、供应的时间以及满足项目需求的程度等。为此，可使用加权体系。加权体系是一种量化定性变量的比选技术，具体的做法是：

第一步，为每个评审标准分配一个数字权重；

第二步，根据每个评审标准给潜在的供应商打分；

第三步，将分数乘以权重，并汇总所得的乘积结果，计算出汇总分数，作为评价和筛选的依据。

（2）独立估算

项目管理团队（或项目承担组织）可以对采购产品编制自己的估算，用以检查供应商的报价。如果差异较大，说明定义的范围不恰当，或者供应商对采购方的需求有误解或漏项。独立估算又称为"合理费用"估算。项目承担组织也可把独立估算的工作交给外部的咨询顾问来做，以弥补自己专业知识的缺陷，并节约执行的时间。

10.3 实施采购

10.3.1 过程特征

实施采购是获取卖方应答、选择卖方并授予合同的过程。本过程的主要作用是选定合格卖方并签署关于货物或服务交付的法律协议。本过程的最后成果是签订的协议，包括正式合同。本过程应根据需要在整个项目期间定期开展。

（1）过程输入

实施采购的依据是：项目管理计划（包括范围管理计划、需求管理计划、进度基准、沟通管理计划、风险管理计划、采购管理计划、配置管理计划、成本基准），项目文件（经验教训登记册、需求文件、风险登记册、相关方登记册），采购文档，卖方建议书，事业环境因素，组织过程资产。

(2) 过程输出

本过程的结果(输出)是:投标人会议,协议或合同,变更请求,项目管理计划更新(包括需求管理计划、质量管理计划、沟通管理计划、风险管理计划、采购管理计划、范围基准、进度基准、成本基准),项目文件更新(经验教训登记册、需求文件、需求跟踪矩阵、资源日历、风险登记册、相关方登记册),组织过程资产更新。

10.3.2 招投标管理

1. 招投标的概念

项目采购一般采用招投标方式。招投标是一种因招标人的要约邀请,引发投标人的承诺,经招标人择优选定,最终形成协议和合同关系的平等主体之间的经济活动过程。招投标是商品经济发展到一定阶段的产物,是一种特殊的商品交易方式。

招投标应具有平等性、竞争性和开放性的基本特征。招投标应遵循公开、公平、公正和诚实信用4项基本原则。

2. 项目招投标的工作程序

招投标活动一般分为招标准备、投标准备、评标、签约4个阶段。如图10-1所示。

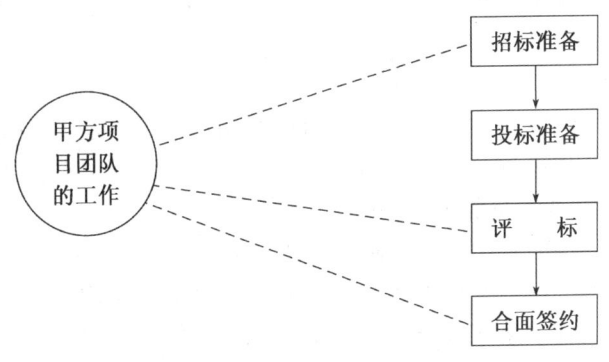

图10-1 招投标工作的流程图

图10-1还表明:在项目执行阶段,在项目采购工作中,项目团队将主持招标准备、组织评标、合同签约等相关事宜。

3. 招标工作内容

项目招标,一般包括7项工作内容:(1)招标工作班子组建;(2)编制招标文件和标底;(3)发布招标公告;(4)投标者资格预审;(5)文件答疑;(6)开标、询标与评标;(7)决标、授标与签约。

4. 评标与合同签约

评标是一件复杂而重要的工作。评标由评标委员会负责,评标委员会由招标单位代表和有关技术、经济等方面的专家组成,成员人数一般5人以上,其中技术、经济等方面的专家人数不得少于成员总数的2/3。评标结束后,评标委员会应当编制评标报告。评标报告的主要内容包括:

(1)招标的基本情况。包括项目概况、招标范围和招标的主要过程。

(2) 开标情况。包括开标时间、地点、参加开标会议的单位和人员等情况。
(3) 评标情况。包括评标委员会成员名单、评标方法、内容、依据等。
(4) 文件的分析论证及评审意见。
(5) 对投标单位的评标结果排序,并提出中标单位的推荐名单。

评标报告必须经过评标委员会全体成员签字才能生效。若经过评审所有投标方案都不符合要求,可以否决所有的投标,由招标单位重新招标。

一旦某单位或一些供应商中标,招标人就应该向他们发出"中标通知书"(授标),通知他们前来签约。

10.3.3 承约商的投标准备

1. 申请前期的研究工作

承约商在投标之前,不仅需要与客户进行沟通,还要进行方案的研究。与客户沟通的主要目的之一就是为了研究出一个切实可行的解决方案,以便提交一个有竞争力的项目申请书(投标书)。为了使所提出的方案更容易被客户所接受,承约商还需要站在客户的角度分析客户的投资效益,最好能帮助客户进行需求分析和投资可行性研究。

申请前期研究工作的核心任务,是形成一个技术上可行的经济上合理的整体解决方案。这个方案将是项目申请书的主要组成部分。

2. 决定是否投标

承约商在做出是否参与项目投标的决定之前,必须从实际出发,对被选中的可能性做出现实的估计,也就是要评估中标的可能性。在评估过程中通常需要考虑竞争、风险、组织目标、能力扩展、声誉、客户资金、所需资源等一些因素。

(1) 竞争因素。要了解我们的竞争对手。除了本组织之外,还有哪些承约商会提交申请参与投标?这些承约商是否具备竞争优势?他们的竞争优势是因为他们与客户的关系更密切,还是因为他们对本项目的准备更充分?或者是因为他们以前的工作表现好,在客户心目中的声望更高?如果竞争对手强大,竞争明显会失败,就不必去争。

(2) 承担的风险。本项目是否有失败的风险?如果有,风险是来自于技术方面还是资金方面?例如,客户要求的其技术在本地是否暂时难以满足?万一失败,将会导致什么结果?如果风险太大,就应考虑放弃。对风险太大的项目,即使争取到了,做起来可能也不合算。

(3) 该项目任务与本组织目标的一致性。要考虑所申请的项目与本组织的经营目标是否一致。如果该项目对本组织实现长远经营目标有利,即使赚钱不多,也应该争取;如果该项目与本组织的经营范围十分吻合,应该积极去争取;如果该项目不在本组织经营范围之内,即使有钱可赚,也应该考虑再三,看是否牵扯太多的精力。

(4) 能力的扩展。所申请的项目是否会进一步增强本组织的能力?如果是这样,就应该努力争取。例如,如果本组织一直都是给个体食品市场提供自动控制库存系统,现在有一个需求建议书,要为拥有10家连锁店的超市提供全部库存控制系统,这样的任务,可能会给本组织提供一个扩展能力和把生意扩大的机会,因此不应放过。

(5) 声誉因素。本组织在过去曾成功地为类似的客户完成了项目,还是曾使客户不满意?这对本组织申请项目会有很大影响。任何客户都希望将项目委托给有成功经验的承约商去执行。此外,本组织过去在类似的投标中有没有失败的记录?如果有,原因是什么,如今那些原因是否还存在?

(6) 客户资金。客户真的有可得到的资金用于该项目吗?在实际中,有的客户有时候只是在进行"无目的的调查"——虽然未确定是否投资于此项目,但却发出了需求建议书。有时候客户可能是出于好意,但却很不成熟地发出了需求建议书,因为他预料公司董事会将会同意投资。然而,如果公司出现资金困难,董事会就可能会无限期地推迟项目,即使是已经收到了来自感兴趣的承约商发出的申请书。因此本组织不应把时间花在回应不可能被投资的需求建议书上。

(7) 申请书所需资源。本组织有没有合适的资源来准备一份高质量的申请书?一旦决定申请,草率准备申请书是不行的,应当准备的是高质量的申请书。因为高质量的申请书是投标获胜的绝对必要的前提。准备一份高质量的申请书,必须有适当的人力资源来承担工作。如果本组织内部没有合适的资源来准备高质量的申请书,就应当安排一下,尽量获取其他的资源,以确保制定出最可行的申请书。本组织不应当仅仅出于提交申请书的目的,而用不适当的资源去准备申请书。提交低质量的申请书会给客户留下不好的印象,会降低客户以后与本组织签订合同的可能性。

(8) 项目所需资源。如果中标了,本组织能得到合适的资源来执行项目吗?假如在合同已经签订后,又发现工作团队必须重组,而不是采用原计划人员,这样的话,成功完成项目的概率就会降低。结果,失望的客户将不再给本组织回复未来的需求建议书的机会。如果无法确定本组织是否拥有足够的资源来执行项目,就需要制定一个计划,以获得成功执行项目所需要的资源(例如,雇用新成员或是雇用顾问,或让分包商执行一些工作单元)。

综上所述,承约商需要切实了解自己准备申请书的能力,以及签订合同的可能性。申请书的挑选过程是一个竞争性的过程——客户将从那些相互竞争的申请书中挑选出一个获胜者。成功的投标,是指签订合同,而不是仅仅提交了申请书。如果提交许多失败的申请书来回复需求建议书,就会损坏自己的声誉。

3. 申请书的准备

准备申请书的工作可能是由一个人执行的任务,也可能是需要组织中的一个小组来完成。小组集体准备申请书,是一些有各种专长和技术的人员共同合作的资源密集型活动。如果是小项目(或简单的项目),如为客户设计一个企业网站,一个经验丰富的商业网站策划人员在了解了客户的有关要求后,可能会在很短的时间内就准备好一份申请书,而不用牵涉到其他人。然而,如果是政府机构发出的数百万美元项目的需求建议书,要求设计和建立一个新的地区性的快速运输系统,每个感兴趣的承约商都可能会组织一组人员和分包商来帮助他提出申请。在这种情况下,承约商可能委任一名项目经理,由他来协调申请小组的工作,确保在需求建议书的预定日期前准备好一份内容全面而又与客户要求一致的申请书。

对于很大的项目,提出一份全面的申请书,应该被当做一个完整的项目本身来看待:项目经理需组织申请小组,建立一份在客户预定日期前完成申请书的进度计划。进度计划应当包括各项人员起草他们被指派的申请书部分的完成日期、申请小组中适当的人选执行审议的日期、申请书排版定型的日期。申请的时间进度计划必须留出时间来准备图表的图解说明、打印、复印,以及把申请书邮寄或直接送达客户。

针对一项大规模的商务电子化项目的需求建议书,申请书可能是很多册文件,包括各种图表和几百页的正文。而且,这种申请书还经常必须在需求建议书颁布后的 30 个工作日内完成! 投标于这么大项目的承约商,通常要做需求建议书前的市场调查,甚至在客户正式颁布建议书前,他们就可能已经开始准备申请书了。在 30 天的回复期内,承约商可能会首先修正与要求不一致的部分内容,然后用剩下的时间来"包装"一份一流的投标书。

10.3.4 承约商投标书的内容

项目投标书(申请书)是一个推销文件,而不是技术报告。它可能是几本或几册,包括上百页的内容、图解和列表,也可能只有 10 页左右。但无论篇幅大小,申请书应当列出足够的细节,使客户了解承约商将向客户提供最佳的收益。然而,如果申请书过分详细,可能会使客户不愿去看,而且也会增加准备申请书的费用。

投标书经常被设计为 3 个部分,包括技术、管理和成本。

1. 技术部分编制要求

技术方案的描述,主要是对问题的理解和提出解决方案。应当用承约商自己的话来表明对客户的问题或需求的理解,而不是仅仅重述客户在需求建议书中的问题表述。可以用陈述或表格形式来描述客户当前的状况,通过对客户问题或需求的描述,使客户树立信心,并放心将项目交给承约商来做。

一些问题本身会产生一种特定的解决方案,如内部网站受到外来侵扰这一问题,本身可能说明需要设立一个防火墙。然而,有些问题可能不是这样的,这些问题可能需要在一个具体项目被详细描述前,把分析与开发任务当做项目的一部分来执行。例如建立一个 ERP 系统,由于涉及的问题和影响因素太多(一般都要涉及流程重组),具体的方案就不可能由承约商在事先单方面提出,而应由客户与承约商合作,在项目的执行过程中去产生和完善。

在一般情况下,在申请书中技术方案的描述,可能会涉及 4 个方面内容:第一,如何收集、分析和评价有关问题的资料信息? 第二,评估几个备选方案或进一步提出解决方案的方法是什么? 有没有在过去类似项目中用过的实验、测试,或模型? 第三,提出方案或方法的基本原理。这种基本原理可能建立在以前进行过的实验、解决类似问题的经验或用来解决问题的独特的专利技术的基础之上。第四,确认提出的方案或解决方法,将能够满足客户的需求建议书中所陈述的各种要求。

对客户的要求都应该全面应对,不要遗漏。遗漏了,将会引起客户的怀疑,从而降低获得合同的概率,特别是当竞争对手能够满足所有要求的时候。如果不能满足某些特定的客户要求,那么应当在技术方案说明中表明这一点。特定需求的变动被当做例外事件。对于客户要求中会涉及的每一个例外事件,应当解释为什么他的要求是不恰当的或为什么不能满足要求,并提出替换选择。虽然应当避免对客户的要求提出例外,然而有些情况下例外是适当的。例如,如果对客户在信息不充分的情况下提出的不合理要求,承约商就应该告诉客户一些全面的信息,这样会增加客户的信赖。

申请书应当表述所提方案或方法如何能使客户受益。收益可能是数量上的或是质量上的,还可能包括成本节约、减少程序时间、减少库存、更好的客户服务、更少的废品残品率或出错率、提高安全条件、更多的及时信息和减少维修次数等。技术方案的这一部分应当通过与竞争对手的比较,使客户确认所提方法的价值。

2. 管理部分编制要求

管理方案也是项目申请书中不可缺少的一部分。管理方案包括工作任务描述、交付物、项目进度计划、项目组织、相关的经验、设备和工具等有关内容。

（1）工作任务描述

应当界定在完成项目中将要执行的主要任务，并且提供每个主要任务所包括内容的简要描述。注意不应仅仅重述客户在需求建议书中所做的工作陈述，也不需要包括冗长的详细活动的清单，这样的活动清单将在合同签订后，在项目周期的执行阶段初期列出。

（2）交付物

应该写明所涉及的一系列交付物（有形的产品和无形的服务），这些交付物应当在项目期间提供，例如报告、图表手册、设备和培训等。

（3）项目进度计划

管理方案应当包括完成项目所必须执行的主要任务的进度计划。进度计划必须表明承约商能在需求建议书所陈述的时间限制内完成项目。任务进度计划可以用图表的方式给出：标有项目预计的开始和结束日期的任务清单；用通常被称作甘特图（Gantt chart）的条型图给出，沿着水平的时间轴，每小条代表估计的每件任务的持续时间；也可以用网络图表给出，图表中任务用表格的形式给出，以便表明任务之间的次序及相互依存性。

除了主要任务，进度计划可能还包括别的关键事件的日期，如重要的评审会议日期、客户考核活动日期、交付项目（如进程报告、图纸、手册或设备）日期等。

（4）项目组织

管理方案应当描述将如何组织工作和资源，以便执行项目。大型项目会涉及许多分包商，设计一个组织关系图可能更为合适，并把被委任为每个项目的负责人的名字附在主要的项目功能之后。将被委任于该项目的关键人员的简历也应当包括进去，以便使客户了解他们主要相关经历，使客户确信项目会成功。除了组织关系图之外，还可以用一个责任矩阵来列出主要的项目任务和负责完成每项任务的人员、组织或分包商的名称。

（5）相关经验

为了促使客户确信投标者能执行项目，在申请书中应当列出投标者曾执行过的类似项目。应当简洁地描述过去的每个项目，并解释说明从那个项目中得来的经验，将怎样有助于成功地执行所申请的项目。投标人应当给客户提供每个项目的价值，给客户一个具备管理这种规模项目的能力的概念。如果投标人以前所有的相关经验都只是几万元的项目，那么签订几百万元的合同的可能性就会很低。对于每一个以前的类似项目，最好写出每个客户的名称和地址，以便目前的客户能与他们联系，考证投标人的工作表现。来自以前曾获得过满意服务的客户的介绍信也应该被列在内。如果有良好的工作绩效记录，那么这种信息将特别有帮助。

（6）设备和工具

有些项目会要求承约商使用特殊设备，如计算机软件、生产设备或测试工具。在这种情况下，申请书应该列出一个清单，说明愿意提供投标人拥有的一系列设备和特殊工具，以便使客户确信投标人拥有必备的资源。

3. 成本估算书的编制要求

成本估算书通常由成本结构的描述和成本要素数据列表所构成。成本要素一般分以下各项。

（1）劳动力

本项给出了预计在项目中工作的各个级别的人员的估算劳动成本。可能包括针对每个人或每个等级（如高级工程师、设计师、程序员）进行估算的小时数和小时工资率。

（2）原材料

本项给出需要为执行项目而购买的原材料的成本。例如，建设机房项目的原材料成本可能包括木材、新窗户、电线、设备和防护地板的成本。

（3）分包商和顾问

当没有专长或资源去完成项目中某些特殊的任务时，承约商可能会雇用分包商和顾问来执行这些任务。通常要求分包商和顾问人员提交有关工作范围和任务成本的申请书，然后承约商把这些成本加进项目的总成本中。

（4）设备和设施租金

有时必须租用特殊的设备、工具或设施，以完成项目。

（5）差旅费

如果在项目执行中需要出差（不是在当地），那么应当包括差旅费（机票、汽车费、住宿费和伙食费等）。首先必须估算一下出差的次数和路线。

（6）文件

有些客户想要承约商分别表述项目文件交付物的成本，可能会是光盘、印刷手册、培训教材、制图或其他文件制作的成本。

（7）企业一般管理费

将给上述 6 项条款的费用附上百分比，以涵盖承约商正常的间接成本，如保险费、折旧费、财务费用、总管理费用、市场营销费用和人力资源费用。

（8）物价上涨

大型项目或合同期比较长的跟踪服务性项目，预计可能得花几年的时间才能完成。在这种情况下，应该考虑项目期间内原材料价格与工资率的上涨等因素造成的成本增加。例如，对于一个 3 年期的项目，可能要预计在项目的后两年中每年都会增长 4% 的工资。如果同样的项目要求承约商在第 3 年里购买大量的原材料，那么在制定原材料购买计划时，现有的原材料成本预算可能就需要增加一定的百分比，以包含原材料的预计增长成本。

（9）意外开支准备金

一般来说，意外开支准备金（contingency）或管理储备金（management reserve），是项目承约商可能出现意料之外的条款或任务的费用金额，这在成本预算时应该考虑。

（10）利润

上述 9 项条款是成本。在此基础上，还应当增加一个作为利润的数额。总成本加上利润就是承约商为申请项目而定的价格。

10.3.5 项目合同签约的要点

项目采购合同的准备和签约是非常重要的，它可以为将来项目的检查、变更和纠纷处理，提供法律依据。

【例 10 - 2】 采购管理——合同的重要性

玛丽·迈克白瑞德简直难以相信,他们公司为了完成一个重要的更换操作系统的项目,不知给外部咨询师支付了多少钱。该咨询公司的建议书写道,他们将提供做过类似项目的富有经验的专业人员,并且这个项目要配备 4 个全职的咨询师,花 6 个月或更少的时间完成项目。9 个月过去了,她的公司仍然在承担高昂的咨询费,而该项目原先的咨询师有一半已被新人所替换。有一个新咨询师刚从学校毕业 2 个月。玛丽的员工抱怨他们是把时间浪费在培训这些所谓的"富有经验的专业人士"上。玛丽就一些与他们面临问题相关的合同、费用和特殊条款,与公司的采购经理谈了谈。

解释一份合同居然那么困难,玛丽对此感到很沮丧。合同条款很长,很显然该合同是具备一定法律背景的人所撰写的。她问道,咨询公司没有按照建议书中的去做,本公司应如何处理这件事情?采购经理说该建议书并不是正式的合同。玛丽公司付出的是时间和物资,而不是具体的可交付成果。条款中并没有写明咨询师所应具备的最低工作年限,也没有规定未按时完成任务时所应采取的处罚措施。事实上,合同中有一则终止条款,表明该公司可以终止该合同。玛丽不禁要问,公司怎么签了一个这么糟糕的合同。难道没有更好的办法处理从其他公司采购服务的问题吗?

项目合同是指买卖双方或多方当事人(自然人或法人)达成的关于订立、变更、解除民事权利和义务关系的协议。签约各方必须了解 3 大要点。

1. 了解合同的法律特征

(1) 合同是一种法律行为。合同一旦签订,将受到国家强制力的保护,任何一方不履行或不完全按照合同履行,就要承担法律责任。

(2) 合同是签约各方的法律行为。合同签订必须以签约各方当事人意见一致为前提。

(3) 合同是合法的法律行为。合同必须符合国家法律、行政法规才会具有法律效力。

(4) 合同中各方当事人地位平等。各方当事人应当以平等民事主体地位协商签订合同,任何一方不得将自己的意志强加于他方,任何机构和个人都不能非法干预。

(5) 合同关系是一种法律关系。合同制度作为一种民事法律制度,具有强制性质,任何一方当事人不履行合同会受到国家法律的制裁。

2. 项目合同签约必须遵守的原则

(1) 一致性。合同的签订必须以双方意见一致为前提。

(2) 报酬原则。项目合同要有统一的计算和支付款项的方式。

(3) 合同规章。承包商只有依据合同规章进行项目建设时,才会受到合同的约束,并享受合同的权力。

(4) 合法性。合同的签订必须有合法的目的或标的物,不能与国家法律、行政法规相冲突。

(5) 陈述明确具体。合同语言要准确、明确,避免歧义。合同必须清楚地表述客户期望承约商提供的交付物。例如,合同将陈述,项目成果要符合一定的规格或是必须提供特定的文件。合同也必须陈述客户必须付款给承约商的条款。

3. 要根据具体条件选择合适的合同类型

不同类型的项目合同的特点详见以下小节的讨论。

10.3.6 项目合同的类型

通常客户是合同的甲方,承约商是乙方。合同表达了甲乙双方之间的沟通结构,表达了双方达成确保项目成功的共识与期望。项目合同按照不同的分类方法,可以分为不同的类型。

1. 按合同当事人关系分类

按照合同当事人的关系分类,项目合同可以分为以下 7 种:

(1) 工程总承包合同。合同签订双方为项目组织和承包商,包含范围为项目建设的全过程。

(2) 工程分包合同。承包商将中标工程的一部分工程转包给分包商,由此签订的合同为工程分包合同。需要注意的是,承包商不得将全部的工程分包出去,而且签订分包合同后,承包商仍需要全部履行与业主签订的合同所规定的责任和义务。

(3) 货物购销合同。为从组织外部获得货物,项目组织与供应商签订的合同。

(4) 转包合同。转包合同是承包商之间的签订的承包权的转让合同。原承包商从转包合同中获得一定的报酬,接受转包的承包商承担原承包商与项目组织签订的合同所规定的权力、义务和风险。

(5) 劳务分包合同。劳务分包合同又称为包工不包料合同,分包商在合同实施过程中,不承担材料涨价的风险。

(6) 劳务合同。承包商或分承包商雇佣劳动所签订的合同。

(7) 联合承包合同。两个或多个合作单位以共有承包人的名义共同承担项目的全部工作而签订的合同。

2. 按项目工作范围分类

按项目工作范围的不同,可以分为以下 9 种:

(1) 交钥匙合同。这种合同的工作范围和工作量最大。乙方要承担项目的所有工作,按照合同的要求,乙方将所有工作完成后,将项目移交给甲方使用。

(2) 设计—采购供应—施工合同。承包商只负责设计、供应与施工。

(3) 设计—采供合同。承包商只负责设计和采购供应,施工则由其他单位负责。

(4) 承包设计合同。承包商仅仅负责设计。

(5) 施工承包合同。承包商仅仅负责施工。

(6) 技术承包合同。承包商只提供技术服务。

(7) 劳务承包合同。承包商只提供劳务。

(8) 承包管理合同。承包商提供管理服务,负责整个项目的管理。

(9) 项目咨询服务合同。承包商负责提供项目的咨询服务。

3. 按合同计价方式分类

(1) 固定价格合同

在固定价格合同(fixed-price contract)中,客户与承约商对所申请的工作达成一致意见,即不管将来情况如何,合同价款保持不变,除非客户与承约商双方都同意改变。这种合同就是包干合同,对于客户来说是低风险的,因为不管项目实际耗费了承约商多少成本,客户都不必付出多于固定价格的部分。然而,对于承约商来说,固定价格合同是高风险的,因为如果完成项目后的成本高于原计划成本，承约商将只能赚到比预计低的利润，甚至会亏损。

投标于一个固定价格的项目，承约商必须建立一种精确的、完善的成本预算，并把所有的偶然性成本都计算在内。同时又必须小心，不要过高估计申请项目的价格，否则别的承约商将会以低价格而被选中。

固定价格合同对于一个仔细界定过的低风险的项目是最合适的。例如建一个简易的企业网站，客户(甲方)已经提供了详细的上网发布的材料内容、有关格式、图片、颜色、页数、网站功能要求，而乙方又有成功的经验。在这种情况下的项目成本预算，基本上不会离谱，在未来执行项目时发生偏差的情况较少。

(2) 成本补偿合同

在成本补偿合同中，客户同意付给承约商所有实际花费的成本(劳动力、原材料等)，加上一定的协商利润，而不是费用包干。这种类型的合同对客户来说是高风险的，因为在项目执行时有很多意外的支出，承约商的实际花费可能会超过预计价格。例如，承约商原来对数据库建设项目的预算可能没有考虑到企业基础数据整理和数据输入的工作，而这些工作必须完成，数据库才能通过验收。于是最后客户不得不因此增加对本项目的预算外的支出。

在成本补偿合同中，客户通常会要求承约商在项目整个过程中，定期地将实际费用与原始预算作比较，并通过与原始价格相对照，再预测成本补充部分。这样，一旦项目出现超过原始预算成本的迹象，客户就可以采取纠正措施。这种合同对于承约商来说是低风险的，因为所有增加的成本都会由客户补偿。承约商在这种合同中不可能会出现亏损。然而，如果承约商的成本确实超过了原始预算，承约商的名誉就会受到损失，从而又会使承约商在未来赢得合同的机会降低。

成本补偿合同对于风险高的项目是合适的。例如，开发客户特有的 ERP 创新系统，这种系统软件不能从现有的市场上购置，而过去开发同类的项目的成功率都很低。但一旦开发出这样的系统，客户的竞争力会大大增加，所以客户愿意承担失败的风险。

10.4 控制采购

10.4.1 过程特征

控制采购是管理采购关系、监督合同绩效、实施必要的变更和纠偏，以及关闭合同的过程。本过程的主要作用是确保买卖双方履行法律协议，满足项目需求。本过程根据需要应包括项目管理计划(需求管理计划、风险管理计划、采购管理计划、变更管理计划、进度基准)、项目文件(包括假设日志、经验教训登记册、里程碑清单、质量报告、需求文件、需求跟踪矩阵)。控制采购应在整个项目期间定期开展。

(1) 过程输入

控制采购必须依据项目管理计划(包括风险登记册、相关方登记册等)，采购协议，采购文档，批准的变更请求，工作绩效数据，事业环境因素(如合同变更控制系统、市场条件、财务管理系统等)，组织过程资产(如采购政策)。

(2) 过程输出

控制采购过程的结果(输出)是：完成项目采购，并产生工作绩效信息，采购文档更新，变更请求，项目管理计划更新(包括风险管理计划、采购管理计划、进度基准、成本基准)，项目文件更新(经验教训登记册、资源需求、需求跟踪矩阵、风险登记册、相关方登记册)，组织过程资产更新。

(3) 主要工具与技术

由表10-1可以看出，控制采购过程的主要工具是专家判断、数据分析、检查、审计、索赔管理。其中要求专家来自财务、工程、设计、开发、供应链管理等相关职能领域，并知晓法律法规与索赔管理。数据分析包括(但不限于)绩效审查、挣值分析(EVA)、趋势分析(EAC)等。检查是指对承包商正在进行的工作进行结构性审查，可能包括可交付成果、工作过程和现场巡查。审计也是对采购过程的结构性审查，如合同规定权利与义务的履行情况，买卖双方的项目经理都必须关注审计的结果，以便对项目进行必要的调整。索赔是指有争议的变更，如买卖双方不能就变更补偿达成一致意见，或对变更是否发生存在分歧。此类分歧如果不能妥善解决，就会成为争议并最终会引发申诉。如果合同双方无法自行解决索赔问题，就要按合同规定的程序，用替代争议解决办法(ADR)去处理。一般认为：谈判是解决所有索赔和争议的首选方法。

10.4.2 加强合同管理

项目合同是相关方就项目达成的协议，是项目当事人就项目事务和各方的责任、义务和权力自愿签署的法律性文件，是保证项目正常实施、保护合同各方合法利益、监督各方履行义务的法律保障。因此合同条款的明晰、谈判和对照执行，是采购控制活动的主要内容。下述10个方面的条款在很多情况下会成为争议的焦点。

(1) 成本的真实性

有的承约商喜欢夸大项目中所耗费的时间和成本，这种行为是不合法的也是不道德的，不应效仿。合同双方应该实事求是。为了保证做到这一点，可以在合同条款中写明对成本真实性的要求，乙方不得谎报成本，否则应受到相应的惩罚。

(2) 成本超支或进度计划延迟

在某些项目中，特别是开发类项目，成本的超支或进度计划的延迟现象往往会发生。一旦出现实际成本或预期成本将超支或进度计划将延迟的迹象，承约商必须通知客户，并提交书面的原因及书面纠正措施计划，以使成本回到预算范围内或使实际进度回到正常轨道上来。

(3) 分包商的支持

有时在项目执行阶段，乙方(承约商)可能发现：需要另外雇用分包商来执行某一些专业性很强的任务。合同条款必须写明，一旦乙方有这个需要并决定这样做，必须事先通知客户，获得客户的同意。

(4) 客户提供的设备及信息

项目合同条款应注明客户(甲方)在项目全过程中将提供给承约商(乙方)的所有设施和资料，以及甲方将这些设施和资料交给乙方的日期。这项条款保护了乙方的利益，避免由于甲方的设备、信息或其他东西的耽搁，而导致进度计划中时间的推后。万一这种情况发生，责任应由甲方负责。

(5) 专利和专有信息的透露

这涉及可能在执行项目时产生的专利的所有权问题。合同要写明乙方以什么方式和在什么时候向甲方提供交付物,以及交付物如何检验、接受或拒绝。如果在过程中产生了专利成果,成果的所有权归属于谁。如果在工作中应用了第三者的专利,又是谁向第三方付款。

有些项目,需要合同明确是否禁止任何一方向其他方面透露有关该项目的情况,或把项目有关机密信息、技术或该项目中另一方的工作过程用作其他用途。项目合同一般要对保密资料进行定义,例如对一个企业的 ERP 项目来说,可能会这样定义:"保密资料是指财务资料、企业计划、业务流程、技术资料或其他另外指定保密的材料。"

(6) 国际化考虑

为外国客户执行项目的合同或是部分项目在国外执行的合同,可能会要求承约商做一些适应性工作,例如:① 注意特定的假日和工作习惯。② 客户所在国的物价水平,以及合同中涉及的劳动力或原材料的成本在该国的对比价格。③ 用客户的语言文字提交项目文件,例如手册或报告。

(7) 终止理由与责任

说明在哪些情况下客户可能会终止项目,例如出现承约商在执行项目过程中发生严重错误,或承约商因某种原因不能继续履行合同,或客户因特殊原因改变计划等。合同也应写明终止项目的理由与哪一方应承担什么责任。

(8) 付款方式

合同应该清楚地表述客户将按什么方式付款给承约商。一般工程项目或服务项目付款方式有:① 每月付款,以承约商的实际成本为基础;② 每月或每季度付款,以项目进度计划全部期间的预期为基础;③ 按合同总数的百分比,当承约商完成了预先确定的重大事件时付款;④ 在项目完成时付款。

在大多数情况下,当承约商需要在项目的早期阶段购买大量设备及软件平台等物品时,客户将在合同开始时就付出第 1 期款项。

(9) 奖金/罚款

有些合同规定奖金条款,如果客户提前或高于客户要求标准完成项目,客户将付给承约商奖金。同理,如果项目到期没有完成或没有满足客户要求,客户就将减少付给承约商的最终款额。有的项目罚款额可以很大,例如当超过了合同要求的项目完成日期,延迟交付每周罚款占合同总额的 1%~10%。迟于计划 10 周交付,就可能会使承约商的利润损失殆尽,甚至导致亏损。

(10) 变更

包括提出、批准并执行有关项目范围基准、质量标准、成本计划、进度计划的变更过程的规定。变更可能由客户引起或是由承包商提出。有些变更是价格上的必要变更(增加和减少),另外一些则可能不是。在项目进行中提出任何变更,必须制定相关文件并经过客户同意。客户通常想让承约商提供一个价格预算,并附上影响进度计划的潜在因素,以便提出变更要求。之后,他们才允许承约商执行变更。如果承约商不经过客户同意,或是仅仅获得客户组织中的非权威人士的口头赞同,就做出了变更活动,那么他就面临着因其变更活动而不能收到付款的风险。

10.4.3 控制采购管理流程

成功的项目管理,往往需要严格控制采购管理流程。项目采购管理流程是指从项目组织外部购买所需产品或服务的全过程,该过程主要包括7个环节:

(1) 项目采购的准备工作。即进行市场调查和市场分析,选定项目技术水平。

(2) 编制采购计划。决定采购的对象和采购时间。

(3) 询价计划编制与询价。拟订询价所需产品采购单证文件,确定合同签订的评判标准以及取得建议书和报价单。

(4) 选择供应商。从潜在的卖主中做出选择。手段上取决于标的大小,可以采用招投标方式,也可以采用直接选购或委托可信的相关方提供服务。

(5) 合同签署。选出最佳供应商后,下一步工作是进行合同谈判及签署。

(6) 合同管理。管理与卖主的关系。包括监督执行合同,定期检查与审计。

(7) 合同收尾。合同的执行,采购物品或服务的验收和清算,包括赊销的清偿。

参考答案

课后练习
Exercise Ten

一、单项选择题

1. 招投标是( )之间有偿的、具有约束力的法律行为。
   (A) 法人　　　(B) 项目经理　　(C) 项目团队　　(D) 董事会

2. ( )不是合同管理行为的内容。
   (A) 章程说明　　　　　　　　(B) 违约的规定
   (C) 合同变更协议　　　　　　(D) 项目经理的选择

3. 采购的主要程序依次是( )。
   (A) 采购准备、采购计划、询价、合同管理
   (B) 询价、采购准备、采购计划、合同管理
   (C) 采购准备、询价、采购计划、合同管理
   (D) 合同管理、采购准备、采购计划、询价

4. ( )不属于采购过程内容。
   (A) 明确需求　　　　　　　　(B) 传送需求
   (C) 检查　　　　　　　　　　(D) 准备购买合同

5. ( )不是招投标的基本特征。
   (A) 透明性　　(B) 平等性　　(C) 竞争性　　(D) 开放性

6. 标底应具有( )。
   (A) 公开、公平、公正性
   (B) 诚实可信性
   (C) 平等性
   (D) 合理性、公正性、真实性、可行性

7. 竞争性招标,投标者不能少于( )。
   (A) 2家　　(B) 3家　　(C) 4家　　(D) 5家

8. ( )不是采购合同编制的原则。
   (A) 公开　　(B) 公平　　(C) 平等　　(D) 自愿

9. 某合同的总价值是为完成该项目所需工作量的函数,该合同最可能属于( )。
   (A) 固定价或总价合同　　　　(B) 单价合同
   (C) 成本加酬金合同　　　　　(D) 计量估价合同

10. 双方协议中任一方的目标达到以前就结束合同称为合同( )。

(A) 部分完成　　　(B) 全部完成　　　(C) 终止　　　　(D) 停止

二、思考题

1. 项目采购管理的过程是哪些?
2. 采购对项目成功的重要性有哪些?
3. 回答采购合同的类别,并说明采购应遵循的原则。
4. 招标工作的内容是什么?
5. 投标的程序是怎样的?

第 11 章 项目相关方管理

项目相关方就是项目关系人,他们受项目影响,或者能对项目施加影响。为了提高项目成功的可能性,应该在项目章程被批准、项目经理被委任、项目团队开始组建之后,尽早开始识别相关方并引导其参与项目活动。要把相关方的满意度作为项目目标加以识别与管理。从项目管理实践的发展趋势来看,相关方概念的外延正在扩大,从传统意义上的员工、供应商、股东扩展到涵盖各式群体。在敏捷或适应型环境中,适应型团队会直接与相关方互动,而不是通过层层的管理级别。

11.1 识别相关方

识别相关方是一个需要定期重复的管理过程。在项目周期内的不同阶段,影响项目的重要关系人可能不同。随着项目的进行,一些相关方的影响可能会减弱,另一些关系人的影响可能更加突出,甚至还有新的相关方出现。

识别相关方的主要依据(过程输入)是项目章程、商业文件、项目管理计划、项目文件(如日志、需求文件等)、协议、事业环境因素、组织过程资产。

本过程的结果(输出)是项目方登记册、变更请求、项目管理计划更新、项目文件更新。

识别相关方的主要方法(工具与技术)详见表 11-1。

表 11-1 项目相关方管理的常用工具与技术

工具技术名称	识别相关方	规划相关方参与	管理相关方参与	监督相关方参与
专家判断	▲	▲	▲	
数据收集	▲	▲		
数据分析	▲	▲		▲
人际关系与团队技能			▲	▲
会议	▲	▲	▲	▲
决策				▲
数据表现	▲	▲		▲
沟通技能			▲	▲
基本规则			▲	

表 11-1 表明:在相关方识别过程中,专家判断、数据收集、数据分析、数据表现、会议等 5 种项目工具最为常用。其中:专家判断是要征求专家意见,这里的专家主要指理解组织内政治和权力结构、了解相关组织的环境和文化、了解项目或可交付成果类型、了解团队的贡献和专

长的个人或小组;数据收集方法一般是问卷和调查、头脑风暴;数据分析主要指相关方分析(包括利害关系如兴趣、所有权、知识、贡献等)和文件分析;数据表现一般采用作用影响方格、相关方立体图、凸显模型、影响方向、优先级排序等;会议可以是引导式研讨会、指导式小组讨论会、网络虚拟小组讨论会等形式,主要是分享想法和数据,在重要相关方之间达成谅解。

11.2 规划相关方参与

规划相关方参与是一个根据相关方的需求、期望、利益关系、对项目的潜在影响而制定相关方参与项目的方法的过程。

规划的主要依据(过程输入)是项目章程、项目管理计划(主要是资源管理计划、沟通管理计划、风险管理计划)、项目文件(如日志、需求文件、问题日志、进度计划、风险登记册、相关方登记册等)、协议、事业环境因素、组织过程资产。规划结果(过程输出)产生相关方参与计划。

如表11-1所示:在规划相关方参与的过程中,专家判断、数据收集、数据分析、数据表现、决策、会议6项工具最为常用。其中:对专家的要求更高了,不仅需要理解组织内部政治和权力结构,了解相关组织内外的环境和文化,还要了解相关的分析和评估技术,了解沟通手段和策略。

数据收集技术包括(但不限于)标杆对照。

在数据分析方面,可能需要分析当前的假设条件和制约因素,以合理"剪裁"相关方参与策略,可采用本因分析方法。

决策过程主要是对相关方进行优先级排序。

在数据表现方面,可采用思维导图对相关信息进行可视化处理,具有特色的办法是构建相关方参与度评估矩阵:将相关方分成不了解型、抵制型、中立型、支持型、领导型等几种类型,并标明当前状态(C)和期望状态(D)。如例11-1所示。

【例11-1】 相关方参与度评估矩阵的作用

某市农委主导的一个休闲农业发展规划项目,牵涉到市发展改革委、旅游局、国土局、水利局、财政局、交通局、相关乡镇政府。在规划项目进行的初期,规划团队发现相关平行部门和基层政府态度不一样,于是构建了一张评估矩阵,如图11-1所示。

相关方	不知晓	抵制	中立	支持	领导
农委					C
发展改革委	C			D	
规划局				DC	
旅游局		C			
国土局	C			D	
财政局			C	D	
水利局				DC	
交通局			C	D	
相关镇政府				DC	

图11-1 某市休闲农业规划项目的相关方参与度评估矩阵

图 11-1 中的 C 表示规划团队在调研中发现相关各部门初期的参与状态:发展改革委和国土局不知情,旅游局认为本项目应该由他们来主导,所以有抵触情绪,财政局和交通局持中立态度,农委是本项目的领导者。规划团队认为要确保项目成功,争取 8 个相关部门的支持(在矩阵中用 D 表示)是很重要的。于是向农委建议:规划相关方参与,具体做法是请一位分管副市长牵头,将项目管理办公室(PMO)设在农委,吸收旅游局作为合作方,最终取得了各部门的一致性支持。规划项目后来进展顺利。

11.3 管理相关方参与

管理相关方参与是促进相关方合理参与的过程。主要通过与相关方的沟通与协调,满足其需求与期望,处理有关问题。本过程的目的是使项目经理提高相关方的支持度,降低相关方的抵制度。本过程需要在整个项目期间开展。

管理相关方参与的依据(过程的输入)主要是项目管理计划(资源管理计划、沟通管理计划、相关方管理计划、变更管理计划)、项目文件(如日志、需求文件、问题日志、经验教训登记册、相关方登记册等)、事业环境因素、组织过程资产。结果(过程输出)产生变更请求、项目管理计划更新和项目文件更新。

如表 11-1 所示:在管理相关方参与的过程中,专家判断、人际关系与团队技能、沟通技能、基本规则、会议等工具经常使用。其中:专家判断的内涵不仅包括理解组织内部政治和权力结构、了解相关组织内外的环境和文化,熟悉分析和评估技术,了解沟通方法和策略,还要知晓需求管理、供应商管理和变更管理,最好有参与过类似项目的经验。

人际关系与团队技能主要包括(但不限于):冲突管理、文化意识、谈判、观察和交谈、政治意识等。

沟通技能主要是运用反馈机制来了解相关方的对项目管理活动的反应,针对不同相关方采取相适应的沟通方法,包括对话(正式的与非正式的)、问题识别与讨论、会议、进展报告、调查等。

基本规则一般指根据章程中定义的基本规则,明确项目团队应该采取什么行为来引导相关方参与。

会议是在相关方参与管理过程中最普遍的应用工具,会议类型包括(但不限于):决策、解决问题、总结经验教训、迭代规划、状态更新等。

【例 11-2】 农业特色小镇创建项目规划阶段的例会制度

江苏省某镇人民政府邀请南京农业大学参与该镇农业特色小镇项目的创建过程,并在前期承担规划设计工作。该镇成立了项目管理办公室(PMO),由镇领导班子成员任办公室主任。在项目规划阶段,该办公室组织镇农业服务部门(代表政府)、相关村干部(代表集体组织)、农民专业合作社代表(代表经营主体)、南京农业大学规划团队等相关方,举行每周一次的工作例会。利用例会沟通各相关方的需求、交流规划思路、检查工作计划执行情况。此举促进了项目相关方在规划阶段的有效参与,不仅保障了规划工作的顺利完成,也为创建农业特色小镇项目的有序实施奠定了良好的基础。

11.4 监督相关方参与

　　监督相关方参与是监督项目相关方关系,并通过修订参与策略与计划来引导相关方合理参与的过程,其主要作用是适应项目进展和环境变化,维持或提升项目相关方参与活动的效率和效果。本过程需要在整个项目期间开展。

　　监督相关方参与的依据(过程的输入)主要是项目管理计划(主要是资源管理计划、沟通管理计划、相关方管理计划)、项目文件(如问题日志、经验教训登记册、沟通记录、风险登记册、相关方登记册等)、工作绩效数据、事业环境因素、组织过程资产。结果(过程输出)产生工作绩效信息、变更请求、项目管理计划更新和项目文件更新。

课后练习 Exercise Seven

一、选择题

（一）单项选择题

1. 关于识别相关方时间的说法正确的是（　　）。
   (A) 编制项目计划书前　　　　　　(B) 项目章程被批准后
   (C) 项目经理被委任前　　　　　　(D) 项目团队开始组建前

2. 在项目周期内的不同阶段，随着项目的进行，相关方的影响会（　　）。
   (A) 增强　　　　(B) 减弱　　　　(C) 不变　　　　(D) 不确定

3. 存在于每一个项目中的4个主要的项目利害关系者是（　　）。
   (A) 高级经理、客户、项目发起人和职能经理
   (B) 项目经理、项目团队、高级经理和客户
   (C) 项目经理、客户、执行组织和项目出资人
   (D) 项目经理、职能经理、高级经理和客户

4. 项目的质量团队由许多小组构成。以下哪一个参与者在质量职能上扮演最重要的角色（　　）。
   (A) 客户　　　　(B) 项目经理　　　　(C) 高级管理层　　　　(D) 供应商

（二）多项选择题

1. 识别相关方的主要依据（过程输入）有（　　）。
   (A) 项目章程　　(B) 商业文件　　(C) 项目管理计划　　(D) 项目日志
   (E) 组织过程资产

2. 监督相关方参与的结果（过程输出）有（　　）。
   (A) 产生工作绩效信息　　　　　　(B) 变更请求
   (C) 产生相关方参与计划　　　　　(D) 项目管理计划更新
   (E) 项目文件更新

3. 直接参与项目的利益相关方一般包括（　　）。
   (A) 项目的投资人　(B) 政府机构　(C) 项目的承包商　(D) 项目的供应商
   (E) 投资人指派的项目经理

4. 下列是作为顾客相关方的要求和期望的是（　　）。
   (A) 准时交货　　　　　　　　　　(B) 产品质量满足要求
   (C) 服务良好　　　　　　　　　　(D) 舒适的工作环境

(E) 建立质量管理体系

二、思考题

1. 简述如何构建相关参与度评估矩阵。
2. 简述识别相关方最常用的几种工具及内容。
3. 管理相关方参与过程中,采用专家判断时对专家的要求有哪些?

第 12 章 项目整合管理

在项目管理十大知识领域中,项目整合管理是最重要的一个领域。在 PMI 组织编写的《项目管理知识体系指南(第六版)》中,叙述它的次序排在十大领域之首。并且强调:项目整合管理必须由项目经理负责,其他知识领域可以由相关专家进行管理,但整合管理的责任不能被授权或转移。

12.1 项目整合管理概述

12.1.1 核心概念

项目整合管理即项目综合管理,包括对隶属于项目管理过程组的各种过程和项目管理活动进行识别、定义、组合、统一和协调。整合管理贯穿项目始终,具体包括:资源分配、平衡竞争性需求、研究各种备选方案、为实现项目目标而剪裁过程,管理各个项目管理知识领域之间的依赖关系等。

项目整合管理包括 7 个过程:制定项目章程;制定项目管理计划;指导与管理项目工作;管理项目知识;监控项目工作;实施整体变更控制;结束项目或阶段。

项目经理必须亲自负责项目整合管理,对整合项目承担最终责任。整合管理的具体任务包括:

(1) 确保项目交付物按时提交,使项目生命周期与效益管理计划等要求保持一致;
(2) 编制项目管理计划以实现项目目标;
(3) 确保合适的知识运用到项目中,并从项目中获取必要的新知识;
(4) 管理项目管理计划中活动的绩效与变更;
(5) 对影响项目的关键变更进行决策;
(6) 测量和监督项目进展并采取相应控制措施;
(7) 收集已经实现的成果数据,并分析整理成信息与相关方分享;
(8) 完成项目全部工作,正式关闭各个阶段、合同以及整个项目;
(9) 管理可能需要的阶段过渡。

12.1.2 项目整合管理的发展趋势

项目整合管理作为十大知识领域之一,要求整合其他九大知识领域的成果。整合管理过程的发展趋势主要有以下 5 个方面。

(1) 使用自动化工具

由于数据和信息来源越来越复杂，工作量日趋繁重，有必要使用自动化数据收集工具及处理分析工具，项目管理信息系统（PMIS）是其中之一。

(2) 使用可视化管理工具

随着信息技术的发展，使用可视化管理工具来替代部分书面计划和其他文档，便于团队更直观地了解项目动态，提高团队成员和相关方识别和解决问题的能力。

(3) 强化项目知识管理

随着人员流动和不稳定性越来越高，要求使用更严格的过程来积累和传递知识，防止知识流失。

(4) 增加项目经理的职责

要求项目经理介入启动和结束项目过程。例如：以往的商务活动均有组织管理层或项目管理办公室负责，实践趋势是项目经理必须频繁地与他们合作去处理这些事务，即需要项目经理介入原本由项目组织上层所负责的商业论证和效益管理工作。对相关方的管理也是如此，要求项目经理全面识别相关方，并引导他们参与项目。

(5) 采用混合型方法

将一些经过实践检验的新做法不断融入项目管理方法体系中。例如，在不确定性较高的项目中，采用敏捷管理方法或其他迭代性做法；在需求管理中，采用商业分析技术；在组织中应用项目成果，采用组织变革管理方法等。一般来说，项目越复杂，相关方的期望越多样化，就越需要更全面的整合方法。

12.1.3 项目整合管理的工具与技术

项目整合管理包含制定项目章程、制定项目管理计划、指导与管理项目工作、管理项目知识、监控项目工作、实施整体变更控制、结束项目或阶段 7 个过程。在这 7 个管理过程中，常用的工具与技术详见表 12-1。

表 12-1 项目整合管理常用工具与技术

工具技术名称 \ 项目整合管理	制定项目章程	制定项目管理计划	指导项目管理工作	管理项目知识	监控项目工作	实施整体变更控制	结束项目或阶段
专家判断	▲	▲	▲	▲	▲	▲	▲
数据收集	▲	▲					
数据分析					▲	▲	▲
人际关系与团队技能	▲	▲		▲			
会议	▲	▲	▲		▲	▲	▲
项目管理信息系统(PMIS)			▲				
知识管理				▲			

(续表)

项目整合管理 工具技术名称	制定项目章程	制定项目管理计划	指导项目管理工作	管理项目知识	监控项目工作	实施整体变更控制	结束项目或阶段
信息管理				▲			
决策					▲	▲	
变更控制工具						▲	

从表 12-1 可以看出：专家判断是应用最广泛的每个过程都需要的工具，其次是会议。而项目管理信息系统（PMIS）是指导项目管理工作的专用工具；同理，变更控制工具对于实施整体变更控制过程来说也是如此。

12.2 制定项目章程

12.2.1 过程特征

制定项目章程是编写一份确认项目获得批准并授权项目经理在项目活动中使用组织资源的正式文件的过程。本过程的主要作用是：明确项目与组织目标之间的联系，确立项目的正式地位，并展示组织对项目的承诺。本过程仅在项目启动阶段或启动前开展一次。

（1）过程输入

主要是商业文件、协议、事业环境因素和组织过程资产。

制定项目章程，首先要了解与项目有关的商业文件（包括商业论证和效益管理计划）。其中商业论证可能涉及市场需求、组织需要、客户要求、技术进步、法律要求、生态影响、社会需求等相关信息。项目经理虽然无权更新或修改商业文件，但可以引用到项目章程中，或对此提出相关建议。

项目章程的编制，必须遵循项目协议中有关条款。如协议中对可交付成果的描述；进度计划、里程碑、进度计划中规定的日期；绩效报告；定价与支付条款；检查、质量和验收标准；担保后续产品支持；激励和惩罚；关于保险与分包的条款；变更请求处理；终止条款，替代争议解决办法等。

影响项目章程的事业环境因素主要包括：政府或行业标准；法律法规要求以及相关的制约因素；市场条件；组织文化和政治氛围；组织智力框架；相关方的期望及风险临界值等。

组织过程资产对项目章程的影响，主要体现在：组织关于本项目的政策、流程和程序；与本项目有关的项目组合、项目集、项目治理框架；组织内常规监督与报告方法；组织内部的项目章程模板；有关历史信息与经验教训知识库等。

（2）过程输出

项目章程是本过程的主要输出成果。它虽然由项目经理起草，但应由项目启动者或发起人发布。它批准项目成立，并授权项目经理使用组织资源开展项目活动。项目章程应确保相关方在总体上就可交付成果、里程碑,以及每个项目参与者的角色和职责达成共识。

假设日志也是本过程的输出内容之一。它记载着整个项目生命周期中所有的假设条件和制约因素。它不仅要记录商业论证时的高层级战略和运营的假设条件与制约因素(这些假设条件与制约因素必须写入项目章程),而且也要记录较低层级的活动和任务假设条件。

(3) 工具与方法

由表 12-1 可以看出,在制定项目章程的过程中,一般运用专家判断、数据收集、人际关系与团队技能、会议等工具与方法。本过程要求专家知晓组织战略、效益管理,熟悉项目所在行业以及项目关注的领域的技术知识,具有持续时间和成本估算、风险识别的能力;本过程的数据收集,主要是采用头脑风暴、焦点小组、访谈等手段;人际关系与团队技能主要包括(但不限于)冲突管理、引导和会议管理;本过程的会议主要请关键相关方参加,目的在于就项目目标识别、成果标准、主要交付物、总体里程碑以及其他高层级需求方面达成共识。

12.2.2 项目章程的基本内容

项目章程的具体内容因项目性质和规模的不同而异,但基本内容应包括(不限于)以下12项。

(1) 项目目的。即项目的宗旨和立项依据的描述。

(2) 可测量的项目目标和相关的成功标准。包括项目绩效考核的具体方法和指标,衡量项目是否成功的标准以及与同行的比较。

(3) 高层级需求。包括可能的假设条件与制约因素。

(4) 边界定义及主要可交付成果。包括高层级项目描述。描述项目包括哪些活动,不包括哪些活动;定义可交付成果的数量和质量。

(5) 整体项目风险。包括主要不确定因素的来源以及正面和负面风险的定性估计。

(6) 总体里程碑进度计划。包括阶段关口,核实(确认)可交付成果的时间节点。

(7) 预先批准的财务预算。指项目总预算,以及资金到位的方式与节奏。

(8) 关键相关方名单。关键相关方指那些可能对项目的整体绩效与资源配置产生较大影响的项目关系人。

(9) 项目审批要求。包括执行审批的主体、评价标准,评价方法。例如,谁对项目成功与否下结论,由谁来签署项目结束。

(10) 项目推出标准。例如,在什么情况下才能关闭或取消项目或阶段。

(11) 项目经理及责权。明确委派的项目经理姓名、职责和职权。

(12) 章程批准人。即项目发起人或其他批准本项目章程的人员,要求列出姓名,并简述其职权。

12.3 制定项目管理计划

本过程以项目章程、其他过程的输出、事业环境因素、组织过程资产等为输入,以项目管理计划(综合管理计划)为输出,本过程仅在项目启动阶段或启动前开展一次。本过程的成果,是项目执行与控制过程的实施基准。

12.3.1 项目管理计划的概念

项目管理计划是指以项目的各种单项计划为基础,按照全局的战略目标,运用集成和综合平衡法制定的用于指导项目实施和管理的综合计划文件。

项目管理计划是项目综合管理的重要组成部分。一般情况下,由于各个专项计划之间存在相互关联、相互影响、相互制约的关系,为了协调各项工作的开展,保证项目在计划范围内顺利实施,必须对项目的各个专项计划进行整合,制定出一个指导各项工作顺利进行的整体性综合计划。

项目管理计划编制的目的主要是为项目的开展提供合理、明确、可执行的项目管理依据,从而保证项目各个关键环节的相互协调和顺利完成。

12.3.2 项目管理计划的作用

项目管理计划的编制也是项目计划的开发过程,是利用和协调各单项计划,创建一个内容充实、结构紧凑的文件,达到有限资源的合理使用,确保项目的整体利益和各项工作的顺利完成。这个过程也可以采用迭代方式,逐步深化。如:最初的草案可能包括一般性的方法并且没有时间期限,而最终计划则要反映具体的方法,并且有明确的时间期限。项目管理计划的作用如下。

(1) 指导项目的整个实施过程

项目管理计划是为实现项目整体目标而建立的项目全程有效管理与控制系统,主要包括项目实施的方法、措施、过程的安排,整体描述了项目实施的过程和前景状况,并能及时发现和纠正项目工作中的偏差,是保证项目顺利实施的依据。

(2) 衡量项目绩效和控制项目的基础

在项目管理计划中,制定项目的各项目标和计划要求,以及各项控制和考核标准都是其重要的组成部分。这些内容都是制定绩效考核和管理控制的出发点。并且,绩效考核和管理控制主要包括范围、时间、质量、费用、风险这五方面的监测和控制基准。

(3) 统一项目工作的指导

项目综合计划规定了项目各项工作的目标、任务、时间、范围以及工作流程等,有利于整个项目工作的顺利进行,避免了多头指挥,提高了团队的凝聚力。

(4) 促进项目参与者之间的沟通

项目管理计划可以促进项目团队成员以及其他相关方和管理人员的交流与沟通。项目管理计划既界定了项目团队成员的主要工作和基准,同时又使其他项目利益相关者准确了解项目的规则和说明,从而使项目管理计划成为他们开展工作和交流的平台。

12.3.3　项目管理计划的主要内容

(1) 项目的批准与特许情况描述

项目批准时间、批准项目的单位(个人或组织)或项目涉及的各种特许情况的描述与说明(包括批准人以及项目经理的签字等)。同时,对项目的背景、条件和依据等重要的内容应进行说明。

(2) 项目简介

主要简要说明项目管理计划的目的、内容概况、项目各方的背景情况,以及项目使命、目标和战略。

(3) 项目范围的综述

说明整个项目的任务范围,包括项目最终交付物的说明与描述、项目各项目标的描述和说明以及项目整体任务范围的界定和描述。

(4) 项目组织内部结构说明

对项目组织结构、团队成员、管理层次以及各成员权利与责任等予以具体说明。

(5) 项目基准的说明

主要包括对项目工作分解结构的描述、项目时间、费用等各项专项管理计划的综合,项目的绩效测量基准以及各项目指标优化可能性的说明。

(6) 项目管理与控制说明

说明项目的各项管理和控制措施,包括对时间、费用等关键因素的管理、范围变更管理、项目信息与阶段报告的管理等。

(7) 制约因素描述

制约因素是限制项目管理团队运行的内、外因素。例如:预先确定预算通常被认为是影响项目团队对范围、职员人数和日程表选择的极其重要的影响因素。此外,合同条款也可看作制约因素。

(8) 项目风险描述

描述项目主要风险的识别、评估、应对方法,风险监控以及风险应对措施等。

(9) 项目的其他支持文件说明

主要包括技术支持文件、项目的子项目计划等。

(10) 项目的各专项计划说明

各专项计划一般有:范围管理计划、进度管理计划、费用管理计划、质量管理计划、资源管理计划、沟通管理计划、风险管理计划和采购管理计划。项目管理计划中可以包括这些计划中的任何一个,计划的详细程度因项目对于各个单项管理计划的要求不同而异。

12.3.4　项目管理计划编制的原则

项目管理计划的编制要遵循以下 4 项原则:

(1) 合理性原则

项目管理计划合理性主要是指项目使用的资源、数据是基于项目内、外影响因素的分析得出的。在项目实施过程中,必须重视内、外影响因素与项目实施之间的密切关系,从而得出合理有效的综合计划。

(2) 整体最优原则

在项目管理计划编制过程中,应当综合分析各种制约因素的影响,从整体出发权衡利弊。作为项目综合管理计划,本身是一个由一系列各专项管理计划组成的一个系统,所以应当充分考虑各单项计划之间的相关性,从而突出项目整合管理的目的性、相关性和整体性等系统特征。

(3) 效益性原则

项目管理计划应当充分利用有限的资源,取得最好的经济和社会效益。最好的经济效益是指通过从已有的多个方案中选出一个最佳方案,以同样的资源投入获得最大的产出,或者以最低的费用投入获得尽可能多的收益。因此,在计划中对提出各种方案进行技术、经济分析,可以采用价值分析、费用/效用比较、活动分析、时间以及费用优化、资源平衡等方法进行优化。项目管理计划的目标应当是实现项目的所有利益相关者的利益的最大化。利益相关者包括社会、组织以及与项目相关的个人。因此,任何项目管理计划都必须以项目整体利益为出发点,注重社会效益。

(4) 一致性原则

制定项目管理计划时应当保证项目的目标与组织战略的一致性。同时,项目管理计划也要考虑项目与项目组织内各个部门、项目本身各项工作的协调一致性。

12.3.5 项目管理计划的编制方法与工具

由表12-1可知,项目管理计划编制过程常用工具与技术是:专家判断、数据收集、人际关系与团队技能、会议。这些工具与技术主要体现在以下项目规划法和团队参与法之中。

1. 项目规划法

项目规划法是用于引导项目团队工作的一种结构分析方法,是综合各种项目管理的方法和工具而构成的。例如,对于项目工期、成本和质量三大要素集成计划的编制就可以运用价值分析和分步集成的方法。它可能是越来越简单的标准形式和图纸(不是信件就是电文,正式的或非正式的形式都可以),或者是越来越复杂的一系列模型(比如:蒙特卡洛的风险分析表)。专家判断在此法中的主要作用在于:

(1) 根据需要剪裁项目管理过程,包括过程之间的相互关系;
(2) 确定项目管理计划的附加组成部分;
(3) 为各过程选择工具与技术;
(4) 编制项目管理计划中的技术与管理细节;
(5) 确定项目需要哪些资源,需要怎样的技能水平;
(6) 定义项目的配置及其管理级别;
(7) 确定哪些项目文件必须受正式的变更控制过程来控制;
(8) 确定项目工作以及资源配置的优先级。

2. 团队参与法

所有参与项目团队的成员都需要运用自己的知识和技能,努力分析和评价项目的工作时间、所需资源,所需预算等,以便确定能够达到成本限制和进度要求的项目集成计划。例如:头脑风暴、核对单、焦点小组、访谈等数据收集手段,冲突管理、引导、会议管理等人际关系与团队技能,都可以在团队参与法中予以综合运用。

12.3.6 综合协调与平衡

项目管理计划的一个重要功能是综合协调与平衡。它要求在前期资料和信息收集的基础上,分析所收集的各种信息和信息之间的相互制约与相互关联,以及那些为编制项目管理计划所提供的依据和一般信息,对项目的各专项计划进行综合平衡。主要包括:

(1) 项目质量与项目费用的关系分析;
(2) 项目时间与项目费用的关系分析;
(3) 项目时间、费用与质量的综合分析。

在项目管理计划的综合协调与平衡工作中,对于项目的时间、质量和费用这三大要素的分析是最为重要的。

在编制项目综合计划的初步方案时,一般采用分步集成的办法。分步集成法是指先完成项目时间与费用的综合计划,然后再把质量、资源等要素涵盖于统一的综合计划中进行协调和分析,形成初步的综合计划,最后再根据项目所处的环境、技术以及利益相关者的期望等约束,对初步方案进行进一步的优化。

在编制出项目管理计划初步方案之后,可以进一步假设出现以下 4 种情况来进行关联度综合分析。

(1) 质量保持不变

质量不变时,费用随着时间的变化而变化。值得注意的是,由于为了在计划时间内完成工作,项目团队可能会延长工作时间或额外增加资源,这样会使实际费用超出计划费用。

(2) 费用保持不变

费用不变时,质量随着时间的变化而变化,同时质量水平的高低也往往决定是否改变时间计划。

(3) 时间保持不变

时间不变时,费用随着质量要求的变化而变化。一般情况下,承包商为了在指定的时间内按时完成项目,可能会要求降低质量,但这样做要承担信誉度下降的风险。

(4) 三个要素均有变化的情况

这是最常见的一种情况。通常采取的办法是在不同的质量水平上进行费用和时间的平衡控制。项目执行方也可以依据其愿意承担的风险大小来变更费用以达到计划规定的时间和质量水平。

12.3.7 项目综合平衡原则

(1) 合理性原则。综合平衡是为实现计划目标,根据客观规律的要求,合理地确定各种比例关系,保持系统内部结构的有序和合理。制定计划时,必须对计划的各个组成部分、计划对象与相关系统的关系进行统筹安排。不平衡的计划必然使系统的无序性与内耗增加。

(2) 系统性原则。综合平衡是把整个计划都看作一个系统从而寻求系统整体的最优化。综合平衡是从计划整体出发,对计划的各个主要因素、各个构成部分,以及整个计划指标体系进行的全面平衡。

(3) 重点性原则。为实现寻求整体最优这一目标,首先要找出项目的主要问题,即要平衡对实现项目目标影响最大的关键矛盾。综合平衡的要素包括项目的范围、时间、费用、质量、资源、沟通、采购等多个方面,在处理多个冲突问题时,平衡的重点是与项目目标实现关联最为紧密的要素。

(4) 满意性原则。综合平衡的目的是编制使项目相关方达到最大满意度的最优方案。并且,综合平衡的结果必须经过所有项目相关方的全面评审和批准才可生效。因此,综合平衡的结果必须满足所有相关方的需要和期望,也就是说,项目综合平衡的基础就是对于利益相关者期望的分析。

12.3.8 项目综合平衡方法

以下的 6 个步骤是管理项目时间、费用和质量平衡的一种常用方法:
(1) 识别项目冲突的产生的原因,并提出平衡分析的依据。
(2) 确定项目目标的优先级。需要在对项目目标的全面检查及所有参加人员、环境与利益相关者等因素的检查的基础上进行。
(3) 分析项目所处环境和状态。在一般情况下,主要包括对时间、费用、质量等计划的比较和综合平衡。
(4) 列出活动的替代方案。通过分析各要素变更的可能性,通过折中时间、费用、质量的不同组合,精选出 3~4 个最可行的替代方案。
(5) 分析和选择最优综合平衡方案。从企业的战略角度出发,审视项目目标、时间、费用、质量、资源等各个方面的情况,也考虑其他相关项目以及企业的整体目标进行综合的评估,最终选出最优方案。
(6) 修改项目计划。这是项目综合平衡的最后一步。修改的项目管理计划需要经过上级审批和主要相关方认可才可执行。

12.4 项目管理计划执行

12.4.1 项目管理计划执行的含义

项目管理计划执行就是实施项目管理计划,即执行项目。项目管理计划执行和项目管理计划是互相渗透联系、不可分割的活动。制定项目管理计划的主要职能就是用来指导项目执行工作;项目执行的目的就是实现项目管理计划。在这个过程中,项目的巨额预算在这个执行过程中被花掉的同时,项目相关的活动越来越明确,相关的工作也将得到授权而逐渐展开,相关资源会逐步提交并且分配给相应的活动,最后生成项目的产品或者服务。

12.4.2 执行项目的前提条件

项目管理计划执行的前提条件有五项,即必须具备项目管理计划、详细依据、组织方针、预防措施和纠正措施。

(1) 项目管理计划

项目管理计划是项目执行的依据。它包括在编制项目管理计划过程中所"剪裁"整合的所有分领域管理计划,包括范围管理计划、进度管理计划、质量管理计划、风险管理计划等,加上费用基准线和进度基准线。项目团队将依据这些计划在项目执行过程中指导、监督和管理项目的各项工作,使之向着项目目标顺利开展。

(2) 详细依据

主要指测量基准。它是进一步描述项目组织及关键相关方对项目要求和由于工作请求而对组织和关键相关方产生影响的信息。包括在项目管理计划制定过程中产生的辅助信息和文档、技术文档,有关标准以及早期的项目开发计划编制中的规范,甚至还包括不包含在项目计划中的来自其他计划编制过程的输出。

(3) 组织方针

组织方针是指项目组织及关键相关方的正式或非正式的政策,如质量管理、人事管理、财务管理等。项目经理应该理解组织方针,以便顺利执行项目。

(4) 预防措施

预防措施是指为降低项目的风险而拟采取的各项风险预防的方案。

(5) 纠正措施

纠正措施是指为确保项目始终按相关方的预期和项目计划的轨道运行,在实施中发现偏差时所采取的各项纠正方案。纠正措施由各种控制过程的输入组成,在整个项目管理过程中作为一种输入完成反馈环节,这一环节可以确保项目管理的有效性。

12.4.3 顺利执行的保障

项目管理计划能否顺利执行,除了具备上述5项前提条件之外,还需要以下6个方面的保障。

(1) 普通管理技能

指项目团队成员,尤其是项目经理掌握领导、谈判、沟通等一般的管理技能。这些管理技能都对项目计划的实施产生积极的影响。

(2) 生产所需的技能和知识

指项目团队必须适当掌握生产项目产品所需的技能和知识,才能够按照预定计划生产出项目产品或工作成果。这些必要的技能和知识必须作为项目计划的一部分,并通过人员的组织过程来获取、体现。

(3) 工作授权体系

用来确保按照适当的时间、合适的顺序完成工作,是批准项目工作的一个正式程序。一个工作授权系统的设计,应该权衡实施控制收入与成本之间的关系。例如:在一些比较小的项目上,言语授权即可。

(4) 执行状况检查例会

执行状况检查例会是项目团队把握有关项目信息交流的常规会议。它是一种定期的正式交换项目信息的方式,能够及时、有效地交流项目的进展情况。执行状况检查例会可以各种不定期的和不同级别的形式召开。例如,项目管理团队可以通过召开周会或月会的形式与客户沟通。通常,在会议举行前应公布一份议程,应以书面的形式把会议时间和地点通知与会者,而项目经理是例会的官方发布人员,在会议时要坚持议程。

(5) 项目管理信息系统

常用来支持项目各个方面,包括用于收集、综合和分发项目管理过程输出的工具和技术,通常分为人工系统和自动系统。

(6) 组织管理程序

项目的所有组织管理程序包括了运用在项目执行过程中的正式的和非正式的程序。

12.4.4 执行的结果

项目绩效和变更申请是项目管理计划执行过程的输出。

(1) 绩效

绩效是为完成项目工作而执行的各项具体活动的结果,如项目成本绩效情况、可交付成果的完成情况、质量标准的满足程度以及工作细目的划分等信息。这些信息都将被收集起来,作为项目执行的一部分,并在绩效报告中反映出来。

(2) 变更申请

随着项目的开展,根据需要随时提出的一些申请,从而改变项目初始阶段对需求的定义。如扩大或修改项目合同范围、变更项目成本预算或进度估算等。

12.4.5 核实

在项目执行过程中的核实(verification),是指关于服务或成果是否符合法规、要求、规范或强制条件的评估。核实过程包括:项目计划是否完整、合理、可行,所有利益相关者是否足够了解项目的任务、意义及风险,项目团队的权限是否得到相关方的认可等。

在项目执行中,以项目管理计划为核心,控制以下6个过程是非常重要的,它们往往是成败的关键。参见图12-1。

(1) 信息交流

信息交流是向项目相关方及时、准确地分发其所需要

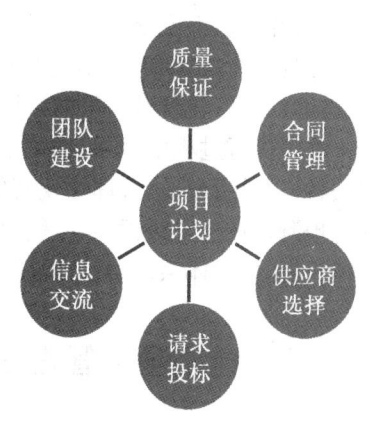

图12-1 项目执行过程的关键

的信息,并与之沟通达成一致。信息交流把项目计划及其工作结果和沟通管理计划作为依据,通过项目利益相关者之间的沟通来实现信息交换,通过信息检索系统使项目组成员能以各种方式共享信息,通过项目会议、拷贝文档分配、传真、邮件、视频等各种信息交流方式实现,最终以项目记录、项目报告和项目说明方式完成。

(2) 团队建设

团队建设是项目实施管理的基础,项目的成功依赖于高效的项目管理团队。团队建设不但要激发项目团队成员为项目做贡献的积极性,还要提高项目团队作为一个整体的战斗力。团队建设应依据项目计划、人员配备计划、进度报告和外部反馈,利用一定的手段和技术来改进项目业绩并为实施评价提供依据。

(3) 质量保证

项目质量保证在内部是向管理者提供证据,以表明交付物满足质量要求,取得管理者的信任,让管理者对产出物的质量放心;在外部是向顾客或其他相关方提供足够的证据,表明产出物或成果满足质量要求,取得顾客或其他方的信任,让他们放心。因此,在实际项目执行过程中,通常采用一定的程序来保证质量。

(4) 请求投标

请求投标是指项目管理人员通过投标者会议和广告两种方式请求供应商通过竞争来签订合同的过程。这一过程的目的是获取投标和提案。

(5) 供应商选择

供应商选择是指接受供应商投标和提案。这通常是一个复杂的过程,会用到合同协商、加权评分和独立评估等多种工具和技术来选择最终的供应商。

(6) 合同管理

合同管理是指项目管理人员监视供应商的执行以及保证所有的合同要求都得到满足。合同管理与项目过程有着密切的联系。因此,项目团队必须了解可能影响该项目的所有合同协议,以保证项目团队不会意外地采取违反合同条款的措施。

12.4.6 执行状况检查方法

项目实施的过程实际上就是执行项目计划,将计划付诸行动的过程。项目计划和项目执行是互相渗透、不可分割的活动。制定项目计划的主要职能就是要用来指导项目实施工作。项目计划执行的主要依据就是项目的各项计划,包括范围计划、时间计划、成本计划、质量计划、沟通计划、风险计划、采购计划、相关方管理计划以及其他诸如人员培训等辅助性计划。

项目执行过程中,要收集关于项目进展情况的信息以及项目的完成情况,并且向项目利益相关者、项目组成员、管理层及其他相关方面做报告,还要在此基础上对项目未来的进展情况进行预测。在这个过程中,一般要用到多种工具和技术——普通管理技能、生产所需的技能和知识、工作授权体系、执行状况检查例会、项目管理信息系统、组织管理程序等。

12.4.7 建立项目管理信息系统

项目管理信息系统(PMIS)是由用于归纳、综合和传播其他项目管理程序输出的工具和技术组成,是一种基于计算机技术而进行的项目管理系统。它能够收集相关信息来计算挣得值和绘制S曲线,帮助进行费用估算,进行复杂的时间和资源调度,进行风险分析和形成适宜的不可预见费用计划等。

项目管理信息系统(PMIS)从内部功能上一般包括项目进度信息管理系统、项目物资信息管理系统、项目造价信息管理系统、项目质量信息管理系统、项目安全信息管理系统、项目合同信息管理系统、项目财务信息管理系统、项目图(文)档信息管理系统、项目办公与决策信息管理系统9大管理系统。项目管理信息系统构架如图12-2所示。

对于大型的项目,一般需要针对项目管理信息系统成立单独的子项目管理机构,主要包括:计划进度控制部门、资料控制部门、材料控制部门、成本控制部门、质量控制部门、人力控制部门。如图12-3所示。

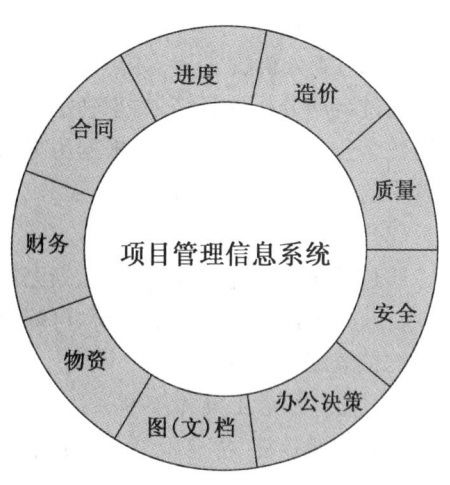

图12-2 项目管理信息系统构架

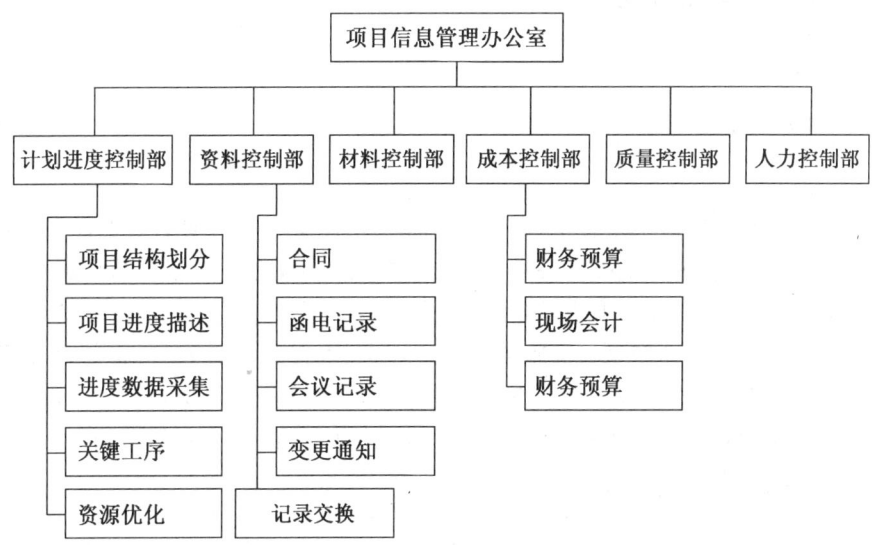

图12-3 某建筑工程有限公司的项目管理系统组织结构图

12.4.8 计划执行评价方法

项目计划执行评价是指先将项目实际执行的情况与项目计划进行比较和分析,找出实际执行的情况与项目计划的差别,然后分析其中原因,最后以执行报告的形式表达评价的结果。项目计划执行评价可以使用多种工具和技术来完成这项工作,如:偏差分析法、趋势分析法、挣值分析法、信息发送工具和技术等。

(1) 偏差分析法

通过比较期望的项目计划结果和实际结果,来确定在项目进展过程中是否存在偏差。通常情况下,项目进度和项目成本是主要的度量指标,但质量、执行技术指标、风险和项目范围也是可度量的指标。

(2) 趋势分析法

通过定期分析项目结果,来确定随着时间的推移,项目的执行是否得到了提高。这些结果都用数学公式进行度量,试图根据历史信息和结果预测项目的产出。可以使用多个公式来预测未来的行为或发展趋势。

(3) 挣值分析法

通过已完成工作预算费用、计划完成工作预算费用、已完成工作实际费用这三个指标来比较项目获得的成果和付出的代价,可综合分析进度、费用以及项目的范围。挣值分析法是一种常用的绩效测量技术。

(4) 信息发送工具和技术

包括沟通技能、信息检索系统和信息发送方法3种技术。

12.5 实施整体变更控制

12.5.1 过程特征

整体变更是指项目实施的过程中,由于某一种或几种要素变更而引起项目大多数要素发生的变更。例如,可交付成果的技术要求说明的改变,若影响到项目范围,进而影响到费用、进度、质量、风险或其他方面,这种变更就是整体变更。

实施整体变更控制是指在项目实施的整个过程中,审查变更请求,批准变更,管理对可交付成果、项目文件和项目管理计划的变更,并对变更的结果进行沟通的过程。本过程的主要作用是确保对已经记录在案的变更进行综合评审。本过程需要在整个项目期间开展。

实施整体变更控制的过程特征如图12-4所示:

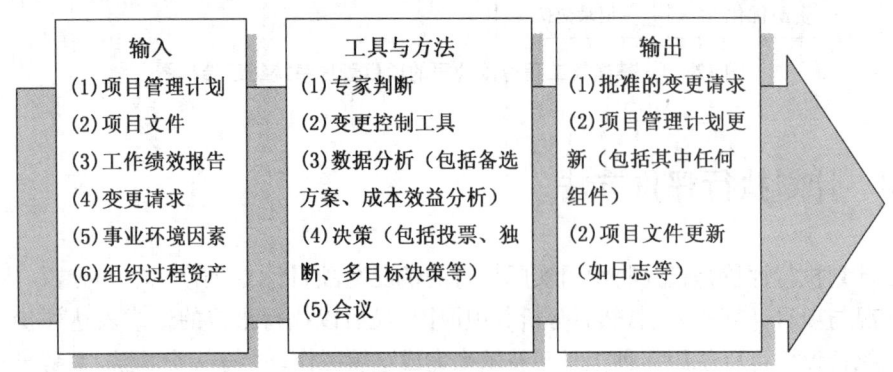

图12-4 实施整体变更控制的过程特征

在进行整体变更控制时,需要注意3个要点:
(1) 维持绩效度量基准的完整性

所有允许范围内的变更都应该在项目管理计划中提到,但只有项目范围管理计划变更才影响到绩效度量基准。

(2) 保证一致性

保证只有在项目范围管理计划变更时,才出现产品(或服务)范围的变更,并确保其他管理计划的更新与项目产品(服务)范围变更的一致性。

(3) 协调各个方面的变更要求

项目实施的过程是一个不断变化的过程,项目的各个影响因素都可能会发生变化。而项目的各要素之间又是相互影响,相互制约的。因此,在进行整体变更管理时,必须通过认真分析绩效报告,谨慎选择恰当的工具和技术,从而有效地协调项目各个要素(范围、进度、费用、质量、风险、合同)的变更。

12.5.2 项目整体变更的评价

随着项目的不断开展,项目的变更随时可能出现。当项目变更被认为是必需时,有关人员应提出项目变更申请。

那么,在什么情况下项目变更才是必需的呢?这就需要项目管理人员对项目整体变更进行评价。项目整体变更评价一般可以通过项目绩效度量技术来完成。项目绩效度量技术可以是12.4.8小节中提到的偏差分析法、趋势分析法、挣值分析法、信息发送工具和技术等。此外,还可以通过变更控制工具来完成对项目变更的分析和评价。

变更控制工具可以是人工设定的工作程序,也可以是自动化的计算机分析系统。要求具有识别配置项、记录并报告配置状态、进行配置项核实与审计等基本功能,还应支持识别变更、记录变更、做出变更决定、跟踪变更等管理活动。

通常,项目整体变更的评价内容主要包括以下8个方面:
(1) 确定需要实施的项目变更有哪些,其内容和步骤分别是什么;
(2) 确认变更对所有工作的影响;
(3) 将项目变更的影响转化为项目绩效、成本和进度指标;
(4) 估计这些需要实施的变更的收益和成本;
(5) 论证可能带来同样结果的替代性变化;
(6) 接受或者拒绝变更请求;
(7) 保证变更的正确实施;
(8) 总结所有的当期变更以及它们对项目的影响。

参考答案

课后练习
Exercise Twelve

一、选择题

(一)单项选择题

1. 项目管理计划是指以项目的(　　)为基础,按照全局的战略目标,运用集成和综合平衡法制定的用于指导项目实施和管理的综合计划文件。

　　(A) 范围计划　　　　　　　　(B) 各种单项计划
　　(C) 批准文件　　　　　　　　(D) 资源

2. 项目规划方法是用于引导项目团队工作的一种(　　)分析方法,是综合各种项目管理的方法和工具而构成的。

　　(A) 结构　　　　　　　　　　(B) 人员
　　(C) 战略　　　　　　　　　　(D) 数量

3. 项目综合协调工作中,对于项目的(　　)这三大要素的分析是最为重要的。

　　(A) 时间、范围和质量　　　　(B) 质量、费用和人力资源
　　(C) 时间、质量和风险　　　　(D) 时间、质量和费用

4. (　　)是指项目实施的过程中,由于某一种或几种要素变更而引起项目大多数要素发生的变更。

　　(A) 集体变更　　　　　　　　(B) 进度变更
　　(C) 整体变更　　　　　　　　(D) 时间变更

(二)多项选择题

1. 项目综合计划编制的原则是(　　)。

　　(A) 系统性　　　　　　　　　(B) 效益性
　　(C) 一致性　　　　　　　　　(D) 社会性
　　(E) 整体最优

2. 项目综合协调包括(　　)。

　　(A) 范围　　　　　　　　　　(B) 人力资源
　　(C) 时间　　　　　　　　　　(D) 质量
　　(E) 费用

3. 项目执行的输入包括(　　)。

　　(A) 项目管理计划　　　　　　(B) 详细依据
　　(C) 组织方针　　　　　　　　(D) 预防措施

（E）纠正措施
4. 项目的计划执行评价可以使用多种工具和技术来完成这项工作,如(　　)等。
　　（A）偏差分析法　　　　　　　　（B）项目配置管理
　　（C）挣值分析法　　　　　　　　（D）信息发送工具和技术
　　（E）趋势分析法

二、思考题

1. 项目整合管理有什么特点?
2. 试阐述项目管理计划的地位和作用。
3. 项目管理综合计划一般包括什么内容?
4. 项目计划执行的保障措施有哪些?
5. 在进行整体变更控制时,需要注意的要点有哪些?

第 13 章　项目收尾与后评价

13.1　项目收尾管理概述

凡事都要善始善终,不能虎头蛇尾。项目管理也应当如此。项目的成功结束标志是项目计划任务的完成和预期成果的实现。没有项目结束阶段的工作,项目成果就不能正式投入使用,不能生产出预期的产品或服务,即使投入使用,项目的维修保养也无法进行。不做必要的项目收尾工作,项目利益相关者不能终止所承担的责任和义务,也无法从项目的完成中获益。因此做好项目结束阶段的工作对项目的各参与方都是非常重要的,各方的利益在这一阶段相对也存在着较大的冲突。同时项目进入收尾期后项目成员的注意力常常已经开始转移,加上这一阶段的工作往往又是烦琐零碎、费时费力的,容易被轻视和忽略,所以更要强调其重要性。

13.2　合同收尾

13.2.1　合同收尾的概念

合同收尾就是为了核实合同条款的执行情况并结清账目,包括解决所有尚未了结的事项。或者说是合同的完成和结算,包括所有遗留问题的解决。合同收尾根据合同相关条款的要求,再对照进行验收、核实后进行移交、付款等工作,以及解决未尽事项、关闭合同。合同条款和条件可以规定合同收尾的具体手续。

某合同提前终止是合同收尾的特殊情况。

13.2.2　合同收尾的依据

合同收尾的依据是合同文件。合同文件包括(但不限于)合同本身及所有的支持表格,提出并批准的合同,采购管理计划、合同管理计划、合同文件、合同收尾程序,所有承包商提出的技术文件,承包商进度报告,财务文件,例如单据和付款记录以及所有相关的检查结果。

13.2.3 合同收尾的方法与工具

（1）采购审计

采购审计是合同收尾的主要方法，是指根据有关的法律和标准对从采购计划的编制到合同收尾的整个过程所进行的结构性审查。采购审计的目的就是找出本项产品在采购上或实施组织内的其他项目采购上可以借鉴的成功或失败之处。

（2）合同变更控制系统

合同变更控制系统规定合同修改的过程，包括文书工作、跟踪系统、争议解决程序，以及批准变更所需的审计层次。合同变更控制系统应当与整体变更控制系统结合起来。

（3）买方进行的绩效审查和绩效报告

采购绩效审查是指一项系统的审查活动，即按照合同规定审查卖方在规定的费用和进度计划内，按照质量要求完成项目范围的绩效情况。绩效报告为管理人员提供卖方在实现合同效率方面的信息。

（4）支付系统

通常由实施组织的应付账目系统来向卖方支付款项。对有多种或复杂采购要求的大型项目，项目可以建立自己的支付系统。不管是什么情况，项目管理团队必须对支付系统进行必要的审查和批准，并按照合同条款进行付款。

（5）合同档案管理系统

利用合同档案管理软件，可以有效防止在合同验收、移交过程中可能发生的疏漏，该系统具有提醒功能和检查表生成功能。

（6）信息技术

合同档案管理系统、付款系统、索赔管理或绩效报告的自动化可通过信息和沟通技术的使用来实现。用信息技术可以提高合同管理的效率和效力，并在买卖双方之间实现电子数据交换。

13.2.4 合同收尾的结果

（1）可交付成果验收通知

买方通过其授权的合同管理员向卖方发出可交付成果被验收或被拒绝的正式书面通知。合同条款中一般规定可交付成果的正式验收要求，以及如何解决不符合要求的可交付成果的程序。

（2）合同文档

建立一套整理好的完整的并建立索引记录的合同文件（包括已收尾的合同），并将其纳入项目最终档案之中。

（3）经验教训记录

对经验教训进行分析，在此基础上提出过程改进建议，这能让将来的采购规划和实施过程借鉴。

13.3 管理收尾

项目或项目完成阶段在达到目的或因故终止时,必须做好管理收尾工作。这是项目班子内部的收尾工作,主要包括编造、收集和散发有关信息、资料和文件,正式宣布项目或项目阶段的结束。具体来说,管理收尾包括一系列零碎、烦琐的工作,比如收集、整理项目文件、发布项目信息、组织项目移交、归还租赁设备、解散并重新安排项目人员、庆祝项目结束、总结经验教训等。还包括识别并收集与项目相关的各类记录和文件,起草项目总结报告。

13.3.1 收集项目记录和文档

项目结束后,收集所有项目记录和文档是非常有必要的。因为这项工作不仅是项目本身收尾需要,对项目的后评价、项目产品今后的运营都非常重要。这项工作还可以为未来类似项目的设计、计划、估算和管理,积累可以查阅的经验、知识和信息。

项目记录和文档至少包括:
(1)项目授权书;(2)项目招标书;(3)项目投标建议书;(4)项目计划书,包括技术部分和商业部分;(5)项目会议纪要;(6)项目进展报告;(7)项目变更申请;(8)项目变更批准报告;(9)项目采购文件;(10)项目合同文件;(11)项目验收报告;(12)项目总结报告;(13)图纸、技术要求说明等。

13.3.2 起草项目总结报告

当项目记录和文件收集齐全时,在有关方面的协助下还要对这些资料进行系统的检查和分析,并进行归纳、编号等系统的整理工作,将一套编了号的完整项目记录交有关方面存档。当项目是根据合同进行的时候,或者在涉及很大的物资采购时,必须特别注意将财物记录存档。还要将所有和本项目有关的数据库加以更新,删除陈旧、过时、无用的信息,保留那些反映项目最真实的数据资料,确保日后查阅方便、有效。

做好项目总结工作,收集必要的数据,为总结项目的经验教训提供信息。这些信息包括:项目范围核实记录、进展报告、成本记录、质量检验报告、人员表现情况、客户关系、供应商及承包商的表现、项目沟通情况、问题解决结果以及其他各种记录、报表、单据、批复、验收报告等。

项目记录、数据和信息,以及总结经验教训是非常重要的。一般而言,在准备项目的总结工作时,应重点收集如下信息:(1)对项目执行情况的总体评价;(2)项目范围完成情况;(3)项目进度执行情况;(4)项目成本执行情况;(5)项目交付成果的质量状况;(6)项目人员使用及绩效表现;(7)供应商及承包商的表现;(8)客户关系;(9)问题解决情况;(10)积累的经验;(11)吸取的教训;(12)建议与意见等。

在进行管理收尾时,要注意的是,管理收尾工作的各项活动不得拖延到项目完成之后。项目每一阶段都要做好收尾工作,保证不丢失有用的资料;在管理收尾结束时,项目班子应当让业主或发起人正式验收自己的项目(或阶段)成果,写出验收文件,并将其分发给有关各方,宣布项目或项目阶段的正式结束。

管理收尾结束即意味着项目收尾工作的全部结束,一般应该确认项目已经满足顾客对项目成果的所有要求(顾客已经正式验收项目成果和其他应交付成果,以及交付成果的组织要求,例如工作人员评价、预算报告、吸取的教训等)。

13.4 项目后评价

项目后评价起始于 20 世纪 30 年代美国的"新政时代",在 60 年代美国"向贫困宣战"的计划中使用了巨额国家预算资金投入建设,使项目后评价进一步得到了发展,形成了体系。从 20 世纪 60 年代末开始,各国和国际金融组织逐步应用和发展了后评价的理论,使之成为投资监督和管理的得力工具和手段。

13.4.1 项目后评价概述

1. 项目后评价含义

项目后评价属于项目收尾管理部分,是完成现有项目并执行好下一个项目的重要环节。项目后评价是指对已完成项目(或计划)的目的、执行过程、效益、作用和影响所进行的系统的、客观的分析;通过项目活动实践的检查总结,确定项目预期的目标是否达到,项目或规划是否合理有效,项目的主要效益指标是否实现;通过分析评价找出成败的原因,总结经验教训;并通过及时有效的信息反馈,为提高未来新项目的决策水平和管理水平提供基础;同时后评价也可为项目实施运营中出现的问题提出改进建议,从而达到提高投资效益的目的。

2. 项目后评价的功能和类型

(1) 项目后评价的功能

后评价首先是一个学习过程。通过总结正反两方面的经验教训,使项目的决策者、管理者和建设者学习到更加科学合理的方法和策略,提高决策、管理和建设水平。其次,后评价又是增强投资活动工作者责任心的重要手段。由于后评价透明性比较强,通过对投资活动成绩和失误的主客观原因分析,可以比较公正客观地评价投资决策者、管理者和项目团队工作中实际存在的问题,从而进一步提高他们的责任心和工作水平。第三,后评价主要是为投资决策服务的。虽然后评价对完善已建项目、改进在建项目和指导待建项目有重要的意义,但更重要的是为提高投资决策水平服务。

此外,项目后评价还具有重要的监督功能。如前所述,后评价是一个向实践学习的过程,同时又是一个对投资活动监督的过程。项目后评价的监督功能与项目的前期评估、实施监督结合在一起,构成了对投资活动的监督机制。例如,世界银行对投资活动的监督,主要依靠在项目准备阶段的评估(派评估团)、在项目实施过程中的监督检查(派检查团)和在项目完成后的后评价(派评价团)来实现的。项目的实施监督和后评价监督还具有向银行高层及时反馈问题和意见的责任。此外,世界银行的后评价还要对整个银行的业务执行情况进行监督和评价。

(2) 项目后评价的类型

项目后评价根据评价的角度和侧重点不同,通常可以分为两类:项目效益后评价和项目管理后评价。

项目效益后评价主要是对应于项目前评价而言的,是指项目竣工后对项目投资经济效果的再评价。它以项目建成运行后的实际数据资料为基础,重新计算项目的各项经济数据,得到相关的投资效果指标,然后将它们同项目前评价时预测的有关经济效果值(如净现值NPV、内部收益率、投资回收期等)进行纵向对比,评价和分析其偏差情况及其原因,吸收经验教训,从而为提高项目的实际投资效果和制定有关的投资计划服务,为以后相关项目的决策提供借鉴和反馈信息。

项目管理后评价是指当项目竣工以后,对前面(特别是实施阶段)的项目管理工作所进行的评价,其目的是通过对项目实施过程的实际情况的分析研究,全面总结项目管理经验,为今后改进项目管理服务。可以看到,项目后评价是全面提高项目决策和项目管理水平的必要和有效手段。

3. 项目后评价与项目前评估的区别

项目后评价与项目前期的准备阶段的评估,由于两者的评价时间不同,目的也不完全相同,因此也存在一些区别,虽然在评估原则和方法上没有太大的区别——采用的都是定量与定性相结合的方法。下面是项目后评价与项目前评估的区别。

(1) 评估阶段不同

项目前评估是在项目决策前的前期工作阶段进行的,是项目前期工作的重要内容之一,为项目投资决策提供依据;而项目后评价则是在项目建成投产后一段时间内,对项目全过程(包括项目的投资实施期和生产期)总体情况进行的评价。

(2) 评价目的不同

前期评估的目的是确定项目是否可以立项或建设,它是站在项目的起点,主要应用预测技术来分析评价项目未来的效益,以确定项目投资是否值得并可行。后评价则是在项目建成以后,总结项目的准备、实施、完工和运营,并通过预测对项目的未来进行新的分析评价,其目的是为了总结经验教训,以改进决策和管理服务。所以,后评价要同时进行项目的回顾总结和前景预测。项目后评价是站在项目完工的时点上,一方面检查总结项目的实施过程,找出问题,分析原因;另一方面,预测项目未来的发展。

(3) 判断标准不同

项目前评估的重要判断标准是投资者要求获得的收益率或基准收益率,而项目后评价的判断标准则重点是对比项目前评估的结论,主要采用对比方法。判断标准的不同是项目后评价与前项目前评估的主要区别。

4. 项目后评价的特点

项目后评价具有独立性、现实性、公正性、全面性、反馈性、合作性等特点。

(1) 独立性

通过独立性来表现项目后评价的合法性。后评价不应该由项目投资者和管理者自己评价自己,而是应由项目利益相关者以外的机构或个人独立地进行。独立性应贯穿于项目后评价的全过程,即从项目的选定、计划的编制、任务的委托、评价者的组成到评价过程和报告。

(2) 现实性

项目后评价是以实际情况为基础,对项目建设、运营现实存在的情况、产生的数据进行评价,所以具有现实性的特点。项目后评价应该具有针对性,文字简练、明确、具体。

(3) 公正性

项目后评价必须保证公正性,这也是一条很重要的原则。公正性表示在评价时,应持有实事求是的态度,在发现问题、分析原因和做出结论时避免出现避重就轻的情况发生,始终保持客观、负责的态度对待评价工作,做到一碗水端平,客观地做出评价。公正性标志着后评价及评价者的信誉,它也应贯穿于整个后评价的全过程。

(4) 全面性

项目后评价是对项目实践的全面评价,它是对项目立项决策、设计施工、生产运营等全过程进行的系统评价。这种评价不仅涉及项目生命周期的各阶段,而且还涉及项目的方方面面;不仅包括经济效益、社会影响、环境影响,还包括项目综合管理等。因此是比较系统、全面的技术经济活动。

(5) 反馈性

项目后评价的结果需要反馈到决策部门,作为新项目立项和评估的基础以及调整投资计划和政策的依据;反馈到实施部门和生产经营者,以便改进工作,提高效率,这是后评价的最终目标。因此,后评价结论的扩散和反馈机制、手段和方法便成为后评价成败的关键环节之一。国外一些国家建立了"项目管理信息系统",通过项目周期各个阶段的信息交流和反馈,系统地为后评价提供资料和向决策机构提供后评价的反馈信息。

(6) 合作性

项目后评价要有多方面的合作,由单独设立的后评价机构或上级决策机构,组织主管部门会同计划、财政、审计、银行、设计、质量、司法等有关部门进行。项目后评价的顺利进行需要参与各方融洽合作。

13.4.2 项目后评价的主要内容

项目后评价的主要内容有:对成本、质量、进度的管理和控制效果,对设计方案和预算的调整修改,对各项工程指标的量化和个人责任的确定,以及对社会环境的影响和项目的可持续性。概括起来,它包括五个方面,即项目目标评价、项目实施过程评价、项目效益评价、项目影响评价和项目持续性评价。在实际工作中,根据项目的特点、规模和工作需要,可以有所增减和侧重。

1. 项目目标评价

该项评价的任务是评定项目立项时各项预期目标的实现程度,是项目后评价所需完成的主要任务之一。项目目标评价是指对项目目标的实现程度进行评价,对照原计划的主要指标,检查项目的实际情况,找出变化,然后对改变的原因进行分析。判断项目目标的指标应在项目立项时就确定,一般包括宏观目标,即对地区、行业或国家经济、社会发展的总体影响和作用。目标评价的另一项任务是要对项目原定决策目标的正确性、合理性和实践性进行分析评价。有些目标因为不明确或不符合实际情况,或者遇到变化和市场变化,项目实施过程中可能会发生重大变化,项目后评价对其给予重新分析和评价。

2. 项目实施过程评价

实施过程评价是项目后评价中的重要环节,包括项目计划、实施、调试等几个阶段。项目实施过程评价是将可行性研究报告中所预计的情况和实际执行的过程进行比较和分析,找出差别、分析原因。项目实施的好坏直接影响到项目的最后验收、日后运营、公司品牌的确立等。对项目实施过程进行评价,可以有效地总结实施经验,找出不足,并在下一次实施中改进。项目实施过程评价一般包括以下几个方面:项目的立项、准备和评估;项目内容和建设规模;工程进度和实施情况;配套设施和服务条件;受益者范围及反应;项目管理和机制;财务执行情况。

3. 效益评价

效益评价是项目后评价的主要内容。项目实施的最终目的是为了获得预期的社会效益和经济效益。它以项目投产后实际取得的效益(经济、社会、环境等)及其隐含在其中的技术影响为基础,重新测算项目的各项经济数据,得到相关的投资效果指标,然后将它们与项目前期评估时预测的有关经济效果值(如净现值 NPV、内部收益率 IRR、投资回收期等)、社会环境影响值(如环境质量值 IEQ 等)进行对比,评价和分析其偏差情况及其原因,吸取经验教训,从而为提高项目的投资管理水平和投资决策服务。

4. 项目影响评价

项目影响评价是对项目完成后对社会环境的影响进行分析,包括经济影响、环境影响和社会影响 3 个方面。

经济影响评价主要分析对所在项目地区、所属行业和国家所产生的经济方面的影响。经济影响评价要注意把项目效益评价中的经济分析区别开来,避免重复计算。相对来说,经济影响评价的内容更为宏观,主要包括对社会分配、就业、国内资源成本(或换汇成本)、技术进步等方面的影响。由于经济影响评价的部分因素难以量化,一般只能做定性分析,较少做定量分析,这同效益评价中较多运用定量分析是有一定区别的。

环境影响评价应根据国家对相关环境保护的有关规定来进行评价。项目所处地理位置不同,以及自身行业的不同会使得环境评价在应用到具体情况时存在差异。项目的环境影响评价一般包括项目的污染控制、地区环境质量、自然环境利用和保护、区域生态平衡和环境管理等方面。

项目的社会影响评价是对项目在社会经济发展方面有形和无形的效益和结果的一种分析,重点评价分析项目对所在地区和社区的影响。社会影响评价一般包括解决就业、发展当地经济、填补国家相关技术空白以及对当地居民生活的影响等内容。

5. 项目可持续性评价

项目可持续性也是项目后评价的主要内容,它是指在项目的建设资金投入完成之后,项目的既定目标是否还能继续,项目是否还可以持续发展下去,接受投资的项目业主是否愿意并可能依靠自己的力量继续实现既定目标,项目是否具有可重复性,即是否可以在未来以同样的方式开展同类项目。

项目可持续性评价的要点包括:确立项目目标、产出和投入与相关"持续性因素"之间的真实关系(因果联系);区别在无控制条件下可能产生影响的因素,即行为因素与执行者调整的结构因素。其中需重点关注:一个因素对某些执行者来说是结构方面的问题而对其他人则可能是行为因素;区分在项目立项、计划、投资(决策)、项目运作和维持中各种因素的区别。对于项目各方面的了解是很重要的,因为对同一发展项目的看法可能是不一致的(如投资者,财政部、国家计委、部门、地方、银行执行单位,项目组织实施单位和当地社区),包括对问题的不同理解、采取的不同措施和不同的目的等。

6. 项目综合评价

项目综合评价包括项目的成败分析和项目管理的各个环节的责任分析。综合评价一般采用成功度评价方法,该评价方法是依靠评价专家或专家组的经验,综合分析后对各项指标的评价结果,是对项目的成功程度做出的定性结论,也就是通常所说的打分的方法。成功度评价是以用逻辑框架法分析的项目目标的实现程度和经济效益的评价结论为基础,以项目的目标和效益为核心所进行的全面系统的评价。

7. 项目管理后评价

项目管理后评价的基础是项目目标和效益后评价,在结合其他相关资料的基础上对项目整个生命周期中各阶段管理工作进行评价。通过分析、比较和评价,可以了解目前项目管理的水平,吸取经验和教训,以保证更好地完成以后的项目管理工作,促使项目预期目标更好地完成。项目管理后评价主要包括以下几个方面的内容:

(1) 投资者的表现

评价者要从项目立项、准备、评估、决策和监督等方面来评价投资者和投资决策者在项目实施过程中的作用和表现。

(2) 借款人的表现

评价者要分析评价借款者的投资环境和条件,包括执行协议能力、资格和资信,以及机构设置、管理程序和决策质量等。世界银行、亚洲开发银行贷款项目还要分析评价协议承诺兑现情况、政策环境、国内配套资金等。

(3) 项目执行机构的表现

评价者要分析评价项目执行机构的管理能力和管理者的水平,包括合同管理、人员管理和培训,以及与项目受益者的合作等。世界银行、亚洲开发银行贷款项目还要对项目技术援助、咨询专家使用、项目的监测评价系统等进行评价。

(4) 外部因素的分析

影响到项目成果的还有许多外部的管理因素,例如价格的变化、国际国内市场条件的变化、自然灾害、内部形势不安定等,以及项目其他相关机构的因素,例如联合融资者、合同商和供货商等。评价者要对这些因素进行必要的分析评价。

13.4.3 项目后评价的程序与形式

1. 项目后评价的程序

项目后评价的程序一般包括选定后评价项目、制定后评价计划、确定后评价范围和选择执行项目后评价的咨询单位和专家等。

(1) 后评价项目的选定

选择后评价项目有两条基本原则,即特殊的项目和规划计划总结需要的项目。一般来讲,选定后评价项目有以下 6 条标准:

① 由于项目实施而引起运营中出现重大问题的项目。

② 一些非常规的项目。如规模过大、建设内容复杂、带有试验性的新技术项目;已发生重大变化的项目,如建设内容、外部条件;厂址布局等发生了重大变化的项目。

③ 急切需要了解项目作用和影响的项目。

④ 可为即将实施的国家预算、宏观战略和规划原则提供信息的相关投资活动和项目。

⑤ 为投资规划计划确定未来发展方向的有代表性的项目。

⑥ 对开展行业部门或地区后评价研究有重要意义的项目。

跟踪评价或中期评价的项目选定属于第 3 类项目，因为这类项目评价更注重现场解决问题，其后评价报告更类似于监测诊断报告，并针对症结所在提出具体的措施建议。一般后评价计划以项目为基础，有时难以达到从宏观上总结经验教训的目的，为此不少国家和国际组织采用了"打捆"的方式，将各行业或一个地区的几个相关的项目一起列入计划，同时进行评价，以便在更高层次上总结带有方向性的经验教训。

一般国家和国际组织均采用年度计划和 2~3 年滚动计划结合的方式来操作项目后评价。中国国家重点项目的后评价计划由国家计委重点建设项目协调管理司编制，以年度计划为主，按行业选择一些有代表性的项目进行后评价。

2. 项目后评价的执行

在项目后评价任务委托、专家聘用后，后评价即可开始执行。如前所述，由于后评价的类型很多，要求各不相同。项目后评价实施的具体内容将在本章的后面部分做详细介绍，在此只说明实施的一些基本原则和思路。

（1）资料信息的收集。项目后评价的基本资料应包括项目自身的资料、项目所在地区的资料、评价方法的有关规定和指导原则等。

项目自身的资料一般应包括：① 项目自我评价报告、项目完工报告、项目竣工验收报告。② 项目决算审核报告、项目概算调整报告及其批复文件。③ 项目开工报告及其批复文件、项目初步设计及其批复文件。④ 项目评估报告、项目可行性研究报告及其批复文件等。

项目所在地区资料包括：国家和地区的统计资料、物价信息等。

项目后评价方法规定的资料应根据委托者的要求进行收集。目前已经颁布项目后评价方法指导原则或手册的国内外主要机构有：联合国开发署、世界银行、亚洲开发银行、经济和合作发展组织、英国海外开发署、日本海外协力基金、中国国家计委、中国国际工程咨询公司、国家开发银行等。

（2）后评价现场调查。项目后评价现场调查应事先做好充分准备，明确调查任务，制定调查提纲。调查任务一般应回答以下问题：① 项目基本情况。② 目标实现程度。③ 作用和影响。

（3）分析和结论。后评价项目现场调查后，应对资料进行全面认真的分析，回答以下主要问题：① 总体结果。② 可持续性。③ 方案比选。④ 经验教训。

（4）项目后评价报告。项目后评价报告是评价结果的汇总，是反馈经验教训的重要文件。后评价报告必须反映真实情况，报告的文字要准确、简练，尽可能不用过分生疏的专业化词汇；报告内容的结论、建议要和问题分析相对应，并把评价结果与将来规划和政策的制订、修改相联系。

后评价报告包括摘要、项目概况、评价内容、主要变化和问题、原因分析、经验教训、结论和建议、基础数据和评价方法说明等。

3. 项目后评价的形式

项目后评价的形式包括现场考评和非现场考评。现场考评是指后评价工作组到现场采取勘察、问询、复合等方式，对后评价项目的有关情况进行核实，并对所掌握的相关信息资料进行分类、整理、归纳、分析和评价。非现场考评是指后评价工作组根据项目单位提交的项目自评报告和其他相关资料进行综合分析，提出评价意见。

13.4.4 项目后评价阶段划分

项目后评价一般分为4个阶段：项目自评阶段，行业或地方初审阶段，正式后评价阶段，成果反馈阶段。

(1) 项目自评阶段

在项目自评阶段，由项目业主会同执行管理机构按照国家计委或国家开发银行的要求编写项目的自我评价报告，报行业主管部门或发改委、开发银行等部门。后评价项目的自我评价是从项目业主或项目主管部门的角度对项目的实施进行全面的总结，为开展项目后评价做好准备。

项目自我评价的内容基本上与项目完工报告相同，侧重找出项目在实施过程中的变化，以及变化对项目效益等各方面的影响，并分析变化的原因，总结经验教训。在我国，由于国际金融组织（如世界银行、亚洲开发银行）、国家发改委和国家开发银行及各部门和地方对项目后评价的目的、要求和任务不尽相同，因此项目自我评价报告的格式也有区别。根据国家有关规定，从1998年起利用国内商业银行贷款的项目，凡是投资总额超过2亿元以上的，在项目完工以后必须进行后评价。因此，项目单位需要在银行评价之前提交一份项目执行自我评价报告。

(2) 行业或地方初审阶段

在行业或地方初审阶段，由行业或省级主管部门对项目自评报告进行初步审查，提出意见，一并上报。

(3) 正式后评价阶段

在正式后评价阶段，由相对独立的后评价机构组织专家对项目进行后评价，通过资料收集、现场调查和分析讨论，提出项目的后评价报告，这一阶段也称之为项目的独立后评价。项目的独立后评价要保证评价的客观公正性，同时要及时将评价结果报告委托单位。世界银行、亚洲开发银行的项目独立后评价由其行内专门的评价机构来完成，这种评价为项目执行审核评价。为了达到后评价总结经验教训的目的，项目独立后评价的主要任务是，在分析项目完工报告、项目自我评价报告或项目竣工验收报告的基础上，通过实地考察和调查研究，评价项目的结果和项目的执行情况。

正式后评价阶段主要步骤：收集与项目收益有关的文件和资料；调查了解项目当初的建设目的、建设背景和投资资料；整理已实际发生的各项基础财务数据资料；编制财务报表，将基础数据分门别类地填入相关报表中，对后评价时点以后的栏目数据，需重新测算后再填入报表。测算依据要可靠，预测数据取值要经得起推敲；直接利用基本财务、经济报表，计算整个项目的各项后评价效益指标和有关参数；用后评价效益指标与决策效益指标或基准指标进行对比分析，找出偏差产生的具体原因，考核项目预期效益目标和投资决策的正确程度，提出提高项目效益的具体措施；编制项目效益后评价报告，提出包括问题和建议在内的综合评价结论，并附效益前后分析对比表。

(4) 成果反馈阶段

反馈是后评价的主要特点，评价成果反馈的好坏是后评价能否达到其最终目的的关键之一。在项目后评价报告的编写过程中应该广泛征求各方面意见,在报告完成之后要以召开座谈会等形式进行发布,同时发布成果报告。反馈是后评价体系中的一个决定性环节,是一个传达和公布评价成果信息的动态过程,可以保证这些成果在新建或已有项目中以及其他开发活动中得到采纳和应用。后评价反馈系统通过提供和传送已完成项目的执行记录,可以增强项目组织管理的责任制和透明度。反馈过程有两个要素:一是评价信息的报告和扩散,其中包含了评价者的工作责任。后评价的成果和问题应该反馈到决策、规划、立项管理、评估、监督和项目实施等机构和部门。二是后评价成果及经验教训的应用,以改进和调整政府的决策程序及相关政策,这是反馈最主要的管理功能。在反馈程序里,必须在评价者及其评价成果与应用者之间建立明确的机制,以保持紧密的联系。

13.4.5 项目后评价的常用方法

国内项目后评价的方法主要参考项目前期评估的评价方法和国际上通用的后评价方法,国家发改委和国家开发银行已经颁布了有关规定,并在不断地完善。国际上通用的后评价方法有统计预测法、有无比较法、逻辑框架法(LFA)、定性与定量相结合的分析法以及成功度评价方法。

在上述方法中,对比是项目后评价的一条基本原则。包括项目实施前后的对比和有无对比法。项目实施前后对比在项目后评价中是将项目前期阶段,也就是说把项目可行性研究和前评估所预测的成果、规划目标和投入产出、效益和影响,与项目建成投产后的实际运行结果进行比较,以分析变化及产生的原因。这种对比是进行项目后评价的基础。有无比较法是将项目实际发生的情况与若无项目时可能发生的情况进行对比,以度量项目的真实收益和影响。它是进行项目后评价的主要方法。此方法评价的对象是计划、规划或项目。采用此方法的关键是保持前后口径一致。运用对比法,就是要通过对比,找出变化和差距,以分析问题,找到关键原因。

逻辑框架法(logical framework approach,LFA)是一种设计、计划和评价工具,由美国国际开发署(USAID)在1970年开发使用。目前国外进行项目后评价主要采用的就是这个方法,已有2/3的国际组织把LFA作为援助项目的项目后评价的主要方法。它通过一张简单的框图的使用来清晰地分析一个复杂项目的内涵和关系,对项目的目标层次之间的因果关系进行分析和评价,能够把项目后评价和项目生命周期联系起来。事物的因果逻辑关系是该方法的核心。它能够适应不同层次的管理需要。

成功度评价方法是依靠评价专家或专家组的经验,对后评价各项指标的评价结果进行综合,对项目实现预期目标的成败给出一个定性的结论。可以说成功度就是成败程度的衡量标准。一般用AA(完全成功的)、A(成功的)、B(部分成功的)、C(不成功的)、D(失败的)五个等级来划分成功度。该方法的基础是用逻辑框架法分析出项目目标的实现程度和经济效益分析的评价结论,核心是项目的目标和效益,它是全面系统的评价。

定性与定量相结合的分析法就是要把定性方法与定量方法都用于项目后评价。其中定性方法是非数值模型,定量方法是数值模型,需要使用数值作为输入。主观数据和客观数据都可以作为输入的数值,但客观度量标准可能比主观度量标准更有用、可靠,不过客观数据难以获得。在这两个模型中,非数值模型更久远、简单一些。

统计预测法是利用统计方法对项目未来发展进行预测。在后评价中,只有具有统计意义的数据才是可比的,后评价时点前的统计数据是评价对比的基础,后评价时点的数据是对比的对象,后评价时点以后的数据是预测的对象。因此,项目后评价的总结和预测是以统计学原理和预测学原理为基础的。

(1) 统计调查

统计是一种从数量方面认识事物的科学方法。统计工作包括统计资料的搜集、整理和分析三个紧密联系的阶段。统计资料的搜集,一般称为统计调查。统计调查是根据研究的目的和要求,采用科学的调查方法,有计划有组织地搜集被研究对象的原始资料的工作过程。统计调查是统计工作的基础,是统计整理和统计分析的前提。对统计调查要求事实求是,所搜集的资料必须准确、及时、全面。

(2) 统计资料的整理

统计资料整理是统计工作的第二阶段。它是根据研究的任务,对统计调查阶段获得的大量原始资料进行加工汇总,使其系统化、条理化、科学化,以得出反映事物总体综合特征资料的工作过程。统计资料的整理工序有三个步骤:第一步,科学的统计分组,这是资料整理的前提;第二步,科学的汇总,这是资料整理的核心;第三步,编制科学的统计表,这是资料整理的结果。统计资料的汇总方式可分为:逐级汇总、集中汇总和综合汇总。

(3) 统计分析

统计分析是根据研究的目的和要求,采用各种分析方法,对研究的对象进行解剖、对比、分析和综合研究,以揭示事物的内在联系和发展变化的规律性。统计分析过程是揭示矛盾,找出原因,提出解决问题的办法的过程。

统计分析的步骤如下:

① 根据统计分析的任务,明确分析的具体目的,拟定分析提纲。

② 对应用于分析的统计资料进行评价和辨别真伪。

③ 将评价并得到肯定的统计资料进行比较对照分析,从而发现矛盾。

④ 对已分析的结果做出结论并提出建议,并探明问题的症结所在。

进行统计分析的方法有:分组法、综合指标法、动态数列法、指数法、抽样和回归分析法、投入产出法等。统计分析的综合指标包括:总量指标、相对指标、平均指标和标准变动度等。

13.4.6 项目后评价报告

项目后评价过程的输出,就是后评价报告。其内容包括项目背景、实施评价、效果评价和结论建议等几个部分。

1. 项目背景

项目背景主要应说明以下几点。

(1) 项目的目标和目的。简单描述立项时社会经济和组织发展对本项目的需求情况和立项的必要性,项目的宏观目标与国家、部门或地方产业政策布局规划和发展策略的相关性,与组织发展战略的相关性。建设项目的具体目标和目的,市场前景预测等。

(2) 项目建设内容。项目所能提供的主要产品、运营或服务的规模、品种、内容,项目的主要投入和产出,投资总额,效益测算情况,风险分析等。

（3）项目工期。项目原计划工期，实际发生的经批准的变更计划，开工日期、完工日期、投产日期、竣工验收日期、达到设计能力的日期。

（4）资金来源与安排。项目批复时所安排的主要资金来源、贷款条件、资本金比例以及项目全投资加权综合贷款利率等。

（5）项目后评价。项目后评价的任务来源和要求，项目自我评价报告完成时间，后评价时间程序，后评价执行者，后评价的依据、方法和评价时点。

2. 项目实施评价

项目实施评价应简单说明项目实施的基本特点，对照可行性研究（事先评估）找出主要变化，分析变化对项目效益的影响及其原因，讨论和评价这些因素及影响。世界银行、亚洲开发银行项目还要就变化所引起的对其主要政策可能产生的影响进行分析，如环保、扶贫等。

（1）设计。评价设计的水平、项目选用的技术装备水平，特别是规模的合理性。对照可行性研究和预先评估文件，找出并分析项目涉及重大变更的原因及其影响，提出如何在项目前期（如启动阶段和规划阶段）预防这些变更的措施。

（2）合同。评价项目的招投标、合同签约、合同执行和合同管理方面的实施情况，包括工程承包商、设备材料供货商、工程咨询专家和监理工程师等。对照合同承诺条款，分析和评价实施中的变化和违约及其对项目的影响。

（3）组织管理。组织管理的评价包括对项目执行机构、借款单位和投资者三方在项目实施过程中的表现和作用的评价。如果项目执行得不好，评价要认真分析相关的组织机构、运作机制、管理信息系统、决策程序、管理人员能力、监督检查机制等因素。

（4）投资和融资。分析项目总投资的变化，找出变化的原因，分清内部原因还是外部原因，如是汇率变化、通货膨胀等政策性因素，还是项目管理的问题，以及投资变化对项目效益的影响程度。评价要认真分析项目主要资金来源和融资成本的变化，讨论原因及影响，重新测算项目的全投资加权综合利率，作为项目实际财务效益的对比指标。如果政策性因素占主导，应对这些政策的变化提出意见、对策及建议。

（5）项目进度。对比项目计划工期与实际进度的差别，包括项目准备期、施工建设期和投产达产期。分析工期延误的主要原因，及其对项目总投资、财务效益、借款偿还和产品市场占有率的影响。同时还要提出今后避免进度延误的措施建议。

（6）其他。包括银行资金的到位和使用，世界银行、亚洲开发银行安排的技术援助，贷款协议的承诺和违约，借款人和担保者的资信等。

3. 效果评价

效果评价应分析项目所达到和实现的实际结果，根据项目运营和未来发展以及可能实现的效益、作用和影响，评价项目的成果和作用。

（1）项目运营和管理评价。根据项目评价时的运营情况，预测出未来项目的发展，包括产量、运营量等。对照可以评估的目标，找出差别，分析原因。分析评价项目内部和外部条件的变化及制约条件，如市场变化、体制变化、政策变化、设备设施的维护保养、管理制度、管理者水平、技术人员和熟练工的短缺、原材料供应、产品运输等。

（2）财务状况分析。根据上述项目运营及预测情况，按照财务程序和财务分析标准，分析项目的财务状况。主要应评价项目债务的偿还能力和维持日常运营的财务能力。在可能的情况下，要分析项目的资本构成、债务比例；需要投资者、政府和其他方面提供的政策和资金，如资本重组、税收优惠、流动资金等。

（3）财务和经济效益的重新评价。一般的项目在后评价阶段都必须对项目的财务效益和经济效益进行重新测算。要用重新测算得出的数据与项目可行性研究评估时的指标进行对比分析，找出差别和原因。还要与后评价计算的项目全投资加权综合利率相比，确定其财务清偿能力。同时，评价根据未来市场、价格等条件进行风险分析和敏感性分析。

（4）环境和社会效果评价。环境和社会效果及影响评价关键是项目受益者，即项目对受益者产生了什么样影响。一般应评价项目的社会、经济、文化、环境影响和污染防治等，如人均收入、就业机会、移民安置、社区发展、妇女地位、卫生与健康、扶贫作用、自然资源利用、环境质量、生态平衡、污染治理等。

（5）可持续发展状况评价。项目可持续性主要是指项目固定资产、人力资源和组织机构在外部投入结束之后持续发展的可能性。评价应考虑以下7个方面：一是技术装备与当地条件的适用性，二是项目与当地受益者及社会文化环境的一致性，三是项目组织机构、管理水平、受益者参与的充分性，四是维持项目正常运营、资产折旧等方面的资金来源，五是政府为实现项目目标所承诺提供的政策措施是否得力，六是防止环境质量下降的管理措施和控制手段的可靠性，七是对项目外部地质、经济及其他不利因素防范的对策措施。

课后练习
Exercise Thirteen
13

参考答案

一、选择题

（一）单项选择题

1. 项目收尾阶段的主要工作不包括(　　)
　　(A) 管理收尾　　(B) 项目后评估　　(C) 项目前评估　　(D) 合同收尾
2. 在项目收尾阶段,必须得到解决的一个重要问题是评估项目的有效性,(　　)是完成这项评估的方法之一。
　　(A) 制作绩效报告　　　　　　(B) 进行采购审计
　　(C) 举行绩效评估会议　　　　(D) 进行考察
3. 合同收尾就是按合同要求对项目进行(　　)。
　　(A) 验收、付款、移交　　　　(B) 收集合同资料、整理合同资料
　　(C) 合同遗留问题处理　　　　(D) 合同结算

（二）多项选择题

1. (　　)不是项目收尾阶段所做的工作。
　　(A) 收集合同资料　　　　　　(B) 完成项目总结报告
　　(C) 范围审核　　　　　　　　(D) 解散项目团队
2. 项目后评估与项目前可行性评估的主要区别是(　　)。
　　(A) 评估阶段不同　　　　　　(B) 评价主体不同
　　(C) 判断标准不同　　　　　　(D) 评估目的不同

二、思考题

1. 简述合同收尾与管理收尾的主要工作内容,试谈谈二者的区别。
2. 项目后评价的作用是什么?
3. 项目后评价有哪些方法?

参考文献

[1] (美)Project Management Institute. PMBOK 指南. 第 6 版. 北京:电子工业出版社,2018.

[2] 陈关聚. 项目管理. 第 2 版. 北京:中国人民大学出版社,2017.

[3] (美)Jeffrey K. Pinto. 项目管理. 第 3 版. 鲁耀斌,赵玲译. 北京:机械工业出版社,2015.

[4] 康乐,张莉. 项目管理. 北京:北京大学出版社,2015.

[5] 王晓玲,张坤. 项目管理. 北京:高等教育出版社,2014.

[6] 赵振宇. 项目管理案例分析. 北京:北京大学出版社,2013.

[7] 詹姆斯·P. 克莱门斯,杰克-吉多. 成功的项目管理. 第 5 版. 张金成,杨坤译. 北京:电子工业出版社,2012.

[8] (英)丹尼斯·洛克. 项目管理. 第 9 版. 杨爱华,王丽珍,李英侠译. 北京:电子工业出版社,2009.

[9] 曾赛星. 项目管理. 北京:北京师范大学出版社,2007.

[10] (美)杰弗里·K. 宾图. 项目管理. 北京:机械工业出版社,2007.

[11] 宋伟. 项目管理概论. 北京:机械工业出版社,2007.

[12] 张智光. 决策科学与艺术. 北京,科学出版社,2006.

[13] 马德顺. 项目管理师. 北京:中国劳动社会保障出版社,2006.

[14] 徐莉,王红岩. 项目评估与决策. 北京,科学出版社,2006.

[15] 赵春雷. 项目管理. 北京:科学出版社,2006.

[16] 白思俊. 现代项目管理概论. 北京:电子工业出版社,2006.

[17] 陈池波,崔元峰. 项目管理. 武汉:武汉大学出版社,2006.

[18] 中国(双法)项目管理研究委员会. 中国项目管理知识体系. 北京:电子工业出版社,2006.

[19] (美)杰克·R. 梅瑞狄斯,小塞缪尔·J. 曼特尔. 项目管理:管理新视角. 北京:电子工业出版社,2006.

[20] (美)拉尔夫·基林. 项目管理. 王伟辉译. 经济管理出版社,2005.

[21] 范黎波. 项目管理. 北京:对外经济贸易大学出版社,2005.

[22] (美)S. 托马斯·福斯特. 质量管理:集成的方法. 第 2 版. 北京:中国人民大学出版社,2005.

[23] 张增华. PMP 认证考试模拟试题及精解. 北京:电子工业出版社,2005.

[24] 赵涛,潘欣鹏. 项目范围管理. 北京:中国纺织出版社,2004.

[25] 王树进. 企业商务电子化项目管理. 北京:科学出版社,2004.

[26] 卢有杰. 现代项目管理学. 北京:首都经济贸易大学出版社,2004.

[27] 池仁勇. 项目管理. 清华大学出版社,2004.

[28] (美)米尔顿·罗西瑙. 成功的项目管理. 苏芳译. 北京:清华大学出版社. 2004.

[30] 刘国靖,邓韬. 21 世纪新项目管理:理念、体系、流程、方法、实践. 北京:清华大学出版社,2003.

[31] 骆珣. 项目管理教程[M]. 北京:机械工业出版社,2003.

[32] 中国项目管理研究委员会. 中国项目管理知识体系与国际项目管理专业资质认证标准. 北京:机械工业出版社,2001.